제4차 산업혁명 시대의 청중에게 적실한 상호협력적 설교

An Appropriate Collaborative Preaching to the Audiences

in the Era of the 4th Industrial Revolution

제4차 산업혁명 시대의 청중에게
적실한 상호협력적 설교

지 은 이	안 오 순	
발 행 일	2024년 2월 22일	
발 행 처	도서출판 사무엘	
등 록	제972127호 (2020.10.16)	
주 소	안양시 동안구 관악대로 282	
	고려빌딩 3층	
표 지	이 제 형·디자인 애플트리	

ISBN 979-11-986697-0-4 (93230)

값 12,000원

제4차 산업혁명 시대의 청중에게
적실한 상호협력적 설교

An Appropriate Collaborative Preaching to the Audiences
in the Era of the 4th Industrial Revolution

안오순 지음

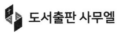 도서출판 사무엘

추천의 글

본서는 제4차 산업혁명 시대가 제시하는 독특한 도전에 대한 응전으로 상호협력적 설교를 대안으로 제시한다. 특히 대안적 설교의 방안으로서 통합적인 설교의 길을 제시한다는 점이 고무적이라고 할 수 있다. 본서는 신학적 통찰력과 실천적 적용이 절묘하게 조화를 이루고 있으며, 홍수처럼 급변하는 세상에서 마실 물이 부족한 청중의 영적 갈증을 해소하고자 노력하고 있다.

현대 사회는 기술적 변화뿐만 아니라 인간의 삶과 사회의 구조에도 근본적인 변화를 가져왔다. 이러한 변화 속에서 한국교회와 설교자가 당면한 중대한 도전은 과거의 전통적인 설교 방식을 넘어선 새로운 설교 패러다임을 개발하는 데 있다.

본서는 청중이 경험하는 깊은 소외감과 영적 갈망에 주목하며, 이를 해결하기 위한 설교의 역할을 재조명한다. 저자는 한국교회가 과거 설교의 영광 시대를 경험했음에도 불구하고, 현재는 설교의 위기에 직면해 있다고 지적한다. 그리고 그 위기의 핵심에는 '주파수'의 차이가 있음을 강조한다. 오늘의 사역 현장에서는 신학과 목회 사이의 주파수가 다르다. 또 본문과 설교, 설교와 청중의 삶 사이의 주파수가 일치하지 않는다. 따라서 설교자가 목회 현장에서 이 주파수의 차이를 극복하기 위해 가장 먼저, 본문과 청중을 깊이 연구해야 한다고 주장한다.

본서는 전통적 설교, 새로운 설교, 탈 자유주의 설교의 흐름을 분석하고, 제4차 산업혁명 시대의 청중에게 적합한 설교 대안을 모색한다. 저자는 새로운 시대에 맞는 상호협력적 설교의 필요성을 강조한다. 그것은 본문을 살리는 동시에 청중과 예수의 정체성, 그리고 교회 공동체성을 살리는 설교이다.

본서는 설교자가 이 거대한 도전에 상호협력적 설교로 응전함으로써 청중의 삶을 변화시킬 수 있다는 희망적인 메시지를 전달한다. 교회는 이를 통해 대안공동체로 성장하고, 하나님의 영광을 나타내는 중요한 역할을 할 것이다. 저자는 이 대안공동체가 한국 사회를 넘어 전세계로 확산하기를 기대한다.

설교자와 신학도, 교회 지도자들, 특히 급속한 기술 및 사회 변화의 맥락에서 현대 사회의 영적 요구를 이해하고 해결하는 데 관심이 있는 모든 사람에게 필독서로 추천한다.

- 김의원 박사
(AETA 대표, 전 총신대 총장)

본서는 제4차 산업혁명 시대를 향한 대안적인 설교 방향을 제시하는데, 그 어느 때보다도 시의적절한 주제로 여겨진다. 특히 대안적인 설교의 방안으로서 상호협력적 설교의 길을 제시하고 있다는 점이 고무적이라고 할 수 있다.

필자는 단순한 기술의 도약이 아닌 인간의 노동과 인지 기능을 재정의하는 변혁의 시대인 제4차 산업혁명 시대의 핵심을 파헤친다. 그의 설명에 따르면, 이 시대는 대인 관계에서 깊은 소외감을 불러일으켜 광범위한 우울증과 고립을 초래했다. 흥미롭게도 그는 사람들이 종교에서 벗어나면서 동시에 종교의 위안을 찾는 역설적인 경향에 주목한다.

본서는 이 복잡한 풍경을 탐색하기 위해 전통적 설교, 새로운 설교, 그리고 탈 자유주의 설교 경향에 관해서 그 기여와 한계를 탐구했다. 이들 각각에는 현대 청중의 영적 필요를 해결하는 데 귀중한 교훈이 담겨 있다. 필자는 다양한 설교의 강점을 조화롭게 통합한 '상호협력적 설교'를 대안으로 제시한다. 이 설교는 설교 본문에 활력을 불어넣고 청중과 연결될 뿐만 아니라, 예수님의 정체성과 교회 공동체의 본질을 뒷받침한다.

필자의 비전은 설교자들이 이러한 상호협력적 접근 방식을 통해 제4차 산업혁명 시대의 엄청난 도전에 응전하여 변화의 회오리바람에 휩싸인 청중의 삶을 변화시키는 데 있다.

본서는 그 영향력을 한국 사회에서 지구촌 구석구석까지 확장하는 활기찬 대안공동체로 출현하는 교회라는 희망적인 전망으로 마무리한다. 본서가 한국교회 설교의 영광 시대를 회복하는 데 크게 이바지하길 바라면서 적극 추천한다.

- 이우제 박사
(백석대학교 실천신학대학원장)

이 책은 제4차 산업혁명 시대 속에 정체성의 혼란을 겪으며 살아가고 있는 청중들에게 여전히 필요한 것은 살아 역사하는 하나님의 말씀으로서 설교라고 한다. 각 시대는 비록 달랐지만, 오늘의 역사로 이어오기까지 시대 시대의 사람들을 살리고 그들을 세워, 세상을 하나님의 나라로 세워가도록 한 것은 기술과 문화적 변혁에 기반한 그 어떤 것이 아닌 살아계신 하나님의 말씀으로서의 설교라고 저자는 힘 있게 논증해 주고 있다.

무엇보다도 이 책에서 저자는 하나님의 말씀으로서 설교가 기술의 혁명을 넘어 초지능화 초연결성으로 특징되는 혁명적 발전 속에서, 오히려 인간 정체성의 혼란을 겪고 있는 오늘의 청중들에게, 여전히 삶은, 살아갈 의미가 얼마나 충분한가를 깨닫게 해 줄 절대적 사건이 될 것임을 보여주는 사건이라고 한다.

독자의 입장에서 수긍할 수 있는 주제들의 논리적 구성뿐 아니라

추천의 글

다음 주제를 기대하게 하는 이야기로서의 박진감까지 잘 아우려져 있는 책이다.

- 황종석 박사
(백석대학교 대학원 실천신학)

저자와 오랫동안 사귀면서 그가 늘 설교의 홍수 속에서 '맑은 물' 같은 설교를 갈구하는 시대에 대한 상한 목자의 심정으로 고민하는 것을 보아왔다. 그는 이런 심정으로 주로 대학생들에게 '들려지는 설교'를 위해 애써 왔으며, 후학을 지도하며 그의 연구를 지속해 왔다.

그런데 예견만으로 말해오던 제4차 산업혁명 시대가 눈앞에 펼쳐짐과 동시에 인간의 삶에 대한 많은 문제가 대두되고, 또 어쩌면 위기일지도 모르는 한국교회의 현실을 바라보면서, 설교의 기능에 대해 더욱 강한 문제의식을 품고 새로운 연구에 몰두해 왔다.

저자는 지난 제1차, 제2차, 제3차에 걸친 산업혁명 시대를 거쳐 제4차 산업혁명 시대의 이르기까지의 흐름을 살펴보면서 제4차 산업혁명 시대의 특징을 분석했다. 빅 데이터, 인공지능, 사물 인터넷, 메타버스, 챗 지피티 등의 기술이 초래한 초연결 사회, 초지능 사회, 초융합 사회를 관찰하며, 이 혁명의 소용돌이에서 등장한 데이터교, 플로팅 크리스천, OTT 크리스천 등을 소개한다. 그리고 초지능, 초연결 사회에서 도리어 개인중심 사회로 변모하는 기이한 현상, 우울증과 절망감이 늘어가는 모순된 현상. 그리고 탈종교화, 탈 기독교 현상 등을 안타깝게 바라본다.

그러나 이 모든 현상에서 그는 다른 한편에서 일어나는 '종교로의 회귀 현상'을 놓치지 않았다. 이를 보면서 영혼을 가진 인간을 제4차 산업혁명의 기술이 도울 수 없으며, 하나님의 말씀밖에 없다는 진리를 확인한다. 그러면서 제4차 산업혁명의 기술이 하나님의 말씀을 효과적으로 전달하는 수단이 될 수 있다는 가능성을 모색하기도 한다.

저자는 한국교회의 현실과 한국교회 설교의 현실에 대해서도 분석한다. 개인의 충족 차원에서 머무는 설교, 본문에서 벗어난 설교, 시대를 연구하지 않고 청중을 연구하지 않음으로써 청중의 삶에 파고들지 못하는 설교, 결과적으로 등장한 혼합교회, 의 등장 등에 대해서 지적하며 '설교의 홍수' 속에서 '설교의 기갈'을 느끼는 현실을 냉정하지만, 안타까운 마음으로 분석한다.

저자는 이 모든 위기의식과 안타까움을 안고 지난 2천 년 이상 하나님의 구원 역사를 이끌어 온 '설교의 영광과 그 위대성'에서 해답을 찾는다. 그는 설교가 진정 무엇인지, 그 내용과 형식과 전달 방법이 어떠해야 하는지, 방대한 자료들을 제시하며 다시 생각한다. 설교가 본문을 살리는 설교, 청중을 살리는 설교가 되어야 한다는 그의 지론을 설교의 역사를 배경으로 새로운 지평을 연다. 그는 이제까지의 '전통적 3대지 설교', 귀납적 전개 방식과 청중의 역할을 강조했던 '새로운 설교', 그리고 '이야기식 설교'를 나오게 한 '탈 자유주의 설교'에 대해서, 그들 설교가 구원의 역사에 이바지한 점과 그 한계를, '낱낱이'라는 말이 어울릴 정도로 철저하게 분석했다. 그리고 이들 설교의 장점을 통합하고 균형을 유지하면서 제4차 산업혁명 시대를 사는 현대인에게 들려지는 설교의 대안을 제시했는데, 저자는 이를 '상호협력적 설교'라고 했다.

저자가 제시하는 '상호협력적 설교'가 특히 두 가지 점에서 크게 이바지할 것으로 생각하면서 손뼉 치는 마음으로 읽었다. 특히 저자는 '상호협력적 설교의 실제'에서 청중을 설교에 참여시키기 위해 본문의 관찰과 석의와 적용의 과정에서 지속적이고 적절하고 매력적인 질문을 청중에게 던지는 작업을 치밀하게 펼치면서 설교를 이끌어가는 예를 보여준다.

더 나아가서 설교가 개인의 변화나 성공에 머무르지 않고 힘든 세상에 교회가 이상적인 공동체의 모형을 제시하는 대안공동체가 되어야 하며, 각 청중은 그 대안공동체의 일원이 되어, 제4차 산업혁명 시대에서 지친 영혼을 섬기는 사람들이 되어야 한다는 점을 염두에 두고 그 모형을 제시했다는 점에서 그러하다. 이를 위해 저자가 제시하는 설교의 끝에는 우리가 하나님의 말씀을 따라 살 때 어떻게 이 시대를 섬길 수 있는가에 대한 비전을 제시하는 질문을 잊지 않고 제시한다.

그는, 그의 설교의 실제에서 동사를 중심으로 본문을 풀어나가며 설교로 이끌어 가는 독특한 방법을 제시했다. 이런 방법은 청중을 본문으로 깊이 들어가게 하고 말씀의 매력에 빠지게 하는 데 효과가 있으리라고 본다. 이런 방법은 청중과 함께 설교를 만들어 가고 함께 방향을 잡아감으로써 제4차 산업혁명으로 인한 소외감을 치유할 수 있는 좋은 대안이라고 생각한다.

이러한 '상호협력적 설교'의 내용이 청중들의 마음에 개인주의적 삶에서 오는 병폐와 상처를 치료하고 보람 있는 삶에 대한 소망과 자부심을 품게 할 수 있으리라는 희망을 품는다.

이 저서가 제4차 산업혁명 시대의 청중을 말씀과 설교에 끌어들이고, 그들과 함께 설교를 만들어 가며, 그 과정에서 소외감과 우울증 등 우리 시대의 병을 치료하고, 그들의 교회가 세상 사람들이 사모하는 공동체로 자라는 데 크게 쓰임 받을 수 있기를 기도하며, 그의 기도와 연구가 계속되기를 격려한다.

- 이다니엘 목사
(전 UBF 아프리카 선교사)

감사의 글

왜 우리 시대에도 설교인가? 첫째로, 설교는 영혼을 구원하는 사역에 여전히 쓰임 받기 때문입니다. 많은 사람이 영적인 여정에서 설교를 통해 인도와 영감을 구합니다.

둘째로, 설교는 교회 공동체를 이루는 데 중요한 역할을 하기 때문입니다. 설교는 사람을 하나로 모으고 소속감을 느끼도록 하며, 공유된 신념과 가치를 위한 공통 플랫폼(platform)을 제공합니다.

셋째로, 설교는 이 땅에 하나님의 나라를 건설하는 초석이기 때문입니다. 설교는 개인의 변화와 성장을 위한 영양분과 같습니다. 설교는 그들을 통해 이 땅에 하나님의 나라를 건설합니다.

필자는 목회 사역에서 설교에 깊은 문제의식을 품었습니다. 목회학 석사(M.Div.), 신학석사(Th.M.), 실천신학 박사(Th.D.in ministry) 과정에서 설교에 관한 논문을 썼습니다. 그리고 신학박사(Ph.D.) 과정에서 그동안 배우고 연구한 내용을 통합하고 정리했습니다.

너무나 당연한 말이지만, 모든 설교자는 설교를 잘하고 싶어 하고, 잘하려고 애씁니다. 그래야 성도가 살고 교회가 살고 나라가 살기 때문입니다. 필자는 본서가 그 일에 일조하기를 기대합니다. 여기까지 인도하신 성 삼위 하나님께 감사하며, 그분께 모든 영광을 돌립니다.

2024년 2월 22일
글쓴이

차례

1. 들어가면서

왜

　　본서의 동기는 "제4차 산업혁명 시대의 청중은 설교 홍수 시대에서 사는 데도 '맑은 물', 즉 '참 말씀'에 목말라하고 있어서 그들에게 생명수와 같은 적실한 설교가 필요하다."라는 데 있다. 필자는 오늘의 청중이 설교 홍수 시대에서 살면서도 목말라하는 그 원인을 찾고, 그 대안을 제시할 것이다.

　　오늘 우리는 영화에서만 보았던 세상을 현실로 맞고 있다. 세상은 우리의 생각보다 훨씬 빠르게 변화하고 있다. 그 변화는 역사적 전례가 없는데, 선형 속도가 아닌 기하급수적 속도로 변화하기 때문이다.[1] 그런데 그 변화는 사회 전반에 도전으로 다가오고 있다. 그 도전 앞에서 교회도 예외는 아니다. 세상은 물론이고 교회도 그 도전에 슬기롭게 응전하지 못하면 위기를 만날 것이다. 이런 현실은 우리가 피한다고 해서 피할 수 없다. 그 변화의 중심에는 제4차 산업혁명이 있다.

　　그러면 제4차 산업혁명은 이 시대에 어떻게 도전하는가? 제4차 산업혁명은 개인의 삶뿐만 아니라, 사회 전반의 패러다임을 송두리째 바꾸고 있다. 과거 산업혁명은 일종의 기술혁명이었다. 하지만 제4차 산업혁명은 인간의 육체를 대신하는 기술혁명이 아니라, 지능을 대신하

---

1) Min Xu, Jeanne M. David & Suk Hi Kim, "The Fourth Industrial Revolution: Opportunities and Challenges," International Journal of Financial Research Vol. 9, No. 2; 2018. http://ijr.sciedupress.com.

1

는 혁명이다.[2] 왜냐하면 제4차 산업혁명은 인간 본질 문제인 죽음 문제와 영혼의 문제까지 다루기 때문이다. 결과적으로 신이 필요하지 않은 세상을 만들고 있다.[3] 따라서 제4차 산업혁명은 우리의 행동양식뿐만 아니라, "인간이란 무엇인가?"에 대한 인간의 정체성에 도전하고 있다. 그 점에서 과거의 산업혁명과는 그 폭과 깊이가 완전히 다르다.[4] "이번은 다르다(This time is different)."[5]라는 말이 적확하다.

제4차 산업혁명은 과학 기술적 측면에서 '모바일 인터넷(Mobile Internet)', '클라우드 기술(Cloud Technic)'[6], '빅 데이터(Big Data)', '사물인터넷(IoT)', 그리고 '인공지능(AI)' 등의 발전을 통하여 최고의 편리성을 제공하고 있다. 이를 기반으로 우리 사회는 '초연결성(Hyper-Connected)', '초지능화(Hyper-Intelligent)'의 특성을 이미 만나고 있다. 우리는 '사람과 사람', '사람과 사물', 그리고 '사물과 사물' 사이의 강력한 연결 속에서 살고 있다.

한편 제4차 산업혁명의 역기능은 어떻게 나타나고 있는가? 현대인은 '초연결 사회'에서 다양한 사람들과 어울리면서도 실제 대인 관계에서는 철저한 소외를 경험한다. 현대인은 우울감, 소외감 등 각종 정신적 질환에 시달린다.[7] 그뿐만 아니라, 청년 대학인은 미래에 대한 불안

---

2) 김종걸, "4차 산업혁명과 기독교의 방향," 『복음과 실천』 제64집 (침례신학대학교 출판부, 2019), 82.

3) 안승오, "4차 산업혁명과 한국교회의 세계선교," 『신앙세계』. http://shinangsegye.org.

4) 폭과 깊이(Breadth and depth)는 디지털 혁명을 기반으로 하여 전례 없는 패러다임 전환을 이끄는 여러 기술을 결합한다. 일하는 '무엇(what)'과 '방법(how)'뿐만 아니라, 우리가 '누구(who)'인지도 변화시키고 있다. Klaus Schwab, *The Fourth Industrial Revolution* (Geneva: World Economic Forum, 2016), 8.

5) Klaus Schwab, *The Fourth Industrial Revolution*, 14.

6) 광대한 네트워크를 통하여 접근할 수 있는 가상화된 서버와 서버에서 작동하는 프로그램과 데이터베이스를 제공하는 IT 환경을 의미한다.

7) 김은빈·박선혜, "정신병원 찾는 청년이 늘고 있다." (2022. 12. 5). https://news.nate.com/view.

감으로 수면장애나 자살 충동을 겪기도 한다.[8] 왜냐하면 과학기술은 인간의 윤리와 영혼 문제에서 가치 중립적이기 때문이다.[9] 이런 현실 앞에서 우리는 진지하게 '그래서 무엇을 인간이라고 할 것인지, 어디까지 타협하고 나아갈 것인지'에 관해 고민해야 한다. 왜냐하면 인간 본질의 혼란은 기독교 인간관의 혼란으로 이어지기 때문이다. 그리고 이 도전은 오늘의 교회가 직면한 심각한 현실이기 때문이다.

    그러면 교회는 이 도전 앞에서 어떻게 응전해야 하는가? 교회는 하나님께 속해 있지만, 세상 가운데 놓여 있다. 따라서 교회는 하나님으로부터 보냄을 받아 세상을 변혁해야 할 주체이다.[10] 우리는 제4차 산업혁명 시대의 도전 앞에서 인간 존재와 하나님 나라의 참모습, 그리고 교회의 본질과 사명을 새롭게 해야 한다. 지금이야말로 교회 본질에 집중해야 할 때이다. 그 본질 중 하나는 설교이다. 왜냐하면 설교는 영혼을 구원하는 일을 하도록 하나님께서 교회에 주신 중요한 수단이기 때문이다. 기독교 역사에서 설교가 교회에서 살아 있을 때 영혼 구원을 활발하게 했다. 교회는 역동성을 발휘하여 세상을 변혁하는 '대안 공동체(alternative community)'[11]로 우뚝 섰다. 그 점에서 교회는

---

8) 장근성, "요약과 총평, 2022 청년트렌드 리포트," 『2022 청년 트렌드 리포트, 우리 시대 청년들은 무엇으로 사는가』(서울: 학원복음화협의회, 2022), 39.

9) 손동준, "신학은 AI가 닿을 수 없는 영적 가치 조명해야." (2022. 10. 17). www.igoodnews.net/news/articleView.

10) 한천설, "제4차 산업혁명과 한국교회의 미래," 『신학지남』 Vol. 333 (신학지남사, 2017), 4.

11) '공동체(community)'는 "인간의 모든 욕구, 즉 신체적 심리적 사회적 욕구를 잠재적으로 충족시켜 줄 수 있는 첫 번째 하위체계이다." '하위체계(subsystem)'란 '전체체계(total system)'에 속한 체계이다. 각 체계는 더 큰 상위체계의 부분으로 존재하고, 또한 자체적으로 하위체계를 가진다. 가족을 '전체체계'로 보면 부부, 부모, 그리고 형제자매도 하나의 '하위체계'이다. Ronald L. Warren, *The Community in America* (Chicago: Rand McNally College Publishing Company, 1972), 34-40; 요즘은 '공동체'란 단어를 '교회 공동체'를 대신해서 쓰고 있다. 안오순, "개혁주의 생명신학으로 본 한국교회: 청년대학생사역의 문제점과 그 대안: 제2의 종교개혁을 기대하면서," 『생명과 말씀』 제18권 (개혁주의생

1. 들어가면서, 왜

설교에서 시작하고, 설교를 통해 자란다. 이런 모습은 한국교회에도 그대로 나타났다. 과거 한국교회는 '설교의 영광(the glory of preaching) 시대'를 살았다.

하지만 오늘의 설교 현실은 어떠한가? 필자는 "강단에서 울려 퍼지는 설교와 설교 본문의 주파수가 일치하지 않고, 설교 본문과 청중의 삶과도 주파수가 일치하지 않는다."라고 감히 말할 수 있다. 여기에는 여러 원인이 있다. 하지만 필자는 그 원인의 핵심을 두 가지로 진단한다.

첫째는, 설교자가 설교 본문을 깊이 있게 석의하지 못한 데 있다. 그 결과 성경 본문이 주는 하나님의 대안적 음성(alternative voice)을 듣지 못했다. 성경 본문에서 강조하는 예수 그리스도의 정체성12)에 관한 메시지 대신에 설교자 삶의 이야기가 메시지의 자리로 올라왔다. 성경 본문을 석의하지 못하니 비성경적, 비신학적 설교를 하고 있다.13)

명신학회, 2017), 45. '대안 공동체'라는 말은 게르하르트 로핑크(Gerhard Lohfink)로부터 시작했다. 그는 "예수님이 원한 것은 영혼의 위로와 구원이 아니라 종말론적인 하나님의 백성의 소집이다. 교회는 '산 위의 도시'로서 만인의 빛이 되어야 한다."라고 주장한다. 그 사회를 '대조사회(Kontrastgesellschaft)', '대척사회(Gegengesellschaft)'로 부른다. Gerhard Lohfink, *Wie Hat Jesus Gemeinde Gewollt?: Zur gesellschaftlichen Dimension des christlichen Glaubens,* 정한교 옮김, 『예수는 어떤 공동체를 원했나? (그리스도 신앙의 사회적 차원)』 (서울: 분도출판사, 2000), 115-119, 207; 여기서 말하는 '대조사회'는 '대안 공동체'를 뜻한다. 교회는 세상에 새로운 대안을 제시하는 공동체여야 한다. Joel B. Green, Michael Pasquarello III, *Narrative Reading, Narrative Preaching*, 이우제 옮김, 『내러티브 읽기 내러티브 설교』 (서울: 크리스챤 출판사, 2006), 160-163, 171-174.

12) '정체성(identity)'이란 시간이 흘러도 변하지 않는 "누구"와 "무엇"에 관한 본질 문제이다. '같음'을 뜻하는 라틴어 '*idem*'에서 나왔다. 프랑스 『철학사전』(1994)은 "정체성을 시간 속에서 같은 것으로 머무는 특성, 둘 이상의 사물을 똑같은 것으로 만드는 특성이다."라고 정의했다. 석종준, "한스 프라이의 내러티브 이론(An attempt to Overcome Hermeneutics of Modern Orthodoxy through Hans Frei's Narrative Theory)," 『한국개혁신학』 제32권 (한국개혁신학회, 2011), 307.

13) 배영호, "오늘의 목회적 상황을 위한 설교 커뮤니케이션 이해,"

설교는 성경적 설교보다는 '종교적 담론(a religious talk)'[14]으로 빠지고 말았다.

둘째는, 청중의 '삶의 자리'에 대한 이해가 부족했기 때문이다. 설교는 성경 본문을 '석의'라는 해석 작업을 거쳐서 청중 삶의 자리에 맞는 주파수로 파고들어야 한다. 그런데 설교자가 성경 본문에 대한 이해도 청중에 대한 이해도 부족하니 그 주파수가 서로 다를 수밖에 없다. 설교자와 청중은 불협화음이 생길 수밖에 없다. 설교자는 청중과 메시지를 함께 나누지 못하고 강단에서 내려온다. 그때 설교자는 당혹감과 절망감을 느끼지 않을 수 없다.[15]

따라서 본서는 분문과 설교, 설교와 청중의 삶 사이의 괴리를 어떻게 극복할 것인가에 대한 고민에서 시작한다. 왜냐하면 오늘의 설교는 이 둘을 충족시키는 점에서 문제의식도 약하고, 그런 시도도 약하다고 생각하기 때문이다. 설교는 본문과 청중 모두를 충족시키지 않고서는 청중이 감동하지도 변화하지도 않는다. 본문과 청중 사이의 커다란 간격을 메꿀 때, 즉 두 주파수가 일치할 때 오늘의 청중이 변하고, 교회 공동체가 세상을 변혁하는 대안 공동체로 자랄 수 있다.

그러므로 설교자는 오늘의 청중에게 적실한 설교가 무엇인지를 찾는 일에 힘써야 한다. 필자는 그 적실한 설교를 설교 역사에서 나타났던 설교의 장점과 한계를 연구하여 그 장점을 살리는 상호협력적 설교에서 대안을 찾고자 한다. 상호협력적 설교란 본문을 살리는 설교이면서 청중을 살리는 설교이다. 그리고 예수의 정체성과 교회 공동체성을 살리는 설교이다. 상호협력적 설교야말로 오늘의 청중, 즉 제4차 산업혁명 시대를 사는 청중에게 적실한 설교이다.

『한국실천신학회』 제68회 (한국실천신학회 정기학술대회, 2018. 05), 107.

14) 필자는 '종교적 담론'을 설교자가 설교 본문을 깊이 있게 석의하지 않고 자신의 묵상에 기초하여 자기 생각이나 주장을 전달하는 형태로 규정한다.

15) 배영호, "오늘의 목회적 상황을 위한 설교 커뮤니케이션 이해," 107.

1. 들어가면서, 무엇을

 교회에서 설교가 청중의 삶에서 역동성을 잃으면 교회의 역동성도 기대할 수 없다. 교회에서 설교가 생명력을 잃으면 소외감과 불안으로 시달리는 오늘의 청중을 구원할 수 없다. 교회가 세상의 도전 앞에서 제대로 응전할 수 없다. 하지만 교회에서 설교가 살아 있으면 도전 앞에서 응전할 수 있다. 제4차 산업혁명 시대의 도전 앞에서 인간 존재의 정체성 혼란을 겪는 오늘의 청중을 구원할 수 있다. 더 나아가, 교회 공동체는 세상을 변혁할 힘을 품을 수 있다. 따라서 제4차 산업혁명의 도전 앞에서 교회는 설교로 응전해야 한다.

 필자는 본서의 동기는 "제4차 산업혁명 시대를 사는 청중은 설교 홍수 시대에서 사는 데도 '맑은 물', 즉 '참 말씀'에 목말라하고 있어서 그들에게 생명수와 같은 적실한 설교가 필요하다."라는 데 있다고 밝혔다. 본서의 목적은 이 동기에서 시작한다.

무엇을

 본서의 목적은 제4차 산업혁명 시대의 청중에게 적실한 설교 대안을 제시하는 데 있다. 오늘의 청중은 제4차 산업혁명이라는 거대한 물결 속에 살면서 인간으로서 정체성의 혼란을 겪고 있다. 그들에게 인간으로서 정체성을 세우도록 돕는 일은 하나님의 말씀을 적실하게 전하는 데 있다. 왜냐하면 인간은 하나님 앞에 설 때, 하나님의 말씀을 들을 때 양심이 살아나고 인간 본래 존재 의미와 목적을 찾을 수 있기 때문이다. 인간은 하나님께서 주신 영혼을 소유했기 때문이다. 그리고 인간은 하나님 앞에서 죄인이기 때문이다. 따라서 제4차 산업혁명 시대를 사는 청중일지라도 그들에게 적실하게 설교하면, 그들의 삶이 변한다. 인간 본래 존재 의미와 목적을 찾을 수 있다. 그리고 교회는 세상을 변혁하는 대안 공동체로 쓰임 받을 수 있다.

 필자는 그 설교의 대안으로 상호협력적 설교를 제시할 것이다. 왜냐하면 상호협력적 설교는 본문을 살리면서 동시에 청중을 살리는 설교이기 때문이다. 특히 대체할 수 없는 우리 신앙의 대상인 예수 그리스도의 정체성을 살리고, 교회 공동체성을 살리는 설교이기 때문이다. 상호협력적 설교는 오늘의 청중을 인간 본질의 혼란에서 벗어나게 하고, 하나님 앞에서 영혼을 소유한 존재로서의 정체성을 찾도록 도울 것이다. 더 나아가, 교회 공동체가 세상을 향해 변혁을 실천할 수 있는 대안 공동체로 자라는 자양분 역할을 할 것이다. 필자는 상호협력적 설교가 그 일의 받침대 역할을 한다는 사실을 제안할 것이다.

본서의 주제를 크게 다섯 부분으로 나눌 수 있다. 첫째로, 제4차 산업혁명 시대의 청중을 연구하는 일이다. 둘째로, 한국교회의 현실과 한국교회 설교의 현실을 살피는 일이다. 셋째로, 설교의 이해와 설교의 세 기둥에 관한 연구이다. 넷째로, 시대마다 영혼을 살리는 일에 쓰임 받았던 전통적 설교와 새로운 설교, 그리고 탈 자유주의 설교의 기여와 한계를 살피며 상호협력적 설교 대안을 찾는 일이다. 마지막으로, 상호협력적 설교가 무엇인지를 밝히는 작업이다.

어떻게

본서는 선행 문헌을 연구하는 방법을 기초로 한다. 국내외의 선행 연구 결과와 연구기관의 자료, 그리고 단행본 등을 통해서 연구하고자 한다.

이 주제에 관한 선행 연구를 아래와 같이 정리할 수 있다. 첫째로, 제4차 산업혁명 시대와 그 청중을 다룬 연구는 다음과 같다. 클라우스 슈밥(Klaus Schwab)은 *The Fourth Industrial Revolution*[16), 『제4차 산업혁명』이라는 책에서 제4차 산업혁명의 정의와 현실을 자세히 다루고 있다. 당연한 말이지만, 그 책은 제4차 산업혁명 시대를 사는 청중 이해까지는 다루지 않았다. 지용근 외는 『한국교회 트렌드 2023: 정확한 조사 데이터에 근거한 포스트 코로나 시대 2023년 한국교회 전망과 전략』[17)이라는 책에서 '포스트 코로나 시대'의 한국교회와 교인

---

16) Klaus Schwab, *The Fourth Industrial Revolution*.
17) 지용근 외, 『한국교회 트렌드 2023 : 정확한 조사 데이터에 근거

의 상황을 정확한 조사에 의해서 제시하고 있다. 설교자에게 한국교회 청중을 이해하는 길잡이 역할을 한다.

선행 연구의 학술지로는 김영한, "4차 산업혁명 시대의 기독교 신앙."[18] 김승환, "디지털 종교와 온라인 교회에 관한 연구."[19] 등 다수의 글이 있다. 이 학술지는 교회가 세상의 변화에 예민하게 반응하며 대안을 제시해야 함을 강조한다. 하지만 이 역시 제4차 산업혁명 시대의 청중 이해와 설교 대안을 제시하지는 않는다.

둘째로, 한국교회의 현실과 한국교회 설교의 현실을 다룬 연구는 다음과 같다. 데이빗 웰스(David Wells)는 *No Place for Truth*, 『신학실종』[20]에서 세속화와 개인주의에 빠진 오늘의 목회자를 보여주는데, 한국교회 현실을 이해하는 데 도움을 받았다. 정장복은 『한국교회의 설교학개론』[21]이라는 책에서 한국교회의 설교 현실의 원인을 지적하면서 시대적 변화에 맞는 설교 사역을 제시했다. 다만 오늘의 청중 분석까지는 그 지평을 넓히지 못했다.

셋째로, 설교의 이해와 설교의 세 기둥에 관한 연구는 다음과 같다. 이우제, 송인덕은 『성경적 변화를 위한 설교 - 이론적 기초와 방법론 -』[22]에서 청중을 변화시키는 성경적인 변화를 강조하는데, 그 일은 텍스트를 통하여 설교를 듣는 청중의 마음을 움직여 지성과 감성과 그리고 의지를 전인격적이고 통전적으로 변화시킬 수 있음을 말한다. 장창영, 이우제는 『성경적 교회를 세우는 설교와 코칭』[23]에서 성경적 설

한 포스트 코로나 시대 2023년 한국교회 전망과 전략』 (서울: 규장, 2022).
18) 김영한, "4차 산업혁명 시대의 기독교 신앙," 『개혁주의 이론과 실천』 제14호 (개혁주의이론실천학회, 2018).
19) 김승환, "디지털 종교와 온라인 교회에 관한 연구," 『신학과 실천』 no. 79 (한국실천신학회, 2022).
20) David Wells, *No Place for Truth*, 김재영 역, 『신학실종』 (서울: 부흥과 개혁사, 2006).
21) 정장복, 『한국교회의 설교학개론』 (서울: 예배와 설교 아카데미, 2008).
22) 이우제, 송인덕, 『성경적 변화를 위한 설교 - 이론적 기초와 방법론 -』 (서울: 도서출판 대서, 2019).

교를 통해 건강한 교회 공동체를 세울 수 있음을 밝히고 있다.

석의에 관한 연구는 John H. Hayes, Carl R. Holladay의 *Biblical Exegesis: A Beginner's Handbook*[24], 『성경 석의: 초보자를 위한 안내서』와 Walter C. Kaiser Jr., *Toward and Exegetical Theology: Biblical Exegesis for Preaching and Teaching*[25], 『석의 신학을 향하여: 설교와 가르침을 위한 성경 석의』 등이 있다. 이 책은 오늘의 설교자에게 석의의 필요성을 역설한다. Daniel M. Doriani은 *Putting the Truth to Work: The Theory and Practice of Biblical Application*[26], 『진리를 실천하기: 성경적 적용의 이론과 실제』라는 책에서 적용의 중요성을 강조한다. 필자는 이 선행 연구를 통해서 석의와 적용의 원리를 실제 설교 사역에 실천하는 일에 도움을 받았다.

넷째로, 시대마다 영혼을 살리는 일에 쓰임 받았던 전통적 설교, 새로운 설교, 그리고 탈 자유주의 설교의 기여와 한계를 다룬 연구는 다음과 같다. 헬무트 틸리케(Helmut Thielicke)의 *The Trouble With The Church*[27], 『현대교회의 고민과 설교』와 마틴 로이드 존스(David Martyn Lloyd-Jones)의 *Preaching and Preachers*[28], 『설교와 설교자』는 전통적 설교의 가치를 다루었다. 반면 프레드 크레독(Fred B Craddock)의 *As One Without Authority: Revised and with New Sermons*[29], 『권위 없는 자처럼』은 전통적 설교의 한계를 지적하면서

23) 장창영, 이우제, 『성경적 교회를 세우는 설교와 코칭』 (용인: 도서출판 목양, 2022).

24) John H. Hayes, Carl R. Holladay, *Biblical Exegesis: A Beginner's Handbook* (Louisville: Westminster John Knox Press, 2007).

25) Walter C. Kaiser Jr., *Toward and Exegetical Theology: Toward and Exegetical Theology: Biblical Exegesis for Preaching and Teaching* (Grand Rapids: Baker Book House, 1981).

26) Daniel M. Doriani, *Putting the Truth to Work: The Theory and Practice of Biblical Application* (New Jersey: P&R Publishing, 2001).

27) Helmut Thielicke, *The Trouble With The Church*, Tr. by John W. Doberstein (New York: Happer & Row, Publishers, 1965).

28) David Martyn Lloyd-Jones, *Preaching and Preachers* (Grand Rapids: Zondervan Publishing House, 1972).

새로운 설교를 제시했다. 한편 찰스 캠벨(Charles L. Campbell)은 *Preaching Jesus: The New Directions for Homiletics in Hans Frei's Postliberal Theology*[30], 『프리칭 예수』에서 새로운 설교의 문제점을 지적하며 설교 대안을 제시한다.

학술지로는 김동건, "한스 프라이 신학의 특징: 서사와 언어 (Several features of Hans Frei's Theology: Narrative and Language),"[31] 석종준, "한스 프라이의 내러티브 이론(An attempt to Overcome Hermeneutics of Modern Orthodoxy through Hans Frei's Narrative Theory)."[32] 등이 있다. 이 학술지는 탈 자유주의 신학과 설교적 특징을 요약했다. 이우제, "포스트모더니즘 시대의 말씀 사역이 직면한 도전과 가능성,"[33] "균형 잡힌 성경신학적 설교를 위한 제언,"[34] "상황화의 이슈를 통해 바라본 본문과 청중과의 관계."[35] 등이 있다. 이우제는 "설교는 본문이나 청중 중 한쪽만을 강조하지 말고 상호 균형 잡힌 설교를 지향해야 함"을 강조했다.

필자가 연구한 "헬무트 틸리케의 설교연구: 메마른 설교강단에 새싹을 돋게 한 사랑의 목자"[36]는 본문을 살리면서 청중을 이해해야 함

---

29) Fred Craddock, *As One Without Authority: Revised and with New Sermons* (Louis: Chalice Press. 2001).

30) Charles L. Campbell, *Preaching Jesus: The New Directions for Homiletics in Hans Frei's Postliberal Theology* (Eugene: Wipf & Stock Publishers, 2006).

31) 김동건, "한스 프라이 신학의 특징: 서사와 언어(Several features of Hans Frei's Theology: Narrative and Language)," 『신학과 목회』 제28집 (영남신학대학교, 2007. 12).

32) 석종준, "한스 프라이의 내러티브 이론(An attempt to Overcome Hermeneutics of Modern Orthodoxy through Hans Frei's Narrative Theory)."

33) 이우제, "포스트모더니즘 시대의 말씀 사역이 직면한 도전과 가능성," 『기독신학 저널』 제6권 (2004. 5).

34) 이우제, "균형 잡힌 성경신학적 설교를 위한 제언," 『신학지남』 제280호 (신학지남사, 2004년 가을).

35) 이우제, "상황화의 이슈를 통해 바라본 본문과 청중과의 관계," 『복음과 실천신학』 제12권 (한국복음주의실천신학, 2006년 가을).

을 강조했다. 하지만 새로운 설교까지 나가치 않았다. 또 "포스트모던 시대의 청중에게 들리는 설교."[37)]에서는 전통적 설교와 새로운 설교를 대조하면서 통합적인 설교를 제시했다. 하지만 탈 자유주의 설교 연구는 미진했다. 위의 선행 연구는 전통적 설교와 새로운 설교, 그리고 탈 자유주의 설교의 기여와 한계까지를 다루었다.

하지만 각 설교의 장점을 서로 통합하는 상호협력적 설교에 관한 연구는 미진했다. 따라서 필자는 각 설교의 한계를 극복하면서 각 설교의 장점을 서로 통합하는 상호협력적 설교는 무엇이며, 그 설교를 대안으로 찾는 일을 비중 있게 다룰 것이다. 그리하여 제4차 산업혁명 시대를 사는 우리의 청중에 가장 적실하게 적용할 수 있는 최선의 설교를 찾아갈 것이다.

따라서 필자는 1에서는 본서를 쓴 이유와 목적, 그리고 그 방법을 소개한다.

2에서는 제4차 산업혁명 시대의 도전과 청중의 이해를 다룰 것이다. 제4차 산업혁명 시대의 역사적 흐름과 함께 제4차 산업혁명 시대의 특징을 조명할 것이다. 특히 필자는 제4차 산업혁명 시대의 특징에서 멈추지 않고, 그 시대를 사는 청중에 대한 이해에 집중할 것이다. 세상의 외적 환경은 그 시대를 사는 청중의 가치관과 행동양식, 그리고 신앙관에까지 영향을 끼치기 때문이다. 설교는 바로 그 시대를 사는 그 청중에게 설교해야 하기 때문이다. 그 점에서 청중의 이해는 설교 사역과 직결된다. 따라서 설교자는 그 청중의 변화에 민감하게 반응해야 한다.

3에서는 한국교회의 현실과 한국교회 설교의 현실을 고찰할 것이다. '겨레와 함께했던' 한국교회가 그 '겨레로부터 외면당한' 원인을 냉정하게 찾아볼 것이다. 또 '설교 영광 시대'를 살았던 한국교회 설교가 홍수가 나면 마실 물이 없는 그것처럼 '설교 홍수 시대'에서 '맑은

---

36) 안오순, "헬무트 틸리케의 설교연구: 메마른 설교강단에 새싹을 돋게 한 사랑의 목자" (미간행 석사학위, 총신대학교 일반대학원, 2008).
37) 안오순, "포스트모던 시대의 청중에게 들리는 설교" (미간행 박사학위, 백석대학교 기독교전문대학원, 2010).

물', 즉 '참 말씀'이 없는 원인도 찾아볼 것이다. 그리하여 오늘의 교회 현실과 오늘의 설교 현실을 통해 우리의 민낯을 볼 것이다. 바른 진단을 할 때 바른 처방을 할 수 있기 때문이다.

4에서는 설교의 이해와 설교의 세 기둥, 그리고 성령님께 절대 의존에 관해 연구할 것이다. 설교의 이해는 설교와 설교자, 그리고 설교의 목적을 바르게 이해하는 데 있다. 설교 위기의 또 하나의 원인으로 설교와 설교자, 그리고 설교의 목적의 왜곡을 지적하지 않을 수 없다. 따라서 설교와 설교자, 그리고 설교의 목적에 대한 바른 정립은 설교 위기를 이기는 디딤돌이다.

필자는 설교의 세 기둥을 석의와 적용, 그리고 전달로 제안한다. 설교 위기의 핵심에는 본문을 연구하지 않고 청중도 연구하지 않음이 있다. 물론 전달을 위해서도 힘쓰지 않았다. 필자는, 설교자가 이 세 기둥을 설교 사역의 기본으로 삼고 연구해야 함을 역설할 것이다. 하지만 설교자의 연구만으로 오늘의 청중에게 적실한 설교를 할 수 없다. 설교자는 성령님을 절대 의존해야 한다. 설교는 단순한 공식으로 만드는 인간의 작업이 아니기 때문이다. 성령님께서 주시는 영적인 선물이기 때문이다.

5에서는 기독교 역사를 이끌었고, 여전히 이끄는 세 종류의 설교를 연구할 것이다. 그것은 전통적 설교와 새로운 설교, 그리고 탈 자유주의 설교이다. 이 연구의 목적은 각 설교의 핵심과 기여, 그리고 한계를 통해서 제4차 산업혁명 시대의 청중에게 적실한 대안적 설교를 찾는 데 있다.

6에서는 제4차 산업혁명 시대의 청중에게 적실한 상호협력적 설교의 정의와 필요성, 그 내용, 그리고 설교의 형식을 제안할 것이다. 그 내용의 기초는 위에서 연구한 세 종류 설교의 장점을 살리는 데 있다. 어떤 설교이든지 장점과 함께 단점도 있다. 따라서 '이것이냐, 저것이냐?'라는 이분법적 사고로 어떤 특정한 설교만을 주장하는 일은 지양해야 한다. 각 설교의 장점을 살려서 균형을 잡는 상호협력적 설교를 지향해야 한다. 그것은 본문을 살리는 설교이면서 청중을 살리는 설교이다. 그리고 예수의 정체성과 교회의 공동체성을 살리는 설교이다.

　이어서 창세기 45:1-15와 요한복음 2:12-22, 그리고 로마서 12:1-21을 통해서 본문과 청중을 살리면서 예수의 정체성과 교회의 공동체성을 살리는 상호협력적 설교 실제를 제시하고자 한다. 한편의 설교에 본문과 청중을 살리고, 예수의 정체성과 교회의 공동체성을 녹이고자 한다.

　7에서는 상호협력적 설교야말로 제4차 산업혁명 시대의 도전하는 세력 앞에서 오늘 우리 교회가 응전해야 할 설교 대안임을 강조한다. 그리고 필자가 연구하지 못하여 아쉬움으로 남는 한 몇 가지를 후속 필자에게 제언하고자 한다.

　한국교회의 잉태는 물론이고 성장의 원동력은 설교이다. 우리 믿음의 선배들은 역사의 소용돌이에서도 설교를 통해서 그 시련을 이겼다. 그뿐만 아니라, 설교를 통해서 한국교회는 한국 사회 변혁에 크게 이바지했다. 그리고 세계선교를 역동적으로 섬겼다. 따라서 오늘의 제4차 산업혁명 시대의 도전 앞에서도 설교로 응전해야 한다. 특히 인간 정체성의 혼란을 겪는 오늘의 청중을 살리고, 교회가 대안 공동체로 설 수 있는 자양분은 각각의 설교 장점을 받아들여서 균형을 이루는 상호협력적 설교에 있다.

　이 연구가 변화의 소용돌이 속에서 버거워하는 제4차 산업혁명 시대의 청중에게 적실하게 들리고, 풍성한 영양분을 제공하여 건강한 교회 공동체로 자라는 데 일조하기를 바란다. 더 나아가, 세상에 대안을 제시하는 대안 공동체로서의 교회의 역동성이 한국교회를 넘어 세계교회로 흘러넘치기를 기대한다.

2. 제4차 산업혁명 시대의 도전과 청중의 이해

'도전(challenges)'이라는 단어는 언제나 홀로 존재하지 않는다. '도전'은 항상 '응전(response)'과 함께한다. 도전이 있으면 언제나 응전으로 맞섰기 때문이다. 역사학자 아널드 토인비(Arnold Joseph Toynbee, 1889~1975)[38]는 역사의 전례를 연구하면서 문명의 생성과 발전, 그리고 쇠퇴의 원리를 깨닫고, 그 열매로 도전과 응전이라는 개념을 만들었다. 역사에서 인류는 안팎으로 어려움을 겪을 때 어떻게 대처했느냐에 따라 성공과 실패가 달랐다. 즉 도전 앞에서 슬기롭게 응전하면 발전했지만, 그렇지 못하면 스러졌다.

그런데 오늘 우리는 제4차 산업혁명이라는 도전 앞에 서 있다. 세상은 물론이고 교회도 그 도전 앞에 서 있다. 우리 사회는 물론이고 교회도 그 도전 앞에서 슬기롭게 응전하면 더 나은 지점으로 나갈 것이지만, 그렇지 못하면 위기를 만날 것이다.

그러면 제4차 산업혁명은 이 세상과 교회에 어떻게 도전하고 있는가? 교회는 그 도전 앞에서 어떻게 응전해야 하는가? 필자는 제4차 산업혁명 시대의 특징과 함께 그것이 교회에 어떻게 도전하고 있는지를 연구할 것이다. 그리고 제4차 산업혁명 시대의 청중은 어떻게 변화하

---

38 Arnold J. Toynbee, *A Study of History: abridgment of volume i-vi* by D. C. Somervell (New York: Dell publishing co., 1974). 그는 제1차 세계대전 후, 서구 문명의 몰락에 대한 불안감이 팽배한 상황에서 과거 그리스, 오스만 제국 등 역사의 전례를 연구하면서 문명의 생성, 발전, 쇠퇴의 원리를 깨달았다.
"역사의 연구," 위키백과. https://ko.wikipedia.org/wiki.

고 있는지도 살필 것이다. 청중의 이해는 설교의 이해와 직결되기 때문이다.

1) 제4차 산업혁명 시대의 도전[39]

우리말 사전은 "혁명(Revolution)이란 헌법의 범위를 벗어나 국가 기초, 사회 제도, 경제 제도, 조직 따위를 근본적으로 고치는 일이다."[40]라고 했다. '산업혁명(Industrial Revolution)'이란 '18세기 후반부터 약 100년 동안 유럽에서 일어난 생산 기술과 그에 따른 사회 조직의 큰 변화'를 말한다. 클라우스 슈밥(Klaus Schwab)은 '혁명'이라는 단어를 이렇게 정의했다. "혁명은 갑작스럽고 급진적인 변화를 뜻한다. 혁명은 새로운 기술과 새로운 세계관이 경제체제와 사회 구조를 완전히 변화시킬 때 일어난다."[41]

그런데 오늘 우리는 제4차 산업혁명 시대라는 거센 파도 속에서 예측하기 어려운 시대를 살고 있다.[42] 미래학자들은 앞으로 모든 인류의 지성을 합친 그것보다 더 뛰어난 '초인공지능(Super Artificial Intelligence)'[43] 시대가 나타날 줄로 예상한다. 제4차 산업혁명은 오늘 우리 사회에서 이미 인류 삶의 편리성을 제공하면서 동시에 인간 존재의 본질적 혼란을 가져오고 있다. 빛과 어둠의 두 모습이 함께하고 있

---

39 안오순, "제4차 산업혁명 시대의 도전과 교회의 응전," 『아에타저널』 제6호 (AETA, 2023, 02), 67-82의 내용을 기본으로 함.

40 "혁명," 네이버 국어사전, https://ko.dict.naver.com.

41 Klaus Schwab, *The Fourth Industrial Revolution*, 6.

42 윤승태는, "아직도 많은 나라는 제3차 산업혁명의 구조 속에서 살고 있으며, 제2차 산업혁명조차 경험하지 않은 세계 인구가 17%나 된다. 심지어 인터넷을 사용하지 못하는 인구가 40억 명에 달한다."라고 말한다. 윤승태, "4차 산업혁명시대의 교회의 역할과 방향," 『신학과 실천』 제58호 (한국실천신학회, 2018), 603. 하지만 필자는 오늘의 한국 사회와 교회, 그리고 선진국의 상황을 전제한다.

43 '초(超)'라는 접두어는 기존 단어가 가진 의미를 넘어서는 '엄청나게 굉장한 무언가'를 강조한다. 김태형, "초인공지능 시대의 디자인 싱킹," (2021. 10. 31). www.etnews.com.

다. 이제 우리는 제4차 산업혁명이 일어나기 전에는 어떤 시대가 있었는지부터 알아봐야 한다.

(1) 역사적 흐름

역사에서 산업혁명이 일어났을 때 인류의 경제와 사회 구조도 변혁을 촉진했다. 심지어 정치 구조도 바뀌었다. 그뿐만 아니라, 복음 사역과 함께 세계선교에도 놀라운 변화를 가져왔다. 역사에서 제4차 산업혁명이 등장하기까지 세 차례의 산업혁명 시대가 있었다. 그 세 차례의 산업혁명 시대를 간략하게 살펴보고, 제4차 산업혁명 시대를 논하고자 한다.

제1차 산업혁명 시대

제1차 산업혁명은 1784년 유럽, 그중에서도 영국을 중심으로 일어났다. 증기기관과 방적기를 발명하여 인간의 노동을 기계로 대체하면서 일어났던 혁명이었다. 그 산업혁명은 생산의 '기계화(mechanization)'로 농경 사회에서 도시화로 바뀌기 시작했다.[44] 경제 구조는 농업 중심에서 공업 중심으로 바뀌었다. 사회적으로는 노동자 계급이 성장했고, 정치적으로는 자유 민주주의 체제가 나타났다.

그뿐만 아니라, 복음 사역과 세계선교에도 새로운 변화의 바람이 불었다. 제1차 산업혁명은 선교 패러다임의 변화를 가져왔다. 개신교 현대선교의 아버지로 불린 윌리엄 캐리(William Carrey, 1761~1834)는 빠른 증기선을 타고 인도 선교사로 나갔다. 유럽 교회는 다른 대륙으로 가는 길이 쉬워지면서 '해안선 선교 시대(Coast Lands Mission Era)'[45]를 열었다.[46]

---

44 Klaus Schwab, The Fourth Industrial Revolution, 11.

45 근대 선교 역사를 세 가지 시대로 나눌 수 있다: 해안 선교시대(Coastlands Mission Era, 1792~1910), 내지 선교시대(Inlands Mission Era, 1865~1980), '미전도 종족 선교시대(Unreached People Group Mission Era, 현재).

제2차 산업혁명 시대

제2차 산업혁명 시대는 1870년부터 1914년 제1차 세계대전까지의 산업 발전 시기를 말한다. 그때의 핵심 발명품은 전기였다. 전기를 기초로 하여 자동차, 중화학, 그리고 철강산업이 발전했다. 기계화의 가속으로 '대량생산(mass manufacturing)'이 나타났다. 제2차 산업혁명은 독일과 미국이 주도했다. 독일과 미국을 중심으로 해안 도시와 내륙 간의 교통과 소통이 원활해졌다.[47] 그 영향으로 대기업 중심의 경제성장이 나타났다.

제2차 산업혁명은 '탈교회화'와 '탈그리스도교화'를 초래했다. 이런 현상은 우선 식자층에서 다음으로 노동자 계급에서 일어났다.[48] 그런 중에도 선교사역에는 새로운 바람이 일었다. 허드슨 테일러(James Hudson Taylor, 1832~1905)는 중국의 내지 선교회를 설립하여 '내지 선교(Inland Mission)'의 시대를 열었다.[49]

제3차 산업혁명 시대

제3차 산업혁명 시대는 1969년부터 시작하여 1980년대까지의 산업 발전 시기를 말한다. 그 시기에 전기와 기계를 사용하는 아날로그(Analog) 방식에서 컴퓨터의 디지털(Digital) 방식으로의 전환이 일어났다. 제3차 산업혁명은 개인용 컴퓨터와 인터넷의 발명으로 일어난 혁명이었다.[50] 따라서 제3차 산업혁명을 '정보화 혁명', 또는 '디지털 혁명(the Digital Revolution)'이라고 부른다. 제3차 산업혁명 시대에는 기술이 인간 사회와 개인의 삶에까지 깊숙이 스며들었다. '벤처(Venture) 기업'[51]이 혁신의 주체로 등장했고, 세계 경제의 '글로벌

---

46 신성주, "4차 산업혁명 시대의 선교적 과제," (2019. 03. 30). www.kscoramdeo.com/news/articleView.

47 Klaus Schwab, *The Fourth Industrial Revolution*, 11.

48 Hans Küng, *Das Christentum: Wesen und Geschichte*, 이종환 옮김, 『그리스도교: 본질과 역사』 (칠곡: 분도출판사, 2002), 909.

49 신성주, "4차 산업혁명 시대의 선교적 과제."

50 Klaus Schwab, *The Fourth Industrial Revolution*, 11.

51 창조적 아이디어와 첨단 기술을 바탕으로 도전적인 사업을 운영

(Global)' 화가 나타났다. 그 결과 인류 삶의 편의를 높였다.

한편 선교사와 후원자는 본국에서 선교지로 비행기를 타고 최대한 빨리 갈 수 있었다. 파송 교회와 선교지 상황이 매우 빠르고 쉽게 소통할 수 있었다. 이때부터 '미전도 종족선교(UPG)'[52]가 활발하게 일어났다.

우리는 제1차 산업혁명 시대, 제2차 산업혁명 시대, 그리고 제3차 산업혁명 시대의 역사적 흐름을 살폈다. 각각의 산업혁명 시대는 인류에게 부정적인 영향을 끼친 점도 있었다. 하지만 인류의 삶을 한층 풍요롭게 하는 데 크게 이바지했다. 그뿐만 아니라, 교회 사역은 물론이고 선교사역의 패러다임을 바꾸는 데도 크게 쓰임 받았다. 산업혁명의 도전 앞에서 교회는 역기능보다는 순기능으로 응전했기 때문이다. 이제 우리는 제4차 산업혁명 시대에 관해 연구해야 한다. 필자는 제4차 산업혁명의 정의와 환경, 그리고 그 특징을 살필 것이다.

(2) 제4차 산업혁명 시대

정의

앞선 3차례의 산업혁명과는 달리 제4차 산업혁명은 그 시작 시기를 정확히 정의하는 일이 쉽지 않다. 왜냐하면 오늘 우리가 맞는 변화의 물결이 제3차 산업혁명 시대의 연장인지, 아니면 제4차 산업혁명의 시대의 시작인지가 분명하지 않기 때문이다.

그런데 2014년 독일의 앙겔라 메르켈(Angela Dorothea Merkel) 총리가 독일의 산업 구조 개혁과 관련하여 제4차 산업혁명이라는 개념

하는 중소기업을 말한다.

52 '미전도 종족(UPG, the Unreached People Group)'이란 다른 문화권의 도움 없이 스스로 복음화할 수 있는 공동체가 없는 종족을 뜻한다. 기독교인의 비율이 2% 미만인 종족을 가리킨다. '미전도 종족선교의 아버지'라 불리는 랄프 윈터(Ralph D. Winter)가 1974년 스위스 로잔에서 열린 복음주의 세계선교대회에서 처음 주창했다. 데일리굿뉴스. https://www.goodnews1.com.

을 최초로 사용했다. 2016년 클라우스 슈밥은 '세계경제포럼(WEF, World Economic Forum)'[53]에서 제4차 산업혁명을 "인공지능(AI), 빅데이터(Big Data), 사물인터넷(Internet of Things, IoT) 같은 정보통신기술(ICT)[54]로 모든 제품과 서비스를 네트워크로 연결, 사물을 지능화하는 '초지능 초연결(super intelligence hyper connective)'의 혁명이다."[55]고 정의했다. 그때부터 제4차 산업혁명이라는 말을 세계적으로 공론화했다.

특징

빅 데이터, 인공지능 등 제4차 산업혁명의 핵심 기술은 정보를 자동으로 자료화하고 분석하여 현실과 가상의 세계를 하나로 연결한 'O2O(one line-To-offline)' 체계를 구축했다. 제4차 산업혁명은 자동으로 처리한 '오프라인(off line)'과 '온라인(on line)' 상의 정보를 바탕으로 개인별 맞춤형 생산을 촉진한다. 제4차 산업혁명은 '초연결성', '초지능화', '융합화'에 기반하여 '모든 것을 서로 연결하여 더 지능화된 사회로 변화한다.'라는 특징이 있다.

① 초연결 사회(Hyper-Connected Society) : '초연결'이란 정보통

---

53 세계경제포럼은 매년 각 나라에서 'Young Global leaders'를 선정한다. 개최지 이름을 따라서 'Davos Forum'이라고 부른다. 이것은 글로벌 이슈에 관심을 품고 더 나은 세상을 만들기 위해 전문 영역에서 고민하고 노력하는 젊은이를 격려하고, 그들이 서로 연대해 전 지구적 변화에 긍정적으로 이바지하기를 기대하면서 만든 제도이다. Klaus Schwab외 26, *The Fourth Industrial Revolution*, 『4차 산업혁명의 충격』, 김진희, 손용수, 최시영 옮김 (서울: 흐름출판, 2016), 5.
54 '정보(Information)'와 '통신 기술(Communication Technology)'의 합성어이다. 컴퓨터와 다양한 통신 수단을 이용하여 생각, 감정, 정보 등을 주고받으며, 다양한 수단과 장치를 이용하여 정보를 생산 가공하고 주고받으며 저장하는 모든 활동을 뜻한다.
55 Klaus Schwab, *The Fourth Industrial Revolution: What it means, how to respond* (World Economic Forum, 2020. 08. 28).

신기술의 발달로 인간과 인간, 인간과 기기, 기기와 기기가 인터넷을 기반으로 서로 연결하는 연결망을 말한다. 초연결 사회는 초지능인 사물인터넷 등을 기반으로 한다. 지금까지의 산업혁명과 달리 더 넓은 범위(scope)에 더 빠른 속도(velocity)로 크게 영향을 끼치고 있다.[56] 따라서 제4차 산업혁명의 특징은 기술의 발전보다 '인간관계(human connection)'의 발전이다. 지구촌 사람이 하나의 '인포스피어(infosphere)'[57]를 형성하기 때문이다. 이 환경은 세계를 '초연결 사회'로 묶는 역할을 한다.[58]

초연결 사회는 초협력 사회(Hyper Shift Society)로 나타난다. 제4차 산업혁명은 연결, 탈중앙화와 분권, 그리고 공유와 개방을 통한 맞춤 시대의 지능화 세계를 지향한다. '소유'라는 개념을 중심으로 하는 기존 사회경제의 기본질서는 점차 '접속'과 '공유'라는 개념으로 바뀌고 있다. 개인이 소유하던 시대는 사라지고 협력하고 공유하는 시대가 오고 있다. 우리는 그것을 '공유경제(sharing economy)'[59]로 부른다.

② 초지능 사회(Hyper-Intelligent Society) : '초지능'이란 인간의 지능을 뛰어넘는 인공지능을 말한다. 지금까지의 산업혁명은 인간의 육체노동을 기계로 대체하면서 자동화를 통해 생산성을 강화해 온 과정이었다. 그러나 제4차 산업혁명은 인공지능의 발전으로 로봇이 사람의 두뇌 역할을 하는 시대이다. 인공지능은 '심층 학습(Deep learning)'이

---

56 한천설, "제4차 산업혁명과 한국교회의 미래," 4.

57 '인포스피어(infosphere)'는 사람이 살아가는 역동적인 생활 환경인데, 전 지구적으로 거리와 상관없이 컴퓨터를 통하여 정보와 자료를 수집하고 처리하는 환경이다. "인포스피어," 네이버 사전, https://ko.dict.naver.com.

58 스마트폰 기술로 원거리에서 집 안에 있는 가전제품을 조종할 수 있고, 지구 반대편의 사람과 실시간으로 소통할 수 있다. 이런 모습은 장소와 시간의 제약 없이 사람과 도시, 집, 자동차, 건물 등을 하나로 묶는 '초연결 사회'를 보여주고 있다.

59 '공유경제'란 '한 사람이 물건을 개인적으로 소유하지 않아도 필요할 때 언제나 편리하게 빌려서 사용할 수 있다.'라는 뜻이다.

라는 알고리즘(algorithm, 셈법)[60]으로 스스로 학습하면서 발전하여 상상 그 이상으로 진보한다.[61] 인공지능은 컴퓨터와 소프트웨어로 인간처럼 학습하며, 사고하도록 지능을 구현하고 있다.

③ 초융합 사회(Hyper-Convergence Society) : '초융합'[62]이란 기존에 있는 여러 기술과 산업, 지식, 그리고 학문이 결합하여 이전과는 전혀 다른 새로운 영역을 나타내는 것을 말한다. 제4차 산업혁명 시대의 핵심인 '초연결성'과 '초지능화'에 기반하여 기술간, 산업간, 사물과 인간 간의 경계가 사라지는 '초융합' 시대가 나타난다.

하상우는 이런 구체적인 예를 들고 있다.

> 유전공학과 예술의 결합으로 '바이오아트(BioArt)'가 탄생하고, 생물정보학과 언어학, 그리고 데이터과학이 만나서 DNA를 활용한 정보 저장 등의 기술을 개발했다. 상품의 생산에서부터 유통에 이르기까지 전 과정을 자동화하여 작은 품종 맞춤형 생산을 할 수 있다. 그런 변화를 '스마트 혁명'이라고 부른다.[63]

이처럼 제4차 산업혁명 시대의 초융합 특징은 다양한 기술이 고유한 영역을 초월하여 여러 곳에서 한꺼번에 일어나면서 새로운 기술을 탄생시킨 데 있다. 초융합은 오늘의 사회변화를 가속하고 있다. 초융합이 현대인의 삶에 가장 크게 영향을 주는 분야는 일자리이다. 현재 직업의 대부분이 사라질 것이라는 비관적 전망이 우세하다. 하지만 새로

---

60 '알고리즘(algorithm)'은 수학과 컴퓨터과학, 언어학 등에서 어떤 문제를 해결하기 위해 정해진 일련의 절차이다.

61 윤승태, "4차 산업혁명시대의 교회의 역할과 방향," 『신학과 실천』, 607.

62 '융합(convergence)'이란 서로 종류가 다른 것이 녹아서 구별이 없게 하나로 합하여짐을 뜻한다.

63 하상우, 조헌국, "초융합, 초연결, 초지능의 개념을 통해 살펴본 4차 산업혁명 시대의 물리교육," 『새물리』 Vol. 72 No. 4 (한국물리학회, 2022), 320.

운 욕구 창출로 새로운 일자리가 탄생할 것이라는 긍정적 전망도 있다.[64]

주요 기술

① 빅 데이터(Big Data Statistical Analysis) : 거대한 규모 (volume), 빠른 속도(velocity), 높은 다양성(variety)을 특징으로 하는 데이터를 말한다. 제4차 산업혁명 시대에는 인공지능을 중심으로 한 소프트웨어와 방대한 데이터를 처리하는 빅 데이터 기술, 최신 로봇 기술이 합쳐져 근로 형태가 혁신적으로 변화하고 있다.

② 인공지능(Artificial Intelligence) : 인공지능은 인간의 학습 능력과 추론 능력, 그리고 언어이해 능력을 컴퓨터 프로그램으로 실현하는 학문 또는 기술이다. 인공지능은 더 많은 데이터를 통해 점점 더 똑똑해지고, 더 빠르게 학습하고 있다. 다만 부정적 영향은 사람이 할 수 있는 일자리를 인공지능 로봇이 대신하여 그 일자리를 빼앗는 데 있다. 또 인공지능이 판단의 오류를 저지르면 그것은 로봇 이상의 행동으로 나타나나 사고로 이어진다. "인류의 존재를 위협할 수 있다."[65] 라는 심각성도 있다.

③ 사물인터넷(Internet of Things, IoT) : 사물인터넷은 컴퓨터-인터넷 기술을 모든 물건에 적용하여 물건이 정보를 생산하고 서로 정보를 주고받는 기술을 말한다. 클라우스 슈밥(Klaus Schwab)은 그 기술을 "상호연결된 기술과 다양한 플랫폼을 기반으로 한 사물(제품, 서비스, 장소 등)과 인간의 관계로 설명한다."[66] 사물인터넷은 '유비쿼터스

---

64 하상우, 조헌국, "초융합, 초연결, 초지능의 개념을 통해 살펴본 4차 산업혁명 시대의 물리교육," 320.

65 김성원, "제4차 산업혁명과 교회론의 방향", 『영산신학저널』 Vol. 42, (한세대학교 영산신학연구소, 2017), 195.

66 Klaus Schwab, *The Fourth Industrial Revolution*, 송경진 옮김, 『클라우스 슈밥의 제4차 산업혁명』 (서울: 새로운 현재, 2016), 41.

(Ubiquitous)'[67]를 기반으로 우리 주변의 모든 사물을 인터넷에 연결하는 기술이다.[68]

한편 사물인터넷의 부정적인 영향도 있다. 첫째로, 사생활 침해가 늘어난다.[69] 사물인터넷은 우리 삶의 모든 영역에서 정보를 수집하고 인터넷상에 그 데이터를 올려놓기에 개인의 모든 사생활 정보를 노출하는 일이 늘어난다. 둘째로, 어떤 부분의 문제가 시스템 전체의 문제로 확산할 수 있다. 왜냐하면 모든 삶은 서로 연결되어 있기 때문이다.

④ 메타버스(Metaverse) : '메타버스'는 초월을 뜻하는 '메타(meta)'와 세계, 우주를 뜻하는 '유니버스(universe)'를 합성한 신조어이다.[70] '가상 우주'로 번역한다. 이에 대해서 일반적으로는 "가상현실(virtual reality)[71], 증강현실(augmented reality)[72]의 상위 개념으로서

---

67 '유비쿼터스(Ubiquitous)'는 '언제, 어디에나 있는', '편재하는(omnipresent)'의 라틴어에서 왔는데, '3A(Anytime, Anywhere, Anydevice) 산업'이라고도 부른다. 어느 기기로나 인터넷을 이용할 수 있음을 뜻한다. 이와 더불어 '유비쿼터스 컴퓨팅(Ubiquitous Computing)'이라는 개념도 나타났다. 즉 '환경 곳곳에 컴퓨터가 숨어서 인간의 행동에 앞서 움직이는 시스템'을 말한다.

68 Neil Gershenfeld, J. P. Vasseur, "사물인터넷-모든 것이 인터넷으로 연결된 세상," Klaus Schwab외 26, 『4차 산업혁명의 충격』, 56. 그 예로, 병원의 모든 행동이나 사물을 인터넷에 연결하여 최적화하면 정보가 늦거나 서로 기다리는 손실을 줄일 수 있다. 따라서 환자도 빠른 조치를 받아서 좋고, 병원도 생산성이 올라서 좋을 것이다. '초소형 컨트롤러(microcontroller)'를 생산하여 그 기기를 가전제품, 신호등, 자동차, 건물, 우리가 입은 옷, 전원 스위치, 가로등, 3D프린터를 통해 데이터를 만들 수 있다. 인터넷으로 서로 연결하여 정보를 교환할 수 있다.

69 김성원, "제4차 산업혁명과 교회론의 방향", 189.

70 "메타버스(metaverse)," 위키백과. https://ko.wikipedia.org/wiki.

71 "가상현실은 컴퓨터를 사용하여 인공 기술로 만든 실제와 비슷하다. 하지만 실제와는 다른 어떤 특정한 환경이나 상황, 또는 그 기술을 뜻한다. 예를 들면, '비행훈련 시뮬레이션'이나 '두 번째 삶(second life)'과 같은 게임 등이 있다." "메타버스(metaverse)," 위키백과.

72 "증강현실은 가상현실의 한 분야로 실제 존재하는 환경에 가

현실을 디지털 기반의 가상 세계로 확장해 가상 공간에서 모든 활동을 할 수 있도록 만든 시스템이다."[73]고 한다. 부정적인 영향은 현실에서 사는 사람조차도 현실과 가상현실을 구분하기 어려운 데 있다. 사람에게 환각 상태와 같은 현실 도피적인 성향을 부추길 수 있다.

⑤ Chat GPT : '챗(Chat)'은 '대화할 수 있는 인공지능(AI)'과 'GPT(Generative Pre-trained Transformer, 사전 훈련된 생성 변환기)'의 합성어이다. 'Generative(생성)'는 '답변을 생성한다.'라는 의미에서 붙였다. 'Pre-trained(사전 훈련된)'는 '바로 질문에 답하기, 번역하기 등 특정한 행동을 학습하기 전에 미리 지식만 학습하는 과정을 거쳤다.'라는 뜻이다. 'Transformer(변환기)'는 핵심적인 신경망 모델을 뜻한다.[74]

이상에서 간략하게 살폈듯이, 제4차 산업혁명 시대의 환경은 빅 데이터, 인공지능, 사물인터넷, 메타버스, 그리고 Chat GPT 등으로 이루어졌다. 우리가 현실에서 느끼는 일은 물론이고 느끼지 못한 세상까지도 이런 환경으로 연결되어 있다. 인공지능의 발달과 빅 데이터 분석을 토대로 방대한 양의 정보를 얻어서 인간과 사회의 미래를 예측하는 일도 쉬워졌다. 인공지능이 인간의 역할을 대신하고 의료기술의 발달로 인간의 수명은 더 늘어날 것이다. 이처럼 제4차 산업혁명은 그 변화를 삶의 현장에서 느끼든지 느끼지 못하든지 분명한 사실은 놀라운 편의성을 제공하고 있다는 점이다. 제4차 산업혁명은 개인의 삶뿐만 아니라, 사회 전반의 패러다임을 송두리째 바꾸고 있다. 우리의 행동양식뿐만 아니라, 인간의 정체성에 심각하게 도전하고 있다.

이처럼 빛이 강하면 어둠이 깊듯이, 제4차 산업혁명 시대는 인간의 외적 환경만 바꾸지 않고 인간의 내면세계까지 바꾸고 있다. 외적

상의 사물이나 정보를 합성하여 원래의 환경에 존재하는 사물처럼 보이도록 하는 컴퓨터 그래픽 기법이다." "메타버스(metaverse)," 위키백과.

73 "메타버스(metaverse)," 위키백과.

74 이종현, "똑똑한 과학 용어: 챗GBT," 사이언스조선 (2023. 02. 17). https://biz.chosun.com/science-chosun.

환경은 어떤 모양으로든지 인간 삶의 모습은 물론이고, 가치관에도 영향을 미친다. 사람들은 언제 어디서나 자신이 원하면 많은 사람과 소통할 수 있다. 그런데도 사적인 공간에서는 무관심이 커지고 의사소통도 활발하지 않다. 오히려 군중 속의 고독을 느끼고 있다. 우리 사회는 점점 더 기계화하고 비인격적 관계로 빠지고 있다. 그러므로 제4차 산업혁명 시대를 사는 우리의 청중도 세상의 변화 속에서 내면과 가치관의 변화를 겪고 있다.

우리는 이제 그 청중이 어떤 변화를 겪고 있는지를 살피고자 한다. 청중에 대한 이해를 목적은 그들에게 맞는 적실한 설교를 하기 위해서이다.

2) 제4차 산업혁명 시대 청중의 이해

하나님께서 설교자를 부르실 때 "그냥 설교하라."라고 부르지 않으셨다. "오늘의 청중에게 설교하라."라고 부르셨다. 기독교 역사에서 그 어떤 설교자도 진공상태에서 설교하지 않았다. 하나님의 말씀 선포는 빈들이나 허공을 향해 메아리치는 일이 아니다. 설교는 청중 삶의 자리 한복판에서 이루어져야 한다. 따라서 김운용은 "설교의 자리는 '시장터(marketplace)'이다."[75]고 한다. 오늘의 설교자도 제4차 산업혁명 시대를 사는 청중에게 설교하도록 부름을 받았다. 따라서 설교자는 시대의 변화와 함께 청중의 변화에도 민감하게 반응해야 한다. 만약 설교자가 하나님 말씀의 절대성만 강조하고 상황에 대한 민감성에는 소홀히 하면 한쪽 날개를 잃어버린 새와 같을 수 있다.[76] 오늘의 청중[77]

---

75 김운용, 『설교의 새로운 패러다임』(서울: 장로회신학대학교출판부, 2007), 18.

76 이우제, "포스트모더니즘 시대의 말씀 사역이 직면한 도전과 가능성," 217.

77 필자는 '오늘의 청중'을 '알파 세대', 'MZ세대', 그리고 '청년대학생'을 중심으로 한다. 한국 사회는 이미 '고령사회'에 진입했다. 일반적으로, 65세 이상이 전체 인구의 7% 이상이면 '고령화 사회', 14% 이상

은 제4차 산업혁명 시대의 영향을 받고 있다. 그 변화의 소용돌이에서 살고 있다. 그 변화의 소용돌이는 청중의 외적인 환경은 물론이고, 내면과 가치관에까지 공격적으로 도전하고 있다. 그 도전은 다양한 모습으로 나타나고 있다. 그런데도 몇 가지 공통점으로 정리할 수 있다.

(1) 데이터 교의 등장

'데이터 교(Dataism/ the Data Religion)'[78]는 '빅 데이터(Big Data)'의 중요성이 나타나면서 생긴 사고방식이나 철학을 설명하는 데 사용한 용어이다. 유발 하라리(Yuval Noah Harari)는 "데이터 교(the Data religion)"라는 말을 쓰면서, "우주는 데이터 흐름(data flow)으로 구성되며, 모든 현상이나 개체의 가치는 데이터 과정의 기여도에 따라 결정된다."[79]고 선언한다. '데이터 교'는 본질적으로 데이터와 알고리즘을 가치 있게 여기고 우선순위를 정하며 신뢰하는 세계관 또는 철학이다. 이런 철학 앞에서는 종교 활동은 있어도 하나님이 다스리는 세상은 없어진다. 인간 중심 시대가 더욱 열리면서 인간의 편리함과 유익을 추구하는 새로운 종교가 탄생한다. 그것이 '데이터 교'인데, '데이터 교'는 인간의 감정을 주관하는 일은 물론이고 인간 본질 문제인 죽음까지도 관여한다. '데이터 교'는 하나님도 인간도 우러러보지 않는다.

그런데 실리콘 밸리(Silicon Valley)에서는 "'데이터 교'라는 새로운 종교가 광풍처럼 불고 있다."[80]고 한다. 왜냐하면 '데이터 교'를 신봉하는 사람은 인간의 지식과 지혜보다는 빅 데이터와 알고리즘을 더

이면 '고령사회', 20% 이상이면 '초고령사회'로 정의한다. 우리 사회는 2023년 9월을 기준으로 65세 이상이 18.7%를 기록했다. "초고령사회," 나무위키, https://namu.wiki. '고령사회'에 대한 청중 연구와 이해는 '제언'으로 돌린다.

78 Yuval Noah Harari, *Homo Deus: A Brief History of Tomorrow* (New York: HarperCollins Publishers, 2017), 10.

79 Yuval Noah Harari, *Homo Deus*, 373.

80 "실리콘밸리의 신흥종교: 데이터교," https://coolspeed.wordpress.com/2017/08/22/new_religion_of_silicon_valley.

신뢰하기 때문이다. 그런데 제4차 산업혁명은 '데이터 교'를 사람들에게 더 강하게 불어 넣고 있다.[81] '데이터 교'는 인본주의의 탯줄을 아예 끊고, '트랜스휴머니즘(Transhumanism)'[82]을 이루려고 한다.[83] 기독교의 근본 진리는 "인간은 죄인이고, 그 죄를 오직 예수님을 믿음으로만 해결할 수 있다."라는 것이다. 그런데 '데이터 교'는 이 근본 진리를 무너지게 한다.[84] '데이터 교'는 성경 본문의 전통과 권위에서 멀어지게 하는 '본문의 상실(the loss of Biblical text)'을 가져오기 때문이다. 사람들이 더 쉽게 소화할 수 있는 데이터를 기반으로 하는 내용을 선호하기에 성경 본문에 관심을 품을 기회가 줄어들기 때문이다.

이런 시대에서 교회는 생존의 선택에 서 있다는 사실을 큰 관심 없이 대충 넘겨 서는 안된다. '데이터 교'가 오늘의 청중에게 미치는 영향력에 관해서 좀 더 자세히 살펴야 한다. 그리고 응전해야 한다. 그러면 '데이터 교'가 실제 삶에서는 어떻게 나타나고 있는가?

디지털 네이티브 세대

'디지털 네이티브 세대(Digital Native Generation)'는 "태어나면서부터 개인용 컴퓨터, 휴대전화, 인터넷 등과 같은 디지털 환경을 생활처럼 사용하는 세대"[85]이다. '디지털 네이티브 세대'의 대표 주자는 'MZ세대'[86]를 포함한 '알파 세대(Generation Alpha)'이다. 그들은 우리

---

81 김성원, "제4차 산업혁명과 교회론의 방향," 224.

82 과학기술을 이용해 사람의 정신적, 육체적 성질과 능력을 개선하려는 지적, 문화적 운동이다.

83 최원진, "4차 산업혁명 시대 선교의 방향성과 선교사의 역할," 『복음과 실천』 제63집 (침례신학대학교 출판부, 2019), 240.

84 김종걸, "4차 산업혁명과 기독교의 방향," 『복음과 실천』, 82.

85 '코로나19' 시기에도 대학생은 실시간 '미팅 앱'을 이용하여 '학교 수업'(78.4%), '친구와 사적 모임'(38.7%), '학습 모임'(31.9%), '학교 내 동아리 모임'(26.7%)을 했다. '미팅 앱' 만족도는 75% 이상이었다. 실시간 '미팅 앱'을 이용한 모임은 일상생활의 의사소통 도구로 자리 잡았다. 장근성, "요약과 총평, 2022 청년트렌드 리포트," 16.

86 'MZ세대'는 1980년대 초에 출생한 '새천년(Millennials) 세대'

나라 전체 인구의 37%를 차지하고 있다.[87] 'MZ세대'는 이전 세대와는 많은 점이 다르다. 심지어 하나로 묶어서 표현하는 'M세대'와 'Z세대' 간의 차이도 크다. 'M세대'는 아날로그의 끝을 경험했지만, 'Z세대'는 태어날 때부터 디지털과 함께 한 세대이다. 따라서 두 세대는 세상을 접하는 방식이나 세상을 보는 눈이 서로 다르다.[88] 그들 삶의 환경이 다르기 때문이다.

한편 '알파(Alpha) 세대'는 'MZ세대' 다음에 태어난, 즉 2010년 이후 태어난 사람을 말한다.[89] 현재 초등학생은 현재 기성세대의 연장선에 있지 않다. 기존 세대와는 전혀 다른 새로운 종족이 바로 '알파 세대'이다.[90] 그들을 '신인류'라고도 한다.[91]

그런데 '디지털 네이티브 세대'의 문제는 무엇인가? 그들은 단군 이래 가장 똑똑하고 '스펙(specification)'이 좋은 세대이다. 하지만 그들은 태어날 때부터 디지털 세상을 접해서 중독을 모른 채 중독의 위험에 노출되어 있다. 그들은 현실 세계와 가상 세계를 엄격하게 구분하지 못한다. 그들은 조직에 무한 헌신하던 아버지 세대와는 달리 '워라벨(wolabel)'[92]을 추구한다. 그들은 역설적으로 단군 이래 부모보다 가난한 첫 세대이다.

와 1990년대 중반부터 2000년대 초반 출생한 'Z세대(Generation Z)'를 하나로 묶은 표현이다. 알파벳으로 세대를 구분하여 X세대(1970~1980년대 출생), Y세대(새천년 세대), Z세대로 불렸다.

87 지용근 외, 『한국교회 트렌드 2023』, 170.
88 지용근 외, 『한국교회 트렌드 2023』, 171.
89 'Z세대' 다음에는 알파벳이 없어서 처음으로 돌아가 '알파 세대'라는 이름을 붙였다. 'A'가 아니라 '알파(α)'라는 이름에는 Z세대의 다음 세대가 아닌 완전히 새로운 종족이 태어남을 뜻한다. 김난도 외, 『트렌드 코리아 2023: 더 높이 도약을 준비하는 검은 토끼의 해』 (서울: 미래의 창, 2023), 304.
90 15년마다 새로운 알파벳으로 세대를 구분하므로 2024년생까지는 알파 세대이다. 김난도 외, 『트렌드 코리아 2023』, 307.
91 장근성, "요약과 총평, 2022 청년트렌드 리포트," 45.
92 '일과 생활의 균형(Work & Life Balance)'을 뜻한다. '워라벨(wolabel)'은 일과 가정, 여가, 건강, 자기 계발, 그리고 사회활동 등의 삶을 조화롭게 하여 행복한 인생을 추구함을 뜻한다.

2. 제4차 산업혁명 시대의 도전과 청중의 이해, 2) 제4차 산업혁명 시대 청중의 이해

이런 그들이 오늘의 설교자가 만나야 하는 청중 중 한 세대이다. 설교자가 그들에게 적실하게 설교하려면 그들에 대한 이해와 함께 설교 전략이 필요하다. 설교자는 이런 청중을 이해함과 동시에 교회와 관련 있는 또 다른 청중을 이해할 필요가 있다.

붕 떠 있는 신자

'붕 떠 있는 신자'란 영어 '플로팅 크리스천(Floating Christian)'이라는 말에서 왔다. '플로팅(floating)'은 '떠 있는', '이동하는', '일정하지 않은'이라는 뜻이다. '플로팅 크리스천', 즉 '붕 떠 있는 신자'란 "전통적인 신앙생활에서 벗어나서 자유로운 신앙생활을 추구하는 사람"[93]을 뜻한다. 우리 사회는 제4차 산업혁명의 급속한 시대 변화와 함께 '코로나19'를 겪었다. 특히 '코로나19' 기간 동안 상당히 많은 크리스천은 '온라인(on line)'이나 방송을 통해 예배에 참석했다. 그런데 '코로나19' 이후에도 '대면 예배'에 참석하지 않고 여러 교회의 예배를 떠도는 사람이 있다.[94] 그들은 어느 한 교회에 정착하지 않고 계속 움직이며 자기에게 맞는 신앙생활을 추구한다.

그들은 자신의 신앙을 이렇게 표현한다. "영적이지만 종교적이지는 않다(SBNR, Spiritual But Not Religious)."[95] 예전에는 '영적인 것'과 '종교적인 것'을 같은 의미로 썼다. 하지만 여기서는 이 둘을 구분한다. '영적인 것'은 교회조직이나 제도를 벗어나서 자유롭게 신앙 생활하는 것을 말한다. 반면 '종교적인 것'은 교회조직이나 제도 안에서 신앙 생활하는 그것을 말한다. 오늘의 '플로팅 신자'는 이 말을 이렇게

---

93 지용근 외, 『한국교회 트렌드 2023』, 31-32.

94 '코로나19' 이후에도 30.1%는 온라인 예배에 참여하고 있다. 이런 현상은 50대 이상보다는 20대~40대가, 읍면에 있는 교회보다는 대도시 교회가, 중직자보다는 일반 성도가, 100명 미만 교회보다는 100명 이상의 교회에서 더 두드러졌다. 지용근 외, 『한국교회 트렌드 2023』, 38.

95 여기서 'Religious'는 제도권 교회이고, 'Not Religious'는 교회에 나가지 않음, 'Spiritual'은 영성을 뜻한다. 이 말은 Sven Erlandson의 책 제목이다. *Spiritual but Not Religious: A Call to Religious Revolution in America* (Bloomington: iUniverse, 2000).

표현한다. "나는 교회는 다니지 않지만, 하나님은 믿어요." 이런 현상은 제4차 산업혁명 시대라는 바람을 타고 급속히 확산하고 있다.

오늘의 '플로팅 크리스천'의 현상을 두 가지로 분류할 수 있다.[96] 하나는, 소속 교회에 출석하면서 소속하지 않은 교회의 설교나 프로그램에 참여하는 경우이다. 그들을 '닻 형 플로팅 크리스천'[97]이라고 하는데, 소속 교회에 뿌리를 내리면서 소속하지 않은 교회를 기울이기에 믿음 자체는 흔들리지 않는다고 여기기 때문이다. 다른 하나는, 현장 예배에 참석하지 않고 소속 교회나 소속하지 않은 교회의 '온라인' 예배에만 참여하는 경우이다. 그들을 '부평초형 플로팅 크리스천'[98]이라고 한다. 두 종류 모두 신앙을 떠나지는 않는다고 여긴다. 하지만 '플로팅 크리스천'도 어떤 면에서는 잠재적 '가나안 교인'[99]이라고 할 수 있다. 일부에서는 '가나안 교인'이 "한국교회에서 가장 큰 교단을 이루고 있다."[100]라고, 말한다. 최근에는 '붕 떠 있는 신자'에 이어 'OTT 크리스천'[101]으로 부르는 새로운 유형까지 탄생했다.

---

96 지용근 외, 『한국교회 트렌드 2023』, 35

97 지용근 외, 『한국교회 트렌드 2023』, 36.

98 '부평초(浮萍草)'는 물 위에 떠다니는 풀의 하나인 '개구리밥'을 말한다. 부평초가 잔잔한 바람에도 마치 살아 움직이는 것처럼 보여서 개구리들이 긴 혀로 이 풀을 잘 먹는다고 해서 '개구리밥'으로 부른다. 정처 없이 떠돌아다니는 사람의 모습을 '부평초'에 비유한다. 지용근 외, 『한국교회 트렌드 2023』, 36.

99 "예수님은 좋지만, 교회 제도에 회의를 느껴 교회를 떠난 교인"을 말한다. 그러나 다른 한편으로는 "희생하지 않고 헌신하지 않으려는 교인"을 뜻한다. 홍경화, 오현주, "목회자가 인식하는 한국 목회 현장의 현주소," *Torch Trinity Journal Vol. 23 No. 11* (Torch Trinity Graduate University, 2020), 137.

100 "가나안 성도가 2012년 11%에서 2023년 29%로 심하게 증가했다." 목회데이터연구소, 기독교 통계(209호)- "한국 개신교인의 교회 생활," (2023. 09). www.mhdata.or.kr/bbs.

101 'OTT는 over-the-top(extremely or excessively flamboyant or outrageous, 극도로 또는 과도하게 화려하거나 터무니없는)'을 뜻한다. '디지털 기술을 활용해 자신의 필요에 따라 신앙생활을 하는 크리스천'을 뜻한다. 과거부터 기독교 계열 방송이나 온라인 등을 통해 다른 교회의 예배를 찾아 드리는 현상이 있었다면, 이제는 더욱 적극적으로 언

그러면 '플로팅 크리스천'과 'OTT 크리스천'이 증가하는 이유는 무엇인가? 그 원인은 "얽매이기 싫어서"가 3명 중 1명꼴(31%)로 가장 높았고, 이어 '코로나19 때문에', '목회자들에 대해 좋지 않은 이미지가 있어서', '교인들이 배타적이고 이기적이어서' 등의 순이었다.[102]

이런 현상의 뿌리는 현대의 개인주의의 증가에 있다. 개인주의의 증가 현상은 '나노사회'에서 왔다. '나노(Nano)'는 10억분의 1을 나타내는 극소단위이다. '나노사회(Nano society)'란 공동체 문화보다는 개인주의 문화가 팽배하면서 개개인이 나노와 같이 각자의 삶을 사는 사회를 뜻한다.[103] 이런 현상이 가장 잘 나타나는 데가 현대인의 인간관계이다. 현대인의 인간관계에 '인덱스 관계(Index relationships)'[104]가 있다. 현대인은 인간관계를 단순한 친밀감으로 유지하지 않고, 상황에 따라서 관계를 바꾸고 있다. 그들은 '느슨한 관계(weak tie)'를 선호하는 경향이 강하다. 그 이유 중 하나는 현대인은 과거 세대처럼 서로 같은 '생애주기(life stage)'를 살지 않기 때문이다. 과거 세대는 비슷한 나이의 친구는 학교생활, 사회생활, 그리고 결혼과 출산 등을 같은 시기에 맞았다. 하지만 지금은 같은 또래조차도 생애주기가 다르다. 같은 이슈로 정보를 나눌 기회가 줄었다.[105] 개인 중심의 생활을 할 수밖에 없다. 이런 사회적 현상이 현대인 삶의 모습을 바꾸고, 가치관을 바꾸고 있다. 신앙관도 바꾸고 있다. 더 나아가, 인간 정체성의 혼란까지 일으키고 있다.

제 어디서나 맞춤형 신앙 콘텐츠 큐레이션을 통해 개성에 맞춘 신앙 성장을 추구하는 이들이다. 정원희, "'플로팅' 너머 'OTT 크리스천'을 주목하라," 기독신문 (2023. 09. 27), www.kidok.com/news/articleView.

102 목회데이터연구소, 기독교 통계(209호)- "한국 개신교인의 교회생활."

103 김난도 외, 『트렌드 코리아 2023』, 28.

104 사람의 친분에 따라 색인(index)을 붙여서 분류하는 데서 왔다. 타인과의 관계에 색인을 붙여 전략적으로 관리하는 현대인의 관계 맺기 방식을 말한다. 김난도 외, 『트렌드 코리아 2023』, 225.

105 김난도 외, 『트렌드 코리아 2023』, 241.

(2) 인간 정체성의 혼란

'데이터 교'의 등장은 인간 정체성의 혼란을 일으켰다. 왜냐하면 루치아노 플로리디(Luciano Floridi)의 말처럼 "제4차 산업혁명기에 인간은 자연이 아니라 정보 생태계(infosphere)에 둘러싸이기"[106] 때문이다. 정보 생태계를 통해서 다른 사람과 소통하는 현대인은 새로운 사회적 자아를 경험한다. 그런데 이것은 사람과 대면하는 가운데서 형성되는 사회적 자아의 모습과는 다르다. 현대인은 자신의 참모습과는 다른 가공되고 변형된 사회적 이미지를 내면화하게 된다. 왜냐하면 "제4차 산업혁명 시대에는 현명한 질문을 할 수 있는 인간이 필요 없어서 데이터가 스스로 말하기"[107] 때문이다.

어떤 철학자는 "신이 인간을 창조했지만 이제 인간이 신의 역할을 맡아 인공지능을 창조한다."[108]고 말했다. 인문학자 존 로크(John Locke), 데이빗 흄(David Hume), 그리고 볼테르(Voltaire) 등은 말했다. "신은 인간 상상의 산물이다." 그런데 한스 큉(Hans Küng)은 이 사상의 원조로 독일 유물론 철학자 루트비히 포이어바흐(Ludwig Andreas von Feuerbach, 1804~1872)의 책 *Das Wesen des Christentums*, 『기독교의 본질』[109]을 지목했다.[110] 이 책은 "신이 인간을 창조한 것이 아니

---

106 Luciano Floridi, *The Fourth Revolution: How the Infosphere is Reshaping Human Reality* (Oxford: Oxford University Press, 2014), 39.

107 Luciano Floridi, *The Fourth Revolution*, 129.

108 김영한, "4차 산업혁명 시대의 기독교 신앙," 30.

109 Ludwig Andreas von Feuerbach, *Das Wesen des Christentums*, 강대석 옮김, 『기독교의 본질』 (파주: 한길사, 2008). 그는 37세인 1841년에 이 책을 썼다. 그 책의 목적은 "인간을 신학자에서 인간학자로, 신을 사랑하는 자에서 인간을 사랑하는 자로, 내세의 지원자에서 현세의 학생으로, 천상과 지상의 군주제와 귀족을 종교적이고 정치적으로 섬기는 하인에서 자의식을 지닌 자유로운 이 땅의 시민으로 만드는 것"이었다. 그의 인간학적 유물론은 그 이후의 다양한 사상에 커다란 영향을 끼쳤다. 막스 슈티르너(Max Stirner, 1806~1856), 브루노 바우어(Bruno Bauer, 1809~1882), 혁명적인 청년 음악가 빌헬름 리하르트 바그너(Wilhelm Richard Wagner, 1813~1883), 프리드리히 니체(Friedrich Wilhelm Nietzsche, 1844~ 1900), 카를 마르크스(Karl Marx, 1818~1883), 그리고

라 인간이 자신의 형상대로 신을 창조했다."라는 명제로 시작했다.[111]
이 명제는 "하나님이 자기 형상 곧 하나님의 형상대로 사람을 창조하시
되."(창 1:27)라는 말씀을 뒤집는 것이다. 그런데 최근 '데이터이즘
(Datanism)'은 인문학자를 향해 말한다. "그래, 신은 인간 상상의 산물
이다. 그러나 인간의 상상은 생화학 알고리즘(biochemical algorithms)
의 산물이다."[112] 이 말은 "인간 경험은 신성하지 않고, 인간은 단지 사
물인터넷의 도구에 불과하다."[113]라는 뜻이다.

　　그 점에서 제4차 산업혁명은 인류에게 삶의 편리성과 함께 인류
존재에 대한 정체성의 혼란을 일으키고 있다. 인간 본질에 대한 혼란
은 기독교의 본질에 커다란 도전이다. 기독교가 가르치는 인간 본질은
영혼과 몸의 통전성을 특징으로 하기 때문이다. 그뿐만 아니라, 기독교
는 사회성을 추구하는데, 사회성은 전인적 사랑을 근본으로 한다.[114] 기
독교는 인간성의 원형인 하나님의 공동체적 존재 양식에서 인격성과
사회성의 정의를 얻는다.[115] 우리는 이런 현실 앞에서 진지하게 '그래
서 무엇을 인간이라고 할 것인지, 어디까지 타협하고 나아갈 것인지'에

프리드리히 엥겔스(Friedrich Engels, 1820~1895) 등을 무신론으로 돌아서
게 했다. 공산주의 체제 어디서나 변증법적 유물론은 루트비히 포이어
바흐(Ludwig Andreas von Feuerbach)가 전개한 종교비판을 전제했다. 그
래서 그는 현대 무신론의 '교부'가 되었다. Hans Küng, *Das Christentum:
Wesen und Geschichte*, 이종환 옮김, 『그리스도교: 본질과 역사』 (칠곡:
분도출판사, 2002), 42.

　110 Hans Küng, 『그리스도교: 본질과 역사』, 42.

　111 이 책을 번역한 강대석은 서문에서 그 책에 대하여 "자연은 모
든 철학, 모든 정신적인 것으로부터 독립하여 그 자체로 존재한다. 자
연이 기초가 되고 인간이나 인간의 정신은 그로부터 발생한 산물이며
나아가 신은 인간 정신이 만든 산물이다."라고 요약했다. Ludwig
Andreas von Feuerbach, 『기독교의 본질』, 26.

　112 Yuval Noah Harari, *Homo Deus: A Brief History of Tomorrow*,
395.

　113 Yuval Noah Harari, *Homo Deus: A Brief History of Tomorrow*,
386.

　114 김성원, "제4차 산업혁명과 교회론의 방향", 203.

　115 김성원, "제4차 산업혁명과 교회론의 방향", 205.

관해 고민해야 한다. 인간 정체성의 혼란은 실제 삶에서는 개인 중심 사회를 가속하고 있다.

개인 중심 사회의 가속화

　'데이터 교'의 등장은 우리 사회를 '초지능 사회', '초연결 사회'로 만들고 있다. 그 영향으로 사람들은 언제 어디서든 원하는 정보를 쉽게 얻을 수 있다. 또 동시에 많은 사람과 소통할 수 있다. 그러나 한편으로는 가족은 물론이고 친구도 신경 쓰지 않는 '퍼빙(phubbing)' 현상[116]이 증가한다. 이 현상은 우리 사회를 점점 비인격적 관계로 몰고 가고, 사람을 더욱 외롭게 만든다.[117] 개인 중심 사회(me-centered society)를 가속하고 있다.

　그 중심에는 MZ세대가 있고, 청년 대학인이 있다. 그들은 현재를 어떤 모습으로 살아갈 것인지에 대해 스스로 고민한다.[118] 정재영은 "청년 대학인은 '우리'라는 공동체보다는 이른바 '소속 없는 개인'[119]으로 남고자 한다."라며 그들의 현실을 직시하고 있다. 설교자는 이런 우리의 청중에게 관심을 기울여야 한다. 그들이 세상을 변혁할 변화의 중심에 있기 때문이다. 변화의 가장 큰 원동력이 그들이기 때문이다. 그리고 청년 세대의 개인 중심 문화는 우리 사회의 우울증과 절망감을 늘어나도록 하기 때문이다.

우울증과 절망감의 증가

　현대인은 '초연결 사회망'을 통해서 다양한 사람과 어울리고 서로 위로하고 격려한다. 하지만 제4차 산업혁명 시대의 인간은 그 확장된

---

116 '퍼빙'은 전화기의 '폰(phone)'과 '무시한다.'라는 뜻인 '스너빙(snubbing)'의 합성어이다. 사람이 주변을 신경 쓰지 않고 오직 스마트폰에만 빠져 있는 현상을 일컫는 말이다.
117 최원진, "4차 산업혁명 시대 선교의 방향성과 선교사의 역할," 238.
118 김용섭, 『라이프 트렌드 2023』 (서울: 부키, 2022), 69.
119 정재영, 『한국교회 10년의 미래』 (서울: SFC, 2012), 148.

관계성에도 불구하고 실제 대인 관계에서는 인간성의 상실과 철저한 소외를 경험한다. '빅 데이터'가 사람의 내면 문제까지 해결하지 못하기 때문이다. 인공지능 기술이 사람 마음의 공간을 채우지 못하기 때문이다. 왜냐하면 인간은 하나님의 형상을 소유했기 때문이다. 그리고 그 영혼의 공간을 채울 수 있는 그것은 영성(spirituality)뿐이기 때문이다. 그 영성은 하나님의 말씀에서 나온다.

따라서 제4차 산업혁명은 인간의 도덕성과 윤리성, 감성, 그리고 영성 등의 문제를 해결할 수 없다. 특히 빈부의 격차, 질병의 문제, 사회적 계층과 생명윤리, 그리고 영혼 문제에 대해 과학기술이 줄 수 있는 답은 없다.[120] 제4차 산업혁명의 혜택을 받지 못한 사람은 오히려 더 큰 상대적 박탈감과 좌절감을 느낀다. 왜냐하면 세상에서 아무리 뛰어난 과학기술일지라도 인간의 윤리와 영혼 문제에서 중립적이기 때문이다.[121]

그러므로 교회의 과제는 아직 공동체에 대한 향수를 품고 있는 제4차 산업혁명 시대의 청중에게 하나님의 말씀을 통해서 인간과 하나님, 그리고 공동체의 본질을 전해야 한다. 특히 '데이터 교'의 등장으로 성경 본문의 상실 시대에서 인간성 상실과 그로 인한 정체성의 혼란을 겪고 있는 현대의 청중에게 말씀을 적실하게 전하여 그 영혼을 살리는 일에 힘써야 한다. 제4차 산업혁명 시대의 청중은 더 절실히 인생의 목적과 추구해야 할 가치를 종교로부터 찾으려는 노력을 기울이기 때문이다.[122]

종교로의 회귀

인류는 역사에서 시대와 지역을 뛰어넘어 실존적 문제 해결, 특히 죽음 문제 해결을 위해서 종교를 의지했다. 인간은 종교적 존재이기 때문이다. 그런데 그 종교의 위치를 '빅 데이터'가 대신하고 있는 현실

---

120 손동준, "신학은 AI가 닿을 수 없는 영적 가치 조명해야." (2022. 10. 17). http://www.igoodnews.net/news/articleView.
121 손동준, "신학은 AI가 닿을 수 없는 영적 가치 조명해야."
122 김영한, "4차 산업혁명 시대의 기독교 신앙," 36.

을 맞았다. 그 현실 앞에서 인류는 종교를 떠나고 있는 것처럼 보인다.

해롤드 네틀랜드(Harold A. Netland)는 "세속화가 진행될수록 교회 참여의 축소, 신앙에 대한 인기도와 영향력 감소가 심화할 것"[123]으로 전망했다. 피터 버거(Peter I. Berger)도 제4차 산업혁명 시대를 "사회와 문화의 모든 영역이 종교적 제도와 상징의 지배에서 이탈하는 과정이다."[124]라고 했다. 그 대표적 상황을 유럽에서 기독교의 입지가 줄어든 데서 찾았다. 일부에서는 제4차 산업혁명 시대를 '탈종교화 시대', '탈 기독교화 시대'라고 부른다.

그러나 현실에서는 '탈종교화' 상황이 변화하기 시작했다. "갤럽 인터네셔널(Gallup International)"에서 2022년 8월~10월 61개국 성인 총 57,768명을 대상으로 종교적 성향을 조사했다. 그중 62%는 "종교적인 사람"으로 나타났다. "종교적이지 않은 사람"은 24%, "무신론자"는 10%였다. 지역적으로는 사하라 이남 아프리카, 남아시아, 비유럽연합(Non-European Union) 지역은 대체로 종교적인 성향이었다. 반면 EU와 동아시아 국가는 상대적으로 덜 종교적이었는데, 다섯 중 한 명은 무신론자였다. 이러한 종교적 성향은 단기간에 큰 변화는 없었다.[125]

하지만 한국 사회의 종교에 대한 관심도는 눈에 띄게 줄어들고 있다. 한국은 종교적 36%, 비종교적 27%, 무신론자 34%였다. 특히 2030 세대의 '탈종교화' 현상은 매우 심각하다. 한국갤럽에 의하면 "2030 세대의 탈 종교현상은 종교인구의 고령화와 전체 종교인구 감소

---

123 Harold Netland, "The Capetown Commitment: Continuity and Change," *The Lausanne Movement: A Range of Perspectives*, ed. Lars Dahle, Margunn Serigstad Dahle and Knud Jorgensen (Oxford: Regnum Books International, 2014), 430.

124 오카모토 유이치로(岡本裕一朗), いま世界の哲学者が考えていること, Philosophical Challenges in The 21st Century, 전경아 옮김, 『지금 세계는 무엇을 생각하는가: 미래를 결정하는 다섯 가지 질문』 (서울: 한빛비즈, 2018), 207.

125 갤럽 인터내셔널이 2016년에 조사한 같은 질문에 당시 조사 참여국 시민 62%가 스스로 종교적인 사람이라고 답했다(비종교적 25%, 무신론자 9%). 2014년 조사에서도 거의 유사한 양상이었다. 한국갤럽. www.gallup.co.kr/gallupdb/reportContent.

로 나타나고 있다."[126] 그런 중에도 한국 사회에서 기독교는 이전 조사보다 그 비율이 크게 떨어지지 않았다. 2015년에는 15%였는데, 2022년에는 14.5%였다. 물론 일반적으로 반기독교 정서는 높게 나타나고 있다.[127] 그런데 이 조사를 좀 더 자세히 관찰하면, 다른 종교인구는 눈에 띄게 줄었는데도 기독교 인구는 현상 유지를 하고 있음을 알 수 있다.[128]

위의 자료를 볼 때 유럽에서 기독교 신자의 비율은 줄어들었지만, 거꾸로 이슬람 신도는 늘었다. 미국에서는 장로교는 줄었지만, 원리주의 복음 계열은 증가하는 추세이다.[129] 한국에서도 청년 대학의 기독교인은 감소했지만, 전체적으로는 안정적인 분위기이다. 따라서 제4차 산업혁명의 시대라고 해서 전적으로 '탈종교화 사회'라고 규정할 수는 없

---

126 한국갤럽은 2021년 3월~4월 전국(제주 제외)의 만 19세 이상 1,500명에게 현재 믿는 종교가 있는지를 물었다. "'있다' - 40%, '없다' - 60%." "종교를 믿는 사람은 여성(56%)이 남성(34%)보다 높았다." "나이가 많을수록 높았다(20대 22%; 60대 이상 59%)." "종교인 비율은 1984년 44%, 1989년 49%, 1997년 47%에서 2004년 54%까지 늘었다. 하지만 2014년 50%에서 2021년 40%로 줄었다. 2000년대 이후 종교인 감소의 가장 큰 요인은 청년층이다. 2004년의 20대에서는 종교를 45%가 믿었다. 하지만 2014년에는 31%, 2021년에서는 22%로 줄었다. 30대의 종교인 비율도 2004년 49%, 2014년 38%, 2021년 30%로 점점 감소했다." 한국갤럽.
127 장근성, "요약과 총평, 2022 청년트렌드 리포트," 42. 현재 종교는 '기독교'(14.5%), '불교'(6.6%), '천주교'(4.9%), '무종교'(73.7%) 순위였다. 기독교 비율은 예년과 비슷한데, 무종교 인구가 증가추세에 있다. 장근성, "요약과 총평, 2022 청년트렌드 리포트," 23. 교회 출석 현황을 보면, '코로나19 이전부터 출석하지 않는다'(15.4%), '코로나19 이후부터 출석하지 않는다'(26.4%)였다. 코로나19가 '가나안' 대학생을 늘어나도록 했다. 신앙의 기초적인 지표들, 즉 교회 출석, 예배 참석 등과 같은 신앙 활동이 크게 약화했다. 장근성, "요약과 총평, 2022 청년트렌드 리포트," 37.
128 조성돈, "한국 대학생들의 의식과 생활: 종교 부분," 『2022 청년트렌드 리포트, 우리 시대 청년들은 무엇으로 사는가』, 368.
129 오카모토 유이치로(岡本裕一朗), 『지금 세계는 무엇을 생각하는가: 미래를 결정하는 다섯 가지 질문』, 208.

다. 세속의 시대이지만 단순히 종교의 쇠퇴는 아니다. 오히려 전 세계적으로는 종교로의 회귀 현상이 나타나고 있다. 왜냐하면 인공지능 기술이 사람의 마음을 채우지 못하기 때문이다. 제4차 산업혁명 시대에서 사람은 더 절실히 인생의 목적과 추구해야 할 가치를 종교로부터 찾으려는 노력을 기울이기 때문이다.[130] 인간의 종교적 욕구 자체는 절대로 사라지지 않는다.

따라서 오늘 우리에게 필요한 일은 이 시대를 보는 인식의 전환이다. 교회의 응전은 인식의 전환에서부터 시작해야 한다. 하나님께서 역사에서 새로운 산업혁명을 허락하신 이유는 삶을 편리하고 풍성하게 하려는 것만은 아니었다. 하나님의 말씀을 증언하고 그 시대의 영혼을 살리는 일과 함께 세계선교 사명을 이루기 위한 산업혁명이었다.[131] 이런 인식의 전환으로 제4차 산업혁명을 보면, 그 또한 시간과 공간을 초월해 모든 민족으로 나가도록 하는 '초연결 사회'의 한 축임을 알 수 있다.[132] 우리가 미디어를 지혜롭게 사용하는 것은 물론, 사람과 사람을 이어주는 미디어가 되고, 하나님과 세상을 이어주는 미디어가 되어야 한다.[133] 그 점에서 오늘 우리 사회에서 기독교는 단순히 '종교'라기보다는 '생명의 단체'라고 할 수 있다. 왜냐하면 기독교의 핵심 가치는 단순한 종교 활동에 있지 않고, 하나님의 말씀을 선포하여 사람의 생명을 살리는 일에 있기 때문이다.

필자는 2에서 제4차 산업혁명 시대의 도전과 청중에 대한 이해를 연구했다. 제4차 산업혁명은 개인의 삶뿐만 아니라, 사회 전반의 패러다임을 송두리째 바꾸고 있다. 사람들은 언제 어디서나 자신이 원하면 많은 사람과 소통할 수 있는데도 불구하고, 사적인 공간에서는 무관심이 커지고 의사소통도 활발하지 않다. 오히려 군중 속의 고독을 느끼

---

130 김영한, "4차 산업혁명 시대의 기독교 신앙," 36.
131 아일레, "4차 산업혁명과 선교 쉽게 이해하기."
www.christiantoday.co.kr/news.
132 아일레, "4차 산업혁명과 선교 쉽게 이해하기."
133 김신의, "엔데믹 시대, 뉴노멀 준비하는 한국교회 교육을 위한 방안," (2022. 10. 17). http://sukim@chtoday.co.kr.

고 있다. 제4차 산업혁명 시대는 인간의 외적 환경만 바꾸지 않고 인간의 내면세계까지 바꾸고 있다.

제4차 산업혁명 시대는 삶의 편의성을 제공하면서 과학적이고 합리적 사고방식이 지배하는 시대로 만들었다. 개인이 안락하고 편안한 삶만을 추구하면서 사회는 이기적이고 자기중심적인 모습으로 급속히 변해가고 있다. 이런 도전은 세상에 대한 도전만은 아니고 교회를 향한 도전이기도 하다. 일반적으로는 '탈종교화' 내지는 '탈기독교화' 현상이 나타나고 있다. 하지만 좀 더 심도 있게 바라보면 '종교로의 회귀 현상'을 만날 수 있다. 인간 존재에 대한 가치관의 혼란, 정체성의 상실 시대는 사는 제4차 산업혁명 시대의 청중에게 오늘 우리 교회가 무엇을 해야 할지가 분명해졌다.

그러므로 교회는 무엇에 힘써야 하는가? 교회는 교회 본질에 집중해야 한다. 교회 본질 중 하나는 설교 사역이다. 교회는 설교와 함께 시작했고, 설교와 함께 자란다. 그리고 설교를 통하여 세상에 소금과 빛의 역할을 한다. 설교 사역을 통해서 교회 안에서 이루려는 목표는 예수 그리스도의 정체성을 세우는 일이다. 예수 그리스도의 정체성을 세우면 당연히 교회 공동체성을 세울 수 있다.

이제 우리는 제4차 산업혁명 시대의 청중에게 적실한 설교가 무엇인지를 연구해야 하는 시점에 왔다. 이를 위해서 먼저 한국교회의 현실과 한국교회 설교의 현실부터 살피고자 한다.

3. 한국교회의 현실과 한국교회 설교의 현실

한국교회는 미국을 중심으로 한 여러 나라의 선교사를 통해 세워졌다. 그 시작은 1884년 9월 22일 조선 최초의 의사 선교사 호레스 알렌(Horace Newton Allen, 安連, 1858 ~ 1932)으로부터였다. 조선은 1884년 12월 4일 갑신정변을 겪으면서 매우 혼란했고, 짙은 어둠 속에 있었다. 그런데 1885년 4월 5일 부활절 아침, 장로교 선교사 호러스 언더우드(Horace G. Underwood, 1859~1916)와 감리교 선교사 헨리 아펜젤러(Henry G. Appenzeller, 1858~1902) 부부 등 세 명이 일본 상선 비쓰비시호를 타고 인천 제물포항에 상륙했다. 그들은 어둠 속에서 방황하던 조선에 '빛'과 '자유'의 복음을 들고 왔다. 하나님은 그들을 통해 '빛과 자유의 말씀'을 전했고, 교회를 세우셨다.

한국교회 선교 역사 약 100년이 지난 1985년은 한국교회 부흥의 전성기였다. 선교 1세기 동안 전 국민의 약 25%가 교인이었다. 이런 외적 성장뿐만 아니라, 세상에서 명실상부한 소금과 빛으로 살았다. 세상에서 '신뢰받는 교회', '겨레와 함께하는 교회'[134]로 우뚝 섰다. 그 뿌리에는 목회자가 마틴 로이드 존스(David Martyn Lloyd-Jones)가 강조했던 말을 마음에 새기면서 교회에서 "설교사역을 가장 높고 가장 위대하고 가장 영광스러운 소명으로"[135] 받아들였기 때문이다. 동시에 평신도는 설교를 통하여 삶의 현장에서 만나는 역경을 이기는 힘을 얻었기 때문이다. 또 평신도는 설교를 통하여 주님을 향한 헌신과 전도의

---

134 박용규, 『한국기독교회사』 (서울: 생명의말씀사, 2006), 791.

135 David Martyn Lloyd-Jones, *Preaching and Preachers*, 9.

열정을 나타낼 자양분을 공급받았다. 그 결과 교회는 세상에서 '대안 공동체'로 굳게 섰다. 한국교회는 한동안 '설교의 영광 시대'를 누렸다.[136]

　　그러나 오늘의 한국교회 현실은 절대로 녹록하지 않다. 조국교회의 민낯을 그대로 보여주는 일이 쉽지 않다. 왜 우리의 교회는 이런 현실을 맞는지에 대해서 냉정하게 살펴야 한다. 그리고 그 대안을 찾아야 한다. 그래야 우리 교회는 쓰러짐을 이기고, 세상을 향해 역동적으로 나갈 수 있기 때문이다.

1) 한국교회의 현실

　　한국교회가 태어났던 기운과 성장의 뿌리에는 매주 강단에서 선포하는 설교가 있었다. 특별히 '사경회(査經會, Bible Study conference)'[137]는 평양대부흥운동의 원동력이었다. '사경회'는 성경을 집중적으로 강의하고 설교하여 신앙을 강화하고 삶을 변화시키는 데 힘썼습니다. 믿음의 선배는 삶의 어려움에서도 설교를 통해서 바른 신앙, 바른 삶을 사는 힘을 공급받았다. 그 결과 교회는 세상에서 소금과 빛으로서 역할을 다하여 세상을 변혁하는 일에도 힘썼다. 그뿐만 아니라, 세계선교에까지 도전했다.[138] 설교는 우리 교회를 떠받치는 기둥이었고, 세상에서 대안 공동체로 자라도록 하는 자양분이었다.

　　그러나 오늘도 한국교회가 "이런 역동성을 지속하고 있는가?"라고 묻는다면, 긍정적으로 대답하기에 주저할 수밖에 없다. 무엇이 문제이

---

136 김운용, "21세기 한국 교회의 말씀 선포 사역을 위한 설교신학 재고(再考)," 『국제학술대회』 Vol. 12 (장로회신학대학교, 2011), 110.

137 1890년 미국 장로교 선교사 호러스 언더우드(Horace Grant Underwood, 1859~1916)는 광화문에 있는 자기 집 사랑방에서 7명의 교인과 함께 성경 공부를 시작했다. 그는 이 모임을 '사경반(査經班, Bible Study Class)'이라고 불렀다. 그 '사경반'이 '사경회(査經會, Bible Study Conference)'라는 특별한 모임으로 발전했다.

"사경회," 위키 백과, https://ko.wikipedia.org/wiki

138 안오순, "포스트모던 시대의 청중에게 들리는 설교," 7.

고, 무엇이 대답을 주저하게 하는가? 오늘의 교회 현실을 진단해야 한다.

(1) 성장주의로 향하는 교회

언젠가부터 한국교회에 관해서 '위기'라는 말이 자연스럽게 회자하고 있다. 이런 위기는 여러 방면에서 느낄 수 있다. 가장 먼저 느낄 수 있는 부분은 기독교 인구의 감소이다.[139] 기독교 인구 감소의 원인으로는 우리나라 인구 감소[140]를 꼽는다. 인구 감소 현상이 교회 안으로 고스란히 밀려오고 있기 때문이다. 고령사회라는 한국 사회의 현실이 한국교회 안에서도 그대로 나타나고 있다. 한국 사회에서 아이와 청년 대학인이 줄어드는 그것처럼 한국교회에서도 아이가 줄고 청년 대학인이 보이지 않는다. 이런 현상을 가장 피부로 느끼는 곳은 개척 교회 현장이다.

그러나 한국교회의 인구 감소 원인을 한국 사회의 인구 감소에서만 찾을 수 없다. 또 다른 원인을 찾을 수 있다. 필자는 그 원인을 세 가지로 진단한다. 첫째는 성장주의로 향하는 한국교회, 둘째는 신뢰를 잃어가는 한국교회, 셋째는 혼합형 교회를 맞이한 한국교회이다.

1970년대와 1980년대의 한국 사회는 "우리도 한번 잘살아 보세!"라는 구호와 함께 급속한 경제성장을 이루었다. 그때는 무엇이든지 열

---

139 2022년 9월 장로교단 등의 정기총회에서 보고한 주요 6개 교단의 교인수 합계가 '코로나19' 직전인 2019년 이후 3년 동안 약 54~55만 명이 줄었다.
"사회변화에 민감한 교회." 아이굿뉴스. www.igoodnews.net;
2023년 한국 기독교인은 전체 인구의 15%, 약 771만 명으로 추산한다. 뉴스파워. www.newspower.co.kr/54911.
140 "사회변화에 민감한 교회," 통계청의 '2021년 인구동향조사' 통계에 따르면 2020년 출생아 수는 26만 500명으로 1년 전보다 1만 1,800명이 줄었다. 반면, 사망자 수는 크게 늘고 있다. 지난해 사망자 수는 31만 7,800명으로 전년보다 1만 2,800명 늘었다.
아이굿뉴스. www.igoodnews.net.

심히 하기만 하면 성장했다. 대한민국은 원조받았던 나라에서 원조를 주는 나라로 다시 태어났다. 그런데 이런 사회적 현상은 사람의 인식도 변화하도록 했다. 그 대표적 현상이 성장주의이다. 성장주의는 물질적 풍요를 극대화하기 위해서 목적보다는 수단을 강조한다.[141] 도덕적 가치나 윤리 의식을 배제한다.

이와 같은 성장주의가 한국교회에 들어왔고, 목회자의 의식을 바꾸었다. 목회자는 물론이고 일반 사람도 경제성장과 함께 교회도 성장해야 한다는 생각을 품었다. 교회 성장을 기대하고 요구하는 사회적 분위기가 지배했다.[142] 그 결과 교회 존재 목적을 세상에 대하여 대안 공동체적 개념보다는 성장 일변도, 즉 성장으로만 치우치는 데 두었다. 교회의 성장 일변도는 교회의 양적 성장을 말한다. 목회자는 교회의 양적 성장을 위해서 교인 수, 헌금 액수, 그리고 건물 등을 강조하기 시작했다. 이런 맥락에서 '교회 성장'은 '목회 성공'이라는 이름으로 나타났다.

그러나 사실 성경은 '성공'이라는 말보다는 '충성'을 강조한다. 양 떼를 섬기는 목자에게는 오직 '충성'만 있을 뿐이다(고전 4:2). 진정한 성공은 충성에 있다.[143] 그리고 진정한 성공은 성숙에 있다.

김영한은 "교회는 기업과는 다른 거룩한 공동체"라는 사실을 안타까운 마음으로 강조한다.

교회는 세상을 위하여 존재하나 세속적인 단체는 아니다. 교회 공동체는 이 세상의 나라가 아닌 하나님 나라를 지향하는 순례자 공동체이다.

---

141 이명구, "한국교회에 영향을 미친 성장주의에 대한극복 방안 연구," 『기독교 철학천』 제9권 (한국기독교철학회, 2009. 12), 161.

142 홍경화, 오현주, "목회자가 인식하는 한국 목회 현장의 현주소," 128.

143 켄트와 바바라 휴즈(Kent and Barbara Hughes)는 성공을 이렇게 정의한다. "성공은 충성스러움이다. 성공은 섬김이다. 성공은 양 떼를 사랑하는 일이다. 성공은 주님을 믿는 일이다." Kent and Barbara Hughes, *Liberating Ministry from the Success Syndrome*, 『성공병으로부터 자유로운 목회』, 신서균 역 (서울: 기독교문서선교회, 1994), 31-104.

따라서 거룩한 삶이 신앙의 열매로서 따르지 않는 공동체는 교회라고 말할 수 없다. 역사적으로 개혁교회는 그 시대에 타협하거나 따라가지 않고 그 사회와 시대를 향하여 소금과 빛의 사명을 감당했다.[144]

그런데도 한국교회는 '성장'을 앞세우며 세계적으로 유례가 없을 정도로 성장했다. 성장주의의 여파는 교회당 시설만 좋고 교인 수만 많으면, 성공한 목회자로 인정받는다고 여겼다. 그 결과 교회의 대형화와 함께 목회자의 귀족화도 생겼다.[145] 교회는 대형화를 목회의 성공처럼 받아들이기 시작했다. 하지만 교회 성장주의는 교회의 본질에 충실하지 못하도록 했다. 성장의 이면에는 교회 본질에 대한 위기가 숨어 있었다. 그 위기는 가장 먼저 목회자와 교회가 세속화의 길을 걷는 모습으로 나타났다.[146] '세속화'는 "물질적으로 풍요로워 영적인 신앙생활에서 멀어지고 세속생활에 물들어 가는 상태"[147]를 말한다. 교회는 세속화의 영향으로 교회의 생명력을 잃었고, 교회다움을 잊었다. 한국교회는 세상으로부터 신뢰를 잃어가고 있다.

(2) 신뢰를 잃어가는 교회

대한제국은 1800년 후반부터 1900년 초까지 정치 경제적으로 가장 아프고 어두운 시절을 맞았다. 1876년 일본과 강제로 '강화도 조약'을 체결했고, 1895년 '명성황후 시해 사건', 1905년 '을사늑약', 그리고 1910년 '국권 피탈'이라는 아픈 현실을 겪었다. 그때 대한제국은 "땅을 굽어보아도 환난과 흑암과 고통의 흑암뿐"(사 8:22)인 것처럼 보였다.

---

144 김영한, "한국교회 정체성 회복 방안," 『신학과 교회』 Vol. 6 (혜암신학연구소, 2016), 349.
145 홍경화, 오현주, "목회자가 인식하는 한국 목회 현장의 현주소," 132.
146 김의환, "한국교회 성장둔화와 번영신학," 『신학지남』 제256호 (신학지남사, 1998년 가을), 14.
147 엄현목, "한국교회 고령화 문제점에 대한 방안과 적용," 『개혁주의 교회성장』 제10호 (개혁주의교회성장학회, 2017. 11), 103.

　　그런데 하나님께서 "흑암에 행하던 백성에게 큰 빛을 보내시고, 사망의 그늘진 땅에 거주하던 겨레에게 빛을 비추셨다"(사 9:2). 하나님은 1903년 '원산부흥운동', 1907년 '평양대부흥운동', 그리고 1910년 '100만인 구령운동' 등을 통해 대한제국 교회가 겨레와 함께하는 교회로 자라도록 하셨다. 대한제국 교회는 겨레가 겪었던 아픈 현실에 함께 울었고, 그 아픈 현실을 이기기 위해 선구자 역할을 다했다. 대한제국 교회는 민족의 아픈 현실 속에서 '겨자씨 한 알'처럼 시작했지만, 공중의 새들이 그 나무에 깃들일 만큼 크게 자랐다(마 13:31-32).[148]

　　그러나 최근 한국교회에 여러 가지 위기 조짐이 나타나고 있다. 신학대학원 지원자가 현저히 낮아지고 있다. 정원을 줄였는데도, 응시인원을 채우기가 급급한 학교도 있다. 목사로 임직받아도 마땅한 사역지를 찾지 못한 목사도 많이 있다.[149] 2000년대부터 한국교회는 "지하에서는 교회를 개척할 수 없다."라고 했는데, 2년에서 3년 후에는 "2층에 있는 교회도 안 된다."[150]고 말한다. 교회는 저출산으로 인한 학령인구 감소, 고령사회, 탈종교화, 그리고 제4차 산업혁명 등과 같은 외적 도전을 심각하게 받고 있다. 더욱 가슴 아픈 일은 장차 한국교회의 주역으로 자라야 할 다음 세대인 청년대학생이 교회를 떠난다는 현실이다.[151]

　　그런데 이런 교회 내적 아픈 현실과 함께 교회 외적 아픈 현실은 더욱 심각하다. 한국교회는 한때 높은 도덕성으로 세상에서 인정받으면서 사회 변혁에 선구자 역할을 했었다. 그런데 최근에는 세상으로부터 비판받으며 신뢰를 잃어가고 있다. 따라서 한국교회가 더 심각하게 여겨야 할 점은 교인 수가 감소하는 현상보다 사회로부터 비판과 공격의

---

　　148 안오순, "개혁주의 생명신학으로 본 한국교회: 청년대학생사역의 문제점과 그 대안: 제2의 종교개혁을 기대하면서," 『생명과 말씀』, 45.
　　149 사설, "강도사 고시 응시생 감소가 주는 도전," 기독신문 (2023. 07. 04). https://www.kidok.com/news/articleView.
　　150 안오순, "개혁주의 생명신학으로 본 한국교회: 청년대학생사역의 문제점과 그 대안: 제2의 종교개혁을 기대하면서," 45.
　　151 장종현, 『백석학원의 설립정신』 (서울: 백석정신아카데미, 2014), 58.

대상이 되었다는 점이다. "겨레와 함께했던" 한국교회가 이제는 그 겨레로부터 외면당하고 있다.

그 원인은 무엇인가? 윤리와 도덕이 따르지 못했기 때문이다. 우리 사회는 경제적 번영을 맞으면서 사회 전반에서 높은 도덕성과 대사회적 책임을 요구하고 있다. 하지만 교회는 높은 도덕성도 대사회적 책임도 소홀히 여겼다. 한국교회가 세속주의에 뿌리를 둔 성공주의를 이기지 못했기 때문이다.

다만 그런 중에도 한숨 돌릴 수 있는 여론조사 결과가 있었다. "2023 한국교회의 사회적 신뢰도 여론조사 결과"를 보면, "한국교회 신뢰도는 2020년 31.8%, 2021년 20.9%, 2022년 18.1%로 하락 일변도였다." 하지만 "2023년에는 21.0%로 다시 올라갔다."[152] 그동안 곤두박질치던 때를 생각하면 단 2.9%의 오름일지라도 한숨 돌릴 수 있는 결과이다. 그런데도 그 내용을 직시하면 우리나라 국민 가운데 한국교회를 신뢰하는 비율은 5분의 1에 불과하다.

이상에서 볼 때, 한국교회는 성장과 함께 물질적 번영을 누렸다. 그런데 그 번영은 성공주의를 낳았고, 성공주의는 한국교회를 지배했다. 그 결과 윤리와 도덕적 측면에서 낮은 모습을 보였다. 교회와 목사의 각종 분쟁과 비리, 비도덕적인 행태, 나아가 교회 세습과 같은 사회

---

152 이 조사 대상은 전국 남녀 만 19세 이상 1,000명이며, 조사 방법은 '패널 온라인 조사'였다. 조사 기간은 2023년 1월 11일~15일(5일간)이었고, 조사 기관은 ㈜지앤컴리서치였다. 백종국, 『2023 한국교회의 사회적 신뢰도 여론조사 결과 자료집』(기독교윤리실천운동, 2023), 14; 한편 "기독교 목사의 말과 행동에 믿음이 간다."라는 설문에서는 '신뢰한다(매우+약간).'가 20.8%, '신뢰하지 않는다(별로+전혀).'가 74.0%로 나타났다. 전반적인 기독교 신뢰도와 매우 비슷한 수치이다. 백종국, 『2023 한국교회의 사회적 신뢰도 여론조사 결과 자료집』, 16; 기독교와 함께 가톨릭, 불교, 기타 종교 간에 상대적인 신뢰도 측정했다. 현재 종교 중에서 가장 신뢰하는 종교는 가톨릭(21.4%)> 개신교(16.5%) > 불교(15.7%) 순으로 나타났다. 2020년에는 가톨릭, 불교, 기독교 순이었다. 2020년과 대비하여 가톨릭, 기독교, 불교 3대 종교 모두 신뢰도가 전체적으로 하락하는 추세이다. 백종국, 『2023 한국교회의 사회적 신뢰도 여론조사 결과 자료집』, 22.

문제의 발원지가 되었다. 교회가 세상을 걱정하고 기도하는 대안 공동체로 살지 못하고 오히려 세상이 교회를 걱정하는 시대가 되었다. 따라서 교회 안에서는 물론이고, 교회 밖에서도 "한국교회에 제2의 종교개혁이 일어나야 한다."라고 목소리를 높인다.[153] 이런 가운데 한국교회는 지금까지와는 전혀 다른 새로운 신앙의 생태계를 맞았다. 그것은 '혼합형 교회'이다.

(3) 혼합형 교회

'코로나19' 이후 한국교회의 가장 큰 변화는 예배 장소와 형식에 있다. '코로나19' 때 교회 대부분은 현장 예배 대신에 '온라인' 공간을 통한 예배 참여와 모임을 진행했다. 교회는 신앙의 무대를 '대면(contact)'에서 '비대면(untact)', '오프라인(off line)'에서 '온라인(on line)'으로 바꾸었다. 신앙의 중심은 바뀌지 않았지만, 그 중심을 표현하는 장소는 바뀌었다. 이런 변화를 통해 교인은 교회 건물 안에서 예배하던 데서 삶의 영역에서 예배하며 신자의 정체성을 지키는 새로운 신앙 생태계를 체험했다.[154]

이런 새로운 신앙 생태계의 출발점은 제4차 산업혁명 시대였다. '코로나19'라는 강압적 요소가 있었지만, 그 하위체계에는 제4차 산업혁명 시대가 있었다. 제4차 산업혁명 시대의 순기능인 디지털 세계의 일상화로 '온라인' 예배와 신앙생활을 거리감 없이 받아들일 수 있었다. 오늘의 청중에게 디지털 문화는 단순히 가상의 현실(virtual reality)이 아니라 엄연히 실재하는 현실이다. 디지털 문화는 인간의 상상 속에 혹은 생각 속에 있는 허구의 세계가 아니라, 삶의 세계 전반을 관통하는 실제의 세계이다.[155]

---

153 안오순, "개혁주의 생명신학으로 본 한국교회: 청년대학생사역의 문제점과 그 대안: 제2의 종교개혁을 기대하면서," 46.

154 조호형, "에베소서의 정황에서 바라본 뉴노멀 시대의 '변화'에 대한 재고(再考)," 『신학지남』 Vol. 87 No. 3 (신학지남사, 2020), 217.

155 김승환, "디지털 종교와 온라인 교회에 관한 연구," 758.

그러면 '코로나19' 이후의 상황은 어떠한가? 교회 대부분은 '코로나19' 이전의 대면 방식으로 전환했다. 하지만 '코로나19'는 교인의 신앙 패턴을 바꾸었다. 처음에는 어쩔 수 없어서 '온라인'으로 예배했지만, 이제는 '온라인' 예배의 편리함에 맛이 들었다. '온라인 예배'는 예배를 위해 교회당으로 가야 하는 일도, 정확한 시간을 맞출 필요도 없다. 내가 보고 싶은 시간에 내가 원하는 그곳에서 영상을 보면 된다. 내게 맞는 예배 시간과 예배 형태를 선택할 수 있고, 교회 봉사나 교회가 강조하는 프로그램에 참석할 의무도 자연스럽게 사라졌다.

기존의 고정관념에 의하면 교회는 자기 소속의 성도, 공동체에 대한 소속감을 품는 교인이 중요했다. 그래야 교회가 숫자로 성장하고, 대안 공동체로서 대사회적 책임을 할 수 있다고 여겼다. 하지만 이제는 그런 고정관념에서 벗어나야 할 때가 왔다. 왜냐하면 그 중심에는 앞에서 이미 살폈듯이 'MZ세대'와 '붕 떠 있는 신자'가 있기 때문이다. 'MZ세대'는 '온라인 예배'를 삶의 한 부분으로 여긴다. 여기에 '플로팅 크리스천'까지 '온라인 예배'에 합류하고 있다. '플로팅 크리스천'에 의해 '플로팅 예배'가 본격화되었다.156 이런 엄청난 세상의 변화에 교회가 뒷짐을 진 채 "너희는 이 세대를 본받지 말라."(롬 12:2)라는 말만 해서는 안 된다. 이제 교회는 대면 예배만이 아닌 비대면 예배까지 섬길 때가 왔다.

그 대안으로 '혼합형 교회(Hybrid Church)'가 등장하고 있다. '하이브리드 처치'는 '오프라인'에서 교제하고 '온라인'으로도 교제하고, 대면으로 예배하면서 동시에 비대면으로 예배하는 것을 말한다. 특히 '온라인 예배'에서 핵심으로 자리 잡은 것은 '메타버스(Metaverse) 예배'이다. 앞에서 이미 살폈듯이 '메타버스 세계'의 등장은 '가상'과 '현실'에 대한 새로운 이해를 촉구하고 있다. 공간과 존재는 떼려야 뗄 수 없는 필연적 연관성 속에 있기 때문이다.157 한국교회는 예배 개념은

---

156 장호광, "메타버스 교회의 신학적 정위 및 그 적용," 『신학사상』 제196집 (한신대학교 신학사상연구소, 2022년 봄), 73.
157 장호광, "메타버스 교회의 신학적 정위 및 그 적용," 72.

물론이고 설교 개념에 대한 패러다임을 다시 정립할 때이다.

하이브리드 교회의 모습을 보면서 "한국교회의 위기이다."라고 할 수 있지만, 그 위기를 극복할 기회이기도 하다. 물론 그 기회는 설교로부터 시작해야 한다.158 교회사를 볼 때 교회가 위축되었을 때는 항상 설교가 쇠퇴했다. 매번 종교개혁의 새벽을 알렸던 핵심은 무엇이었는가? 그것은 설교였고, 설교가 새로워진 것이었다. 설교에 새로운 관심이 생기고, 참된 설교가 되살아났던 데 있었다. 그리고 위대한 설교자가 탄생했다.159 시대와 상황은 변할지라도 이 설교의 진리는 변할 수 없다.

한국교회 설교자는 종교개혁자들의 후예들이다. 종교개혁자들은 암담한 중세교회 현실에서 개혁의 햇불을 높이 들었다. 오늘의 설교자도 개혁자들의 후예로서 개혁운동을 시작해야 한다. 개혁자들은 "교회는 항상 개혁됐기에 교회는 항상 개혁되어야 한다(*Ecclesia semper reformanda quia ecclesia semper reformata*)."라며 적극적으로 행동했다. 필자는 "개혁은 한 시대에 끝나는 것이 아니라 계속되어야 할 성경의 정신임"160을 강조한다. 그리고 필자는 그 개혁운동은 설교자의 설교에서부터 시작해야 한다고 주장한다. 그 이유를 오늘의 설교 현실에서 찾을 수 있다.

---

158 최근 젊은 세대가 교회를 옮기면서 선택하는 기준은 '설교'(48.9%)와 '교회 위치'(46.7%)가 우선순위였다. 장근성, "요약과 총평, 2022 청년트렌드 리포트," 25.

159 마틴 루터(Martin Luther, 1483~1546), 울리히 츠빙글리(Ulrich Zwingli, 1484~1531), '장 칼뱅(Jean Calvin, 1509~-1564), 존 낙스(John Knox, 1514~1572) 등과 같은 종교 개혁자들도 위대한 설교자였다. 조나단 에드워즈(Jonathan Edwards, 1703~1758), 존 웨슬리(John Wesley, 1703~1791), 조지 횟필드(George Whitefield, 1714~1770) 등과 같이 부흥을 일으켰던 분도 위대한 설교자였다. 한국교회 "평양대부흥운동"의 출발에도 길선주(吉善宙, 1869~1935)가 있었다.

160 안오순, "개혁주의 생명신학으로 본 한국교회: 청년대학생사역의 문제점과 그 대안: 제2의 종교개혁을 기대하면서," 46.

2) 한국교회 설교의 현실

선지자 아모스는 미래의 기근에 관하여 말했다. 그 '기근'은 "밥이 없어서 겪는 배고픔도 물이 없어서 겪는 목마름도 아니다. 주님의 말씀을 듣지 못하여서 겪는 굶주림이고 목마름이다"(암 8:11). 제4차 산업혁명 시대에는 인공지능을 통하여 설교가 홍수처럼 쏟아지고 있다. 하지만 홍수가 나면 정작 마실 물이 없듯이, 설교의 홍수 시대에 생명의 말씀이 없다. 아모스 선지자의 말처럼 주님의 말씀을 듣지 못하여서 굶주림과 목마름에 시달리는 청중이 적지 않다.

그러므로 제4차 산업혁명 시대의 도전 앞에서 교회의 응전은 말씀 사역이어야 한다. 말씀은 인공지능 시대에도 사람에게 변함없이 가르쳐야 할 영원불변의 진리이다.161 누구나 교회가 영적인 생명으로 활기차게 움직이려면 말씀을 열심히 배우고 가르칠 때라는 사실을 알고 있다.162 말씀을 가르치고 선포하는 행위의 핵심은 설교이다. 설교는 역사의 소용돌이 속에서도 영혼을 구원하고, 성도를 양육하고, 교회를 바르게 세우는 일을 하도록 하나님께서 우리에게 주신 선물이다.

그러므로 교회가 세상으로부터 신뢰를 잃었다면, 그 첫 번째 원인을 설교에서 찾아야 한다. 일찍이 피터 포사이드(Peter P. Forsyth, 1848~1921)는 기독교와 설교의 관계를 대단히 중요하게 여겼다.

> 그것은 어쩌면 너무 대담한 시작일 수도 있지만, 나는 설교와 함께 기독교가 서거나 무너진다고 감히 말하고 싶다. 적어도 기독교계의 일부 지역에서는 그렇다.163

1960년대 후반 설교사역을 안일하게 했던 설교자를 향해서 클라

---

161 한천설, "제4차 산업혁명과 한국교회의 미래," 6.
162 장훈태, "장종현 박사의 신앙과 신학 탐색," 『생명과 말씀』 제12권 (개혁주의생명신학회, 2015), 146.
163 Peter Taylor Forsyth, *Positive Preaching and the Modern Mind* (Coromandel East: New Creation Publications Inc., 1993), 1.

이드 리드(Clyde Reid)도 이렇게 도전했다.

> 설교강단이 텅 비었다(Empty Pulpit). 들리는 메시지(message heard)도
> 없고, 보이는 열매(result seen)도 없고, 필요를 채워주는 능력(power
> felt)도 없다. 메시지의 의미도 없고(an absence of meaning), 적실성도
> 부족하고, 의사소통에서도 실패했다.164

제이 아담스(Jay E. Adams)도 "목회의 성패는 설교에 달려 있다
는 사실을 모든 목회자는 너무나 잘 알고 있고, 실제로 대부분 목회는
설교에 의존하고 있음을 체험하고 있다."라며 "교회의 위기는 설교의
위기로부터 시작됨"165을 지적했다.

존 스토트(John Robert Walmsley Stott)도 설교사역을 비판한 사
람의 말을 인용하면서 설교 위기를 꼬집는다.

> 이제 설교의 시대는 지나갔다(The day of preaching is over).… 설교는
> 죽은 방식이며 의사 전달의 낡은 형태이며 케케묵은 과거로부터 들려오
> 는 메아리에 불과하다.166

이런 안타까운 지적을 오늘 한국교회에도 적실하게 적용할 수 있
다. 이우제는 "우리 시대에 설교는 홍수처럼 쏟아져 나오고 있지만, 여
전히 성도들의 삶에는 변화가 없고, 하나님의 대안 공동체인 교회는
무기력한 모습으로 역사의 비탈길로 곤두박질치고 있다."167고 진단한

---

164 Clyde Reid, *The Empty Pulpit: A Study in Preaching as Communication* (New York: Harper and Row, 1967), 9.
165 Jay E. Adams, *Studies in Preaching*, 정양숙 · 정삼지 번역, 『설교 연구』 (서울: 기독교문서선교회, 1994), i.
166 John R. W. Stott, *Between Two Worlds: The Art of Preaching in the Twentieth Century* (Grand Rapids: Eerdmans Publishing Co., 1982), 50.
167 이우제, "Sidney Greidanus의 설교 연구: 현대설교의 한계를 극복하는 대안을 중심으로," 『복음과 실천신학』 제27권 (한국복음주의실천신학회, 2013. 5), 335.

다. 정장복도 "많은 성도는 매 주일 설교를 들으면서도 영적으로 갈급함을 채우지 못한다."[168]고 진단한다. 말씀에서 힘을 공급받지 못한 교인은 세상을 향하여 영향력을 발휘하지 못한다. 그러면 설교의 홍수 시대에서 설교가 능력을 나타내지 못하는 문제는 무엇인가?

(1) 개인의 충족 차원에 머무는 설교

현대에서 일어난 가장 중요한 변화 가운데 하나는 개인주의이다. 개인주의는 가치관 측면에서 집단에 동조하기보다는 개인적 가치를 우선하는 것을 말한다. 'MZ세대'의 가장 대표적 특징으로 '개인주의'(61.8%)가 선정되었다.[169] 현대인은 자기를 추구하고 자기만족을 소중히 여긴다. 교회도 이런 영향을 받아서 공동체적인 상황보다 개인주의적인 상황으로 바뀌었다.

하지만 설교자는 이런 시대 흐름에 역행하여 성경에서 가르치는 하나님의 대안적 음성을 전해야 했다. 그런데 설교자는 오히려 이런 환경에 적응하려고 성경에서 가르치는 설교의 목적을 잊어버렸다.[170] 그중 하나가 교회의 공동체성을 강조하지 못한 점이다. 설교에서 기독교의 공공성이 사라지고 개인주의적인 신념의 차원으로 변질했다. 하나님의 나라를 선포하는 대신에 개인 내면세계와 자아의식에 초점을 맞추었다.[171] 이처럼 개인의 충족 차원에 머무는 설교는 실제 삶에서는 '기독교의 사유화(privatization)', 또는 '기독교 설교의 사유화'[172]로 나

---

168 정장복, 『한국교회의 설교학개론』, 21.

169 김난도 외, 『트렌드 코리아 2023』, 39. "다른 사람에게 피해를 주는 일도 받는 일도 싫어한다."라는 응답이 48.3%이고, "다른 사람과 갈등을 피한다."라는 응답이 31.3%였다.

170 David Wells, 『신학실종』, 421.

171 이승진, "개혁신학과 설교를 통한 한국장로교회의 정체성 회복," 『한국개혁신학』 제35호 (한국개혁신학회, 2012), 193.

172 '사유화'란 개인의 소유임을 뜻한다. '종교의 사유화'란 '종교를 개인의 소유로 여김'을 말한다. '기독교의 사유화'라는 말로 바꿀 수 있다. 교회를 세습하는 행위나 담임 목사가 은퇴 후에도 교회 치리권을

타나기도 한다.

이승진은 "복음이 사유화되면 예수 그리스도의 십자가 죽음과 부활로 의도했던 성부 하나님의 통전적 구원과 그 통전적 구원의 가시적인 증표인 공동체 전체의 성숙과 변화나 공동체적 윤리, 그리고 신자의 사회적인 책임은 결코 기대할 수 없다."[173]고 지적한다. 교회는 그리스도의 몸이다. 교회는 그리스도께서 다스리는 신앙 공동체이다. 하나님의 다스림을 이루어야 할 신앙 공동체이다. 세상을 대항하는 대안 공동체이다. 하지만 설교자는 교회가 대안 공동체임을 강조하는 설교를 하지 못했다. 찰스 캠벨(Charles L. Campbell)은 "개인의 충족 차원에 머무는 설교는 힘을 잃었고, 인간의 체험에 의존하도록 하는 '신학적 상대주의(a theological relationalism)'를 낳았다."[174]고 말했다. "현대에 만연한 인간론"[175]이 설교의 능력을 나타내지 못하도록 한 이유이다. 개인의 충족 차원에 머무는 설교는 성공주의를 부추기는 설교로 발전했다.

(2) 성공주의를 부추기는 설교

한국교회에는 목회 성공주의[176]를 부추기는 실용주의 목회 철학이

놓지 않는 일은 교회 사유화의 외적 증상이라도 할 수 있다. 이승진은 "설교의 사유화(privatization of the Gospel)'를 설교 행위와 설교 소통의 사건이 미치는 영향력이 한 개인의 취사선택 문제에 국한하지 않고, 일반 사회와 차별성을 갖는 대안 공동체의 형성과 이를 통한 일반 사회의 변혁을 끌어내지 못하고, 그저 한 개인의 사적인 영역에서 일어나는 심리적인 갈등을 해소하기 위한 더 효과적인 설득구조로 국한하는 것"으로 설명한다. 이승진, "한국교회 설교의 사사화(私事化)와 공동체 지향적 설교," 『성경과 신학』 제67호 (한국복음주의신학회, 2013), 51.

173 이승진, "한국교회 설교의 사사화(私事化)와 공동체 지향적 설교," 52.

174 Charles L. Campbell, *Preaching Jesus*, 142.

175 이승진, "개혁신학과 설교를 통한 한국장로교회의 정체성 회복," 190.

176 황성철, "세속지향적 목회의 문제점과 그 대안," 『신학지남』 제

들어왔다. 그런데 역설적으로 실용주의 목회 철학은 소수의 엘리트 목회자를 제외하고는 대다수 목회자를 패배자로 만들고 있다. 상당수의 목회자는 '우월의 은유'라는 사고의 지배를 받는다. 다시 말하면, "위쪽은 좋고 아래는 나쁘다(Up is good, down is bad)."[177]라는 사고 지배를 받는다. 목회자는 현재 자기가 있는 위치에서 더 높은 위치로 올라감으로써 한 개인으로서 자존감을 느낀다. 목회자의 이런 현상이 성공주의를 부추기는 설교로 나타났다.

김영한은 "번영주의와 성공주의에 물든 한국교회의 강단"으로 "한국교회는 대사회적인 역량을 상실하고 세상으로부터 비판을 넘어 혹독한 비난의 대상이 되었다."[178]고 꼬집었다. 세상과는 질적으로 다른 가치관을 전해야 하는 설교자가 오히려 번영과 성공주의에 물들어서 청중에게 번영과 성공을 부추기는 설교를 하고 말았다.

이우제의 지적처럼 "설교는 하나님 나라에 정초된 대안적인 음성을 드러내는 사역이다. 세상 사람들이 도무지 흉내 낼 수 없는 다른 이야기를 가진 신앙의 사람들을 세워내는 것인데,"[179] 오히려 세상의 가치와 기준을 따라 사는 사람을 세우고 말았다. 이런 흐름 때문에 세상은 설교자를 "그들의 문화 기준을 계속 유지하도록 축복이나 빌고, 위기 때 적절한 처방을 내려주는 심리학적 치료를 주는 사람으로"[180] 이해하려고 한다. 그런데 이런 사역이라면 굳이 설교자가 아니라도 여러 기관이나 전문가가 할 수 있다. 설교자의 가장 중요한 임무는 하나님의 대안적 음성을 듣고 교회의 정체성을 지키도록 하는 데 있다. 청

264호 (신학지남사, 2000년 가을), 35.

177 Robert Schnase, *Ambition In Ministry*, 황성철 역, 『목회와 야망』 (서울: 기독교문서선교회, 1995), 37.

178 김영한, "영광 신학의 설교와 십자가 신학의 설교: 오늘날 번영주의 설교 비판", 『한국개혁신학』 제26권 (한국개혁신학회, 2009), 8.

179 이우제, "하나님 나라 관점으로 바라본 '차별화된 복의 선언'으로써의 팔복에 대한 이해," 『더 프리칭』 제2호 (개혁주의설교학회, 2019. 3), 48.

180 이우제, "가정과 세상에서의 그리스도인의 삶을 위한 바른 가르침 - 디도서 2-3장 주해와 설교적 착상 -," 『유관순 연구』 Vol. 9 (백석대학교 유관순연구소, 2006), 88.

중의 필요를 채워주는 설교를 하는 데 있지 않다.

데이빗 웰스(David Wells)는 "많은 교회 성장론 주창자들은 만약 교회가 성장하기만 하면 교회의 신학적인 탈선을 눈감아주는 편이 더 낫다고 주장한다."[181]라며 성공주의를 안타깝게 여긴다. 왜냐하면 교회가 성공주의 신학에 빠지면 교회의 성공 기준은 단지 자체의 성공일 뿐이기 때문이다. 교회는 자체를 넘어 외부를 향해 눈을 돌릴 수 있는 수단을 갖지도 못하고, 그렇게 할 의욕도 잃기 때문이다.[182] 물론 모범적인 기독교 신앙의 핵심 가치인 희생과 헌신, 자기 부인과 자기 십자가, 그리고 낮아짐과 비움 등을 설교하는 교회도 있다. 하지만 그런 핵심 가치 대신에 성공과 번영 등으로 대체하는 설교가 홍수를 이루고 있다. 많은 설교자는 많은 사람을 모아서 빨리 교회를 부흥시켜야 하는 세속적 동기에 기초한 설교를 하고 있다.[183] 이런 설교자의 세속적 동기는 설교에서 번영을 강조하기에 이르렀다.

그러나 필자는 한국교회 설교가 개인주의와 성공주의를 강조한 본질적 이유를 찾고자 한다. 일차적으로는 설교자가 시대정신과 타협한 데 그 이유가 있다. 하지만 좀 더 본질에서는 설교자가 성경 본문을 바르게 연구하지 못한 데 있다. 그리고 청중도 바르게 연구하지 못한 데 있다. 어떤 렌즈로 문제를 진단하느냐에 따라 그 처방도 다르다. 필자는 "설교는 하나님의 말씀, 즉 성경 본문을 전파하고, 그 본문의 의미를 오늘의 청중에게 적실하게 적용해야 한다."라는 전제에서 진단하고 처방하고자 한다. 따라서 개인주의와 성공주의 설교에 대한 본질 문제는 본문에서 벗어난 설교가 일차적 요인이다.

(3) 본문에서 벗어난 설교

한국교회가 개인주의와 성공주의를 강조하는 설교를 할 수밖에 없

---

181 David Wells, 『신학실종』, 421.
182 David Wells, 『신학실종』, 429.
183 이승진, "한국교회 설교의 사사화(私事化)와 공동체 지향적 설교," 41.

는 본질 문제는 본문에서 벗어난 설교에 그 이유가 있다. 한국교회 청중이 '설교의 홍수' 속에서도 '설교의 기갈'을 느끼는 본질적 이유는 본문에서 벗어난 설교가 범람하기 때문이다.[184] 본문에서 벗어난 설교는 두 가지 형태로 나타난다. 첫째는, 설교자가 설교 본문으로 택한 말씀과 설교 내용이 전혀 일치하지 않는 경우이다. 설교자가 본문의 중심사상(main idea/ big idea)과 상관없이 자기가 하고 싶은 내용을 전하는 경우이다. 그러면 청중은 '왜 이 말씀을 읽었을까?'라며 고개를 갸우뚱한다. 둘째는, 설교자가 설교 본문으로 택한 말씀을 전한다고는 하지만, 중심사상을 잘못 알고 있는 경우이다. 설교자가 자기가 하고 싶은 내용을 말하기 위해서 본문을 이용하는 형태이다. 첫째와 둘째의 경우 모두 설교자는 성경을 설교한다고 말할지라도 실제로는 성경을 설교하지 않고 있다.

　　루돌프 보렌(Rudolf Bohren)은 "성경을 설교하지 않은 설교는 성경을 덮어버리는 것과 같다."[185]라고 했다. 설교자가 성경 본문을 심도 있게 연구하지 않고 자기 개념이나 주장을 설교한다면, 그것은 성경 본문과 상관없는 내용을 전달하는 것이다. 설교자가 성경 본문을 연구하지 못하면, 본문과는 다른 메시지를 전할 수밖에 없다. 그리고 청중은 그 설교를 듣지 않는다. 설교자가 아무리 목소리를 높여도 청중의 귀에는 울리는 꽹과리여서 가슴에 닿지 않지 않기 때문이다. 설교자는 청중이 들어야 할 하나님의 말씀을 선포하는 사람이다.[186] 설교자는 하나님께서 오늘의 청중에게 들려주시기를 원하는 그 메시지를 전하는 사람이다. 따라서 설교자는 성경 본문을 통해 하나님께서 말씀하시는 '그 메시지'를 찾아야 한다. 그 점에서 이우제는 "성경을 석의하고자 하는 철학과 실천의 부재는 설교의 풍요 속에서 영적인 빈곤을 만드는

---

184 김운용, "21세기 한국 교회의 말씀 선포 사역을 위한 설교신학 재고(再考)," 124.

185 Rudolf Bohren, *Predigtlehre*, 박근원 역, 『설교학원론』(서울: 대한기독교출판사, 2001), 139.

186 정창균, "청중은 그런 설교 들은 것을 후회합니다," 『그말씀』 185호 (서울: 두란노 2004. 11), 176.

주범이었다."[187]라고, 지적한다. 설교자가 성경 본문을 연구하지 않음으로써 설교의 위기에 한몫했다. 설교자가 본문에서 멀어지면 청중의 삶에서도 멀어진다.

(4) 청중의 삶에서 멀어진 설교

오늘 우리의 청중, 특히 제4차 산업혁명 시대를 사는 청중은 설교를 듣는 횟수에서는 세계 최고 수준이라고 할 수 있다. 한국교회는 주일 예배를 비롯한 수요 예배, 금요 철야예배, 그리고 새벽예배 등에서 설교가 쏟아지고 있다. 여기에 '초연결 사회'가 주는 삶의 편의성으로 다양한 설교, 지속적인 설교를 들을 수 있다. 그 점에서 제4차 산업혁명 시대의 청중은 그야말로 '설교의 홍수 시대'에 살고 있다. 하지만 그들은 오히려 '맑은 물', 즉 '참 말씀'의 기갈을 느끼고 있다.

왜 오늘의 청중은 이런 기갈을 느끼고 있는가? 설교는 많지만, 설교가 오늘 청중의 삶을 변화시키지 못하기 때문이다. 홍수처럼 쏟아지는 설교가 청중 삶의 문제를 해결하지 못하기 때문이다. 청중은 설교자가 강단에서 선포하는 설교를 들으면서 질문한다. '그래서 어쨌단 말인가?'[188] '저 설교가 과연 나와는 무슨 상관이 있는가?' 그도 그럴 것이 설교강단에서 고성능 앰프를 타고 흘러나오는 그 설교가 청중의 가슴을 파고들지 못하기 때문이다. 다시 말하면, 성경 본문의 주파수와 청중 삶의 주파수가 일치하지 않기 때문이다.

그 원인은 무엇인가? 첫째로, 설교자가 변화하는 세상의 흐름을 보지 않기 때문이다. 이미 앞에서 살폈듯이 각각의 산업혁명은 사회와 경제 영역을 벗어나 인간 삶의 거의 모든 영역에 깊은 영향을 끼쳤다. 교회도 전통적 방식을 벗어나 교회 생활, 신학, 그리고 개인적인 신앙도 총체적으로 변화했다.[189] 그런데도 많은 교회는 자기의 전통적 패러

---

187 이우제, "Sidney Greidanus의 설교 연구: 현대설교의 한계를 극복하는 대안을 중심으로," 336.

188 류응렬, "적용을 향해 나아가는 개혁주의 강해설교," 『신학지남』 제283호 (신학지남사, 2005년 여름), 212-213.

다임 속에서 자기에게 몰두해 살아가고 있다. 그들은 불변하는 영원한 진리, 제도 등을 잘 지키고 있다고 생각한다.

한스 퀑(Hans Küng)은 마틴 그레샷(Martin Greschat, 1934~2017) 의 말을 인용하면서 교회가 변화하는 세상의 흐름을 읽지 못하는 안타 까움을 꼬집었다.

> 교회는 사회적 변혁의 실체를 극히 부분적으로만 받아들였다. 아니 원 칙적으로는 전혀 받아들이지 않았다. 교회는 온 세상이 그 변혁에 급습 당하고 있음을 알기는 알았다. 그러나 자기도 그렇다는 것은 보려고 하 지 않았다. 이런 모습은 근대 유럽 산업사회에서 갈수록 기능을 하지 못하게 만든 근원이다.[190]

우리는 이런 모습을 오늘의 한국교회에서도 볼 수 있다. 교회는 '교회 밖에서' 일어나고 있는 완전 새로운 세계가 우리의 청중에게 결 정적 영향을 끼치고 있음을 알아야 한다. 아니, 교회는 자신이 급격한 발전 과정의 소용돌이 속에 끌려가고 있다는 사실을 직시해야 한다.

둘째로, 설교자가 청중을 연구하지 않기 때문이다. 우리가 이미 제 4차 산업혁명 시대 청중의 이해에서 살폈듯이 우리의 청중은 급격하게 변화하고 있다. '초연결 사회'에서 다양한 방법으로 다양한 사람과 만 남을 이루면서도 철저한 소외를 경험하고 있다. 인간의 정체성 혼란을 겪는 사람이 늘고 있다. 특히 교회 안에서도 개인 중심 사회의 가속화 로 우울증과 절망감에 시달리는 사람이 늘고 있다. 우리가 교회 안에 서 '외로운 신자'를 만나는 일이 너무나 자연스럽다. 그런데 설교자는 오늘의 청중을 제3차 산업혁명 시대의 청중으로 여기는 경향이 크다. 하지만 오늘의 설교자는 세상이 바뀌고 우리의 청중이 이미 바뀌었음 을 인정하고 대비해야 한다. 오늘의 설교자는 목회의 생태계와 청중의 세계관과 가치체계가 바뀌었음을 직시해야 한다.

오늘의 설교자는 "한국교회 목회자는 교회와 세상을 입체적으로

---

189 Hans Küng, 『그리스도교: 본질과 역사』, 913.
190 Hans Küng, 『그리스도교: 본질과 역사』, 919.

보는 '곤충의 눈'[191], 먼 곳을 보는 '새의 눈', 시대 물결의 흐름을 아는 '물고기의 눈'을 갖춘 혁신적인 지도자가 되기를 원한다."[192]라는 지용근의 호소에 귀를 기울여야 한다.

모든 설교자는 좋은 마이크를 사용하려고 한다. 왜냐하면 청중에게 좋은 설교를 전달하려고 하기 때문이다. 하지만 청중에게 좋은 설교를 전달하는 가장 좋은 방법은 청중의 삶에 파고드는 설교이다. 설교가 청중의 삶에 파고들 때 그 청중은 변화한다. 설교가 청중의 삶에 파고들려면 오늘 제4차 산업혁명 시대를 사는 우리 청중의 삶에 관심을 품고 연구해야 한다.

이런 강조는 설교 역사에서 이미 있었다. 청중의 삶에 관심을 품었던 헬무트 틸리케(Helmut Thielicke)는 "청중은 삶의 근본 문제(elementary questions)를 안고 교회로 모여들고 있다. 교회는 그들에게 삶의 자리(Sitz im Leben)에 대한 물음에 대답해야 한다."[193]고 말했다. 그는 "설교가 생동감을 잃어버린 원인을 청중의 삶과 설교가 분열된 데 있다."라고 보았다.

> 교회는 세상 한가운데서 사는 사람으로 이루어진 공동체이다. 다시 말하면 교회는 역사 안에서 사는 사람이 모여 있는 공동체이다. 그러므로 교회의 메시지는 그들의 질문에 대해서 답해야 한다. 설교가 청중의 삶에서 분열된 원인은 잘못된 신학에서 나왔다. 잘못된 신학은 가현설(Docetism)의 현대적 변형을 말한다. 가현설론자는 인간을 유령의 육체(phantom body)를 가진 추상적인 존재로 오해했다. 현실에서는 존재하지도 않는 그런 인간으로 만들어버렸다. 하지만 인간이란 그가 사는 세

---

191 곤충은 '겹눈' 또는 '복안(複眼)'으로 부르는 많은 렌즈를 가지고 있다. 겹눈은 아주 작은 낱개의 낱눈들이 벌집 모양으로 모여서 만들어진 눈이다. 곤충의 겹눈은 수많은 낱눈으로 들어온 영상을 모아 모자이크식으로 사물을 본다. 겹눈은 먼 거리와 복잡한 물체를 식별하고, 홑눈은 가까운 거리에 있는 물체를 분간한다. 장원락, "기능 뛰어난 곤충의 눈," https://sgsg.hankyung.com/article.
192 정원희, "'플로팅' 너머 'OTT 크리스천'을 주목하라."
193 Helmut Thielicke, *The Trouble With The Church*, 119.

계 안에(in his world)서의 인간을 말한다. 인간은 결코 세계와 떨어져 있는(apart from his world) 존재가 아니다.[194]

해돈 로빈슨(Haddon W. Robinson)도 "설교자가 청중에게 '어떻게(how)'라는 질문에 대답하지 않으면, 청중은 믿은 '그대로(what)' 살기 어렵다."[195]라고 했다. 설교가 청중을 세상의 소금으로 살도록 하려면, 그들이 안고 있는 삶의 문제에 대한 분명한 통찰과 식견이 있어야 한다.[196] 설교자가 성경 본문을 제대로 연구했는데도 그 내용을 청중이 받아들이지 못하면, 설교의 목적을 이루지 못한 것이다. 그러면 "여호와의 말씀이 희귀하여 이상이 흔히 보이지 않았더라."(삼상 3:1b)라는 말씀이 설교강단의 현실로 다가온다.

정장복은 한국교회 설교자를 향해 강조한다.

어느 시대든지 하나님의 말씀을 명백하게 선포하고 정확하게 해석하고 효율적으로 우리의 삶에 적용하면 개인과 가정과 교회가 진정한 생명력을 갖는다. 그리고 그 생명력은 바로 사회로 이어져서 한 민족과 국가에 활력소를 공급한다.[197]

오늘 우리 교회가 건강한 공동체, 즉 대안 공동체로 자라려면 설교를 회복해야 한다. 설교강단이 설교자 자신은 물론이고, 성도에게도 말씀의 꿀맛을 맛보도록 해야 한다(시 119:103).[198]

---

194 Helmut Thielicke, *The Trouble With The Church*, 68.

195 Scott M. Gibson, *Making a Difference in Preaching: Haddon Robinson on Biblical Preaching* (Grand Rapids: Baker Books, 1999), 90.

196 헬무트 틸리케(Helmut Thielicke)는 "메시지를 들은 청중에게 반발이 일어나려면 소금기가 있어야 하는데, 소금기는 시대 문제와 인생 문제에 대한 강한 도전과 그 해결이다." Helmut Thielicke, *A Little Exercise for Young Theologians*. 배응준 역, 『친애하는 신학생 여러분』 (서울: 나침반사, 1998), 87.

197 정장복, 『설교의 분석과 비평』 (서울: 쿰란출판사, 1997), 2.

198 안오순, "헬무트 틸리케의 설교연구: 메마른 설교강단에 새싹을 돋게 한 사랑의 목자," 4.

3. 한국교회의 현실과 한국교회 설교의 현실, 2) 한국교회 설교의 현실

필자는 3에서 한국교회의 현실과 한국교회 설교의 현실을 살폈다. 한국교회의 영광은 설교에서 시작했지만, 이제는 설교 위기를 만났음을 지적했다. 그것은 '개인의 충족 차원에 머무는 설교', '성공주의를 부추기는 설교'였다. 그 원인은 '본문에서 벗어난 설교'와 '청중의 삶에서 멀어진 설교'가 자리 잡았기 때문이다. 본문 연구와 청중 연구는 설교의 기초이다.[199] 한국교회는 이 두 기둥이 흔들리면서 심각한 위기를 맞았다. 이제 모든 설교자는 그 심각한 위기를 직시하고 설교의 영광을 재현해야 하는 사명감을 느낄 때이다. 설교의 영광은 교회의 영광, 교회의 건강성과 직결되기 때문이다.

이제 우리는 한국교회 설교의 위기를 극복할 대안을 탐구할 시점에 왔다. 그것은 본문을 살리는 설교이면서 동시에 청중을 살리는 설교여야 한다. 가장 생명력 있는 설교는 설교자가 선택하여 강단에서 설교한 본문을 강단 아래 청중의 세계로 내려가는 설교이다. 즉 본문과 설교, 설교와 청중의 주파수를 일치하는 일이다. 우리는 그 일을 위해서 먼저 설교에 대한 정확한 이해와 설교의 세 기둥, 그리고 성령님께 절대 의존에 관해 살피고자 한다.

199 김창훈, "설교는 무엇인가, 설교에 있어서 네 가지 관점," 『신학지남』 제280호 (신학지남사, 2004년 가을), 138.

4. 설교의 이해와 설교의 세 기둥, 그리고 성령님께 절대 의존

설교 위기 극복은 설교에 대한 바른 이해에서부터 시작해야 한다. 즉 설교의 정의와 설교자의 정의, 그리고 설교의 목표를 바르게 알고 세워야 한다. 설교의 목표를 바르게 세울 때, 바로 그곳에서부터 청중을 변화하고 세상을 변혁할 설교의 힘이 나온다. 이어서 설교의 세 기둥에 관해서도 바른 정립이 필요하다. 필자는 설교의 세 기둥을 석의(exegesis)와 적용(application), 그리고 전달(communication)로 이해한다.[200] 앞서서 한국교회 설교 위기를 진단했을 때 그 핵심에는 석의와 적용의 부족이 있었다. 설교가 본문에서 벗어나 종교적 담론으로 빠진 이유는 석의와 적용이 약했기 때문이다. 따라서 제4차 산업혁명 시대의 도전에 대한 응전으로서 설교 방향에 대한 진로 모색의 핵심에는 석의와 적용이 있어야 한다. 그리고 그 메시지를 통해서 청중의 삶을 변화하는 데는 전달을 빼놓을 수 없다. 설교자는 석의와 적용을 연구

---

200 '설교의 세 기둥(three pillars of preaching)'이라는 말은 설교학에서 중요하게 여기는 세 가지 중요 요소를 일컫는 용어이다. 이 개념은 설교자가 효과적인 설교를 준비하고 전달하는 데 중요한 기반을 제공한다. 세 기둥에 대한 개념은 학자마다 다를 수 있다. 필자는 이렇게 정의한다. ① 석의: 모든 설교는 성경에 근거(Biblical Foundation)해야 한다. ② 적용: 모든 설교는 청중의 삶에 적실하게 실천적으로 적용(Practical Application)해야 한다. ③ 전달: 모든 설교는 청중에게 효과적으로 전달(Effective Delivery)해야 한다. 이에 대한 자세한 설명은 다음에서 할 것이다.

하는 일에 힘을 다해야 한다. 동시에 전달을 위해서도 열심을 내야 한다. 왜냐하면 전달에는 설교자의 명확한 의사소통 능력, 설득력, 그리고 청중과의 상호작용 능력을 포함하기 때문이다. 효과적인 전달은 청중이 메시지를 이해하고, 그것에 관여하며, 삶으로 반응할 수 있도록 돕기 때문이다.

하지만 그 위에 가장 중요한 일은 성령님을 절대적으로 의존하는 일이다. 왜냐하면 설교는 단순한 인간의 열심으로 만드는 작품이 아니기 때문이다. 성령님께서 설교자에게 주시는 은혜의 선물이기 때문이다. 성령님의 일 하심은 일반 연설과 설교를 구별 짓는 가장 중요한 특징 가운데 하나이다. 따라서 우리는 석의와 적용, 그리고 전달을 연구할 것이다. 더 나아가, 성령님과 설교와의 관계도 살필 것이다.

1) 설교의 이해

제4차 산업혁명 시대를 사는 오늘의 청중은 설교의 홍수 시대에 살고 있다. 제4차 산업혁명 시대 문명의 이기를 통해 설교는 끊임없이 쏟아져 나오기 때문이다. 하지만 그 설교가 설교 본질에 합당한지에 관해서는 논란이 크다. 이에 대한 답을 찾기 위해서는 먼저, 설교와 설교자에 대한 정확한 정의가 필요하다. 설교에 대한 정확한 정의를 내릴 때 설교에 대한 방향과 목적 또한 분명하게 할 수 있기 때문이다. 설교에 대한 정의를 정확하게 하지 못하면 설교 사역의 내용과 방향, 그리고 그 목적에서 벗어나서 엉뚱한 일을 할 수 있다.

(1) 설교의 정의

설교는 기독교 사역의 핵심이다. 설교는 예수 그리스도를 증언하여 영혼을 구원하는 일이다. 설교는 구원받은 사람을 예수 그리스도의 형상을 닮는 사람으로 자라도록 하는 일이다. 설교는 교회 공동체가 세상에 대하여 대안 공동체로 살도록 하는 일이다. 그 설교의 단어적 개념부터 알아보고자 한다.

단어를 통한 정의

신약성경에서 설교에 대한 단어는 '봉사(διακονία, *diakonia*)'라는 개념에서부터 시작한다. 예루살렘 교회에서 그리스 말을 하는 유대 사람이 히브리 말을 하는 유대 사람에게 불평했다. 왜냐하면 그리스 말을 하는 유대 사람의 과부들이 날마다 구호 음식을 나누어 받는 일에 소홀히 여김을 받았기 때문이었다. 그 문제 앞에서 열두 사도는 이렇게 말했다. "우리는 오로지 기도하는 일과 말씀 사역에 힘쓰리라 하니"(행 6:4). 여기서 '사역(ministry)'이라는 단어가 '봉사(service)'[201]이다. 이 단어는 '어떤 직무나 의무의 수행', '식사의 시중을 드는 것(waiting at table)'[202]을 뜻한다. 열두 사도는 말씀 사역을 식사의 시중을 드는 일처럼 양 떼에게 영적 식사의 시중을 드는 일로 여겼다.

사도 바울은 디모데에게 명령했다. "너는 말씀을 전파하라"(딤후 4:2a). 여기서 '전파한다(κηρύσσω, *kerysso*).'라는 말의 사전적인 뜻은 '큰 소리로 외친다.' '선포한다(proclaim).'[203]이다. 세례 요한은 하나님 나라가 임박했음과 함께 그리스도의 오심을 '선포했다(κηρύσσω, *kerysso*, 막 1:4).

피터즈(H. J. C. Pieterse)는 앞에서 말한 세 가지 단어에 기초하여 설교를 정의한다: "케뤼그마(κήρυγμα, *kerygma*)", "디다케(διδαχη, *didache*)", "파라클레시스(παράκλησις, *paraklesise*)."[204]

---

201 Horst Balz and Gerhard Schneider, *Exegetical Dictionary of The New Testament, Volume 1* (Grand Rapids: William B. Eerdmans Publishing Company, 1990), 304.

202 눅 10:40a에서 "마르다는 '준비하는 일이(διακονία)' 많아 마음이 분주한지라." 여기서 '준비하는 일'이 곧 '봉사', '식사의 시중을 드는 일'이다.

203 Horst Balz and Gerhard Schneider, *Exegetical Dictionary of The New Testament, Volume 2* (Grand Rapids: William B. Eerdmans Publishing Company, 1991), 288.

204 H. J. C Pieterse, *Communicative Preaching*, 정창균 옮김, 『설교의

"케뤼그마(κήρυγμα, *kerygma*)"는 '선언', '선포(proclamation)'라는 뜻인데, "케뤼소(κηρύσσω, *kerysso*)", 즉 '선언한다.' '선포한다.'에서 왔다.[205] 케리그마는 설교의 행위뿐만 아니라, 그 내용도 전달하는 것이다. 그것은 지금 여기에서 유일한 복음을 설교하고, 알리며, 선포하는 일이다.[206] 그것은 그리스도를 통하여 일어난 일을 듣는 자에게 직접적으로 적용하는 권위 있는 선포이다.

"디다케(διδαχη, *didache*)"는 '교훈(instruction)', '가르침(teaching)'이라는 뜻인데, "디다스코(διδάσκω, *didasko*)", 즉 '가르친다.'[207]에서 왔다. 예수님은 가르치는 일을 주로 하셨다(마 13:54; 26:55, 막 6:2, 눅 6:6; 13:10). 그리고 예수님은 제자들에게 "가르치라."라는 사명을 주셨다(마 28:19).

"파라클레시스(παράκλησις, *paraklesise*)"는 '격려(encouragement)', '위로(comfort)'라는 뜻인데, "파라칼레오(παρακαλέω, *parakaleo*)", 즉 '요청한다(request).' '위로한다(comfort).'[208]에서 왔다. 파라클레시스는 근심과 고통, 의심과 실수로 가득한 현실을 사는 신자를 위로하고 기운나게 한다.[209]

이 단어들을 기초로 "설교는 설교자가 선포하고, 가르치고, 위로하는 일이다."라고 정의할 수 있다. 다시 말하면, 설교는 예수님을 통한 구원의 사건을 선포하고, 사람들에게 진리를 가르치고, 세상에서 상처받고 삶의 문제로 괴로워하는 사람을 위로하는 일이다.

커뮤니케이션』(수원: 합동신학대학원출판부, 2002), 23.

205 "κηρύσσω(*kerysso*)"는 신약성경에 61번 나오는데, 마태복음에 9번, 마가복음에 14번, 누가복음에 9번, 사도행전에 8번, 바울서신에 17번, 목회서신에 2번, 그리고 베드로전서와 요한계시록에 각각 1번씩 나온다.

206 H. J. C Pieterse, 『설교의 커뮤니케이션』, 23.

207 Horst Balz and Gerhard Schneider, *Exegetical Dictionary of The New Testament, Volume 1*, 318.

208 Horst Balz and Gerhard Schneider, *Exegetical Dictionary of The New Testament, Volume 3* (Grand Rapids: William B. Eerdmans Publishing Company, 1993), 28, 23.

209 H. J. C Pieterse, 『설교의 커뮤니케이션』, 24.

4. 설교의 이해와 설교의 세 기둥, 그리고 성령님께 절대 의존, 1) 설교의 이해

필립스 브룩스 외 다양한 정의

필립스 브룩스(Phillips Brooks, 1835~1893)는 "설교를 한 사람이 많은 사람에게 전달하는 진리의 전달(communication)"[210]로 정의했다. 여기서 '진리'란 하나님의 말씀인데, 사람에게 전달해야 할 주제이다.[211]

피터 포사이드(Peter Taylor Forsyth, 1848~1921)는 "설교는 기독교에서 가장 독특한 제도이다. 웅변과는 사뭇 다르다."[212]라고 했다. 그는 계속해서 "설교는 사람의 메시지이기 전에 하나님의 구속 행위이다. 설교는 그리스도 안에서 하나님의 영원하고 영속적인 행위인데, 설교의 선포에서 반복한다."[213]라고 했다. 칼 바르트(Karl Barth, 1886~1968)는 "설교를 하나님의 말씀이다."라고 정의했다. 그는 "하나님의 말씀을 설교한다는 말은 하나님 말씀이다."라며 하인리히 불링거(Heinrich Bullinger)의 설교 정의를 제시했다.[214] 설교는 하나님의 말씀을 선포하여 구원 사건을 일어나도록 하는 일이다.

마틴 로이드 존스(David Martyn Lloyd-Jones, 1899~1981)의 설교에 대한 정의를 좀 더 자세히 살펴볼 수 있다.

> 설교는 수필(essay)이 아니다. 수필은 읽는 것이지만 설교는 듣는 것이고, 수필은 문학적으로 우아해야 하지만, 설교는 그렇지 않다. 수필은 매력과 흥미가 있어야 하지만, 설교는 진지한 관심을 불러일으키면 된다.[215]

---

210 Phillps Brooks, *Lectures on Preaching* (London: SPCK, 1959), ix.
211 정장복, 『한국교회의 설교학개론』, 69.
212 Peter Taylor Forsyth, *Positive Preaching and the Borden Mind*, 1.
213 Peter Taylor Forsyth, *Positive Preaching and the Borden Mind*, 3.
214 Christian Albrecht, Martin Weber, *Klassiker der protestantischen predigthre : einfuhrungen in homiletische theorieentwurfe von Luter bis Lange,* 임걸 옮김, 『개신교 설교론: 루터에서 랑에까지』 (서울 : 대한기독교서회, 2009), 249.
215 David Martyn Lloyd-Jones, *Preaching and Preachers*, 70.

66

빌헬름 니젤(Wilhelm Niessel, 1903~1988)은 "하나님의 말씀을 전하는 것은 하나님의 말씀이다."[216]라고 했다. 설교는 사람의 말이 아닌 하나님의 말씀을 전하는 일이다. 존 스토트(John Robert Walmsley Stott, 1921~2011)는 "설교란 다리 놓기이다."[217]고 정의했다. 설교는 성경의 세계와 오늘의 세계에 다리 놓는 작업이다. 설교는 하늘의 진리를 이 시대의 언어로 오늘을 사는 사람에게 전달하는 성스러운 사역이다.

시드니 그레이다누스(Sidney Greidanus)는 "성경을 설교의 원천으로 설명하는데, 성경은 설교에 대한 신적 권위를 제공할 뿐만 아니라 현대설교의 규범적 원천이다."[218]라고 했다. 폴 윌슨(Paul Scott Wilson)은 "설교는 하나님의 사건이어야 한다."[219]라고 했다. 설교는 단순한 지식 전달이 아닌 사람을 변화시키는 일임을 강조한다.

이처럼 설교에 대한 다양한 정의를 볼 때 그 공통점은 무엇인가? 설교의 기초는 하나님의 말씀인 성경이다. 설교는 성경을 기초로 예수 그리스도를 증언하여 예수님을 믿지 않는 사람이 회개하고 예수님을 그리스도로 믿도록 하는 일이다. 설교는 예수님을 믿은 사람이 삶의 현장에서 겪는 크고 작은 일을 치유하며, 그리스도를 닮은 사람으로 자라도록 가르치는 일이다. 그리하여 예수님을 믿는 공동체가 세상에 대하여 대안 공동체의 역할을 다하도록 돕는 일이다. 이제 우리는 설교자에게 주목해야 한다.

---

216 Rudolf Bohren, *Predigtlehre*, 박근원 역, 『설교학실천론』 (서울: 대한기독교출판사, 1980), 23에서 재인용.

217 안광복, "설교와 설교자," 『3인 3색 설교학 특강』, 이우제 · 류응렬 · 안광복 지음 (서울: 두란노아카데미, 2010), 197.

218 Sidney Greidanus, *The Modern Preacher and the Ancient Text: Interpreting and Preaching Biblical Literature* (Grand Rapids: William B. Eerdmans Publishing Company, 1988), 13.

219 Paul S. Wilson, *The Practice of Preaching* (Nashville: Abingdon, 2007), 20.

(2) 설교자의 정의

구약의 정의

　구약에서 설교자는 선지자를 말한다. 선지자는 하나님의 말씀을 선포했다. 정장복은 "선지자는 하나님으로부터 부르심을 받고, 자신의 전 생애를 바쳐 하나님의 말씀을 그대로 전하는 심부름꾼이었다."[220]고 정의했다. 그들은 하나님의 말씀을 자기 생각대로 해석하지 않았고, 말씀을 이용하여 자기주장을 펼치지도 않았다. 그들은 오직 하나님을 증언하고, 그분의 말씀을 전하는 일에 집중했다. 그들은 하나님을 향한 인간의 말이 아닌, 인간을 향한 하나님의 말씀을 설교했다.[221] 그들은 "주님 여호와의 말씀이 이러하시다."(겔 2:4)라고 전달하는 일에 힘썼다. 하나님은 선지자의 설교에서 언제나 '주체(subject)'였지, 설교의 '대상(object)'이 아니었다.[222] 시드니 그레이다누스(Sidney Greidanus)의 말처럼 "설교자의 권위는 그 사람에게서 나오지 않고, 하나님의 말씀을 선포한 데서 나왔다."[223]

신약의 정의

　신약에서 설교자는 하나님 구속사의 실현을 증언하는 일이었다.[224] 설교자는 예수님께서 육신의 몸을 입고 세상에 오심과 고난받고 십자가에서 죽으심, 죽은 자 가운데서 살아나심과 하나님 나라로 가심, 그리고 장차 구원자와 심판장으로 다시 오심을 설교의 핵심으로 삼았다(행 4:12). 신약의 설교자도 구약의 설교자처럼 그리스도이신 예수님을 메시지의 주체로 삼았지, 대상으로 삼지 않았다. 사도 바울은 그 점을 하나님께 끊임없이 감사했다(살전 2:13).

　사도 바울은 고린도 교회를 향해 "하나님의 말씀을 혼잡하게 하지

220 정장복, 『한국교회의 설교학개론』, 64.
221 정장복, 『한국교회의 설교학개론』, 64.
222 정장복, 『한국교회의 설교학개론』, 65.
223 Sidney Greidanus, *The Modern Preacher and the Ancient Text*, 2.
224 정장복, 『한국교회의 설교학개론』, 65.

말라."(고후 2:17)라고 했다. '혼잡하게 한다(καπηλεύω, kapeleuo).'라는 말은 '~와 거래한다(trade with).' '팔려고 제안한다(offer for sale).'라는 뜻이다. 여기서는 "속여서 부당한 이득을 남기고 팔다." "어떤 물건을 거짓 설명한다."[225]라는 뜻이다. 돈 키스틀러(Don Kistler)는 "바울은 성경을 순수하고 정직하게 전파했다."라면서 하나님의 말씀을 순수하게 전파해야 함을 주장했다.[226]

구약의 설교자와 신약의 설교자는 "하나님은 무엇을 하셨고, 무엇을 하시며, 그리고 무엇을 하실 것인가(What God has done, is doing and will do)?"[227]를 사실 그대로 전달하는 말씀의 증인이었다. 설교자는 하나님의 말씀인 성경을 청중에게 전달하는 전달자이다. 특히 하나님의 말씀을 혼잡하게 하지 않고 순수하게 있는 그대로 전달하는 사람이다. 이 사상을 필립스 브룩스(Phillips Brooks)는 그대로 이어받았다. "설교자란 하나님의 말씀을 전달하는 전달자(conveyer)이다."[228]

장 칼뱅 외 다양한 정의

장 칼뱅(Jean Calvin, 1509~1564)은 "하나님께서 이스라엘 자손에게 말씀하실 때, 하나님께서 평소에는 모인 백성의 귀에 천둥이 직접 울리는 것처럼 그분의 음성이 들리도록 허락하지 않으셨다."[229]라는 사실에 주목했다. 하나님은 당신이 말씀하고자 하실 때 선지자를 도구로 쓰셨다. 당신의 말씀을 선지자의 입에 넣으셨는데, 선지자는 당신의 입이었다.

로날드 월레스(Ronald Wallace)는 장 칼뱅(Jean Calvin)의 말을

---

225 Horst Balz and Gerhard Schneider, *Exegetical Dictionary of The New Testament, Volume 2*, 249.

226 Don Kistler, *Feed My Sheep: A Passionate Plea for Preaching*, 조계광 옮김, 『(최고의 개혁신학자들이 말하는) 설교 개혁』 (서울: 생명의 말씀사, 2003), 75.

227 정장복, 『한국교회의 설교학개론』, 66.

228 Phillps Brooks, *Lectures on Preaching*, ix

229 Ronald S. Wallace, *Calvin's Doctrine of the Word and Sacrament* (Broadway: Wipf and Stock Pub, 1997), 82.

인용하여 이렇게 전했다.

> 말씀이 하나님의 입에서 나오는 것(The word goeth out of the mouth of God)과 같은 방식으로 사람의 입에서 나온다(goeth out of the outh of men). 하나님은 하늘로부터 공개적으로 말씀하시지 않고 사람을 도구로 사용하시기 때문이다.[230]

따라서 사람이 선포한 말씀은 '말씀하시는 하나님(God speaking)' 이 될 수 있다.[231]

피터 포사이드(Peter Taylor Forsyth)는 "기독교 설교자는 그리스 연설가의 후계자가 아니라 히브리 선지자의 후계자이다. 연설가는 영감만 가지고 오지만 선지자는 계시를 가지고 온다."[232]라고 했다. 따라서 설교자는 하나님의 계시인 성경을 선포해야 함을 강조한다.

> 우리(설교자)는 경험만으로 교회에 말해야 할 것이 아니라, 말씀을 더 많이 해야 한다. 설교자는 성경의 고요한 성소에서 말해야 한다. 설교자는 사람들이 성경 안에 살면서 자신을 경이롭게 생각하는 것처럼 성경의 내면에서부터 말하여 성경을 훌륭하게 만드는 설교를 얼마나 열렬히 듣고 싶어 하는지를 깨닫지 못하고 있다.[233]
> 성경은 여전히 설교자의 유일한 '편람서(enchiridion)'이고, 영생의 한 '길잡이(manual)'이며, 모든 삶이 어두워질수록 빛나는 한 페이지이며, 우리가 늦게 알고 사랑했기에 나이가 들수록 더욱 책망하는 부요한 책이다.[234]

토마스 롱(Thomas G. Long)은 설교자를 네 종류로 정의한다.

---

230 Ronald S. Wallace, *Calvin's Doctrine of the Word and Sacrament*, 82.

231 Ronald S. Wallace, *Calvin's Doctrine of the Word and Sacrament*, 83.

232 Peter Taylor Forsyth, *Positive Preaching and the Borden Mind*, 1.

233 Peter Taylor Forsyth, *Positive Preaching and the Borden Mind*, 26.

234 Peter Taylor Forsyth, *Positive Preaching and the Borden Mind*, 26.

첫째는, 전령으로서 설교자이다. 전령은 왕의 말씀을 그대로 전달하는 사람이다. 설교자는 하나님의 말씀을 그대로 전달하는 전령이다. 둘째는, 목자로서 설교자이다. 목자는 양 떼를 돌보고 인도하고 그 생명을 풍성하게 하는 사람이다. 목자로서 설교자는 설교를 통해서 양 떼를 돌보고 인도하고 그 생명을 풍성하게 하는 일에 집중한다. 셋째는, 이야기 전달자로서 설교자이다. 이야기 전달자는 성경을 예수 그리스도를 통해 인간을 구원하시려는 하나님의 이야기로 본다. 넷째로, 증인으로서 설교자이다. 증인으로서 설교자는 성경에 근거하여 증언한다(행 1:8).[235]

증인은 자기가 보고 들은 바를 그대로 전하는 사람이다. 증인은 그 사실을 전하는 일에 목숨을 걸기도 한다. 그만큼 증인의 증언은 진실성을 보장한다. 증인은 자기 말과 인격에 거짓이 없다. 따라서 증인으로서의 설교자에게는 영적 권위가 있다.[236]

윌리엄 퍼킨스(William Perkins)는 "설교자는 대언자인데, 말씀을 선포하는 사람이다."라고 했다.[237] 말씀 선포는 그리스도의 이름으로, 그리스도를 대신해서 해야 한다.

마틴 로이드 존스(David Martyn Lloyd-Jones)의 설교자 정의도 들을 수 있다.

> 설교자의 마음에 하나님의 사랑이 있고, 하나님을 사랑하는 마음이 있으면, 그가 인간의 영혼을 사랑하고, 그들에게 관심이 있다면; 그가 성경의 진리를 안다면; 그리고 그 안에 하나님의 영이 계시면, 그 사람은 설교할 수 있다.[238]

---

235 Thomas G. Long, *The Witness of Preaching* (Louisville: Westminster John Knox Press, 1989), 19-47,

236 안광복, "설교와 설교자," 『3인 3색 설교학 특강』, 202.

237 William Perkins, *The Art of Prophesying & The Calling of the Ministry*, 채천석 옮김, 『설교의 기술과 목사의 소명』 (서울: 부흥과 개혁사, 2006), 37.

238 David Martyn Lloyd-Jones의 말을 직접 인용한다. "If he has the love of God in his heart, and if he has a love for God; if he has a love for the souls of men, and a concern about them; if he knows the truth of

이상에서 보듯이, 오늘의 설교자도 말씀의 종으로 부르심을 받았다.[239] '말씀의 종'이란 역사적으로 내려온 영광스럽고 자연스러운 호칭이다. 그러므로 설교자는 언제 어디서나 성경에 근거하여 살아 있는 하나님과 그분이 행하시는 구속의 사역을 있는 그대로 증언하는 심부름꾼의 역할을 해야 한다. 설교자는 심부름꾼이면서 교회의 교사이다.[240] 설교자는 하나님의 특별한 부르심을 받아 하나님의 계시인 말씀을 전달하는 전달자이다. 설교자는 메시지의 근원은 아니다. 그 근원은 하나님이시고, 하나님의 말씀이다. 설교자는 그 말씀을 증언하는 사람이다.

따라서 설교자는 설교를 통해 하나님의 말씀인 성경만을 선포해야 한다.[241] 설교자는 성경에서 설교를 시작하고 마쳐야 한다. 설교는 그리스도의 이름으로, 그리스도를 대신해서 말하는 일이다. 설교에는 사람을 변화하도록 하고, 살리는 힘이 있다. 역사적으로 교회의 생명력은 설교의 생명력, 그리고 설교자의 생명력과 직결되었다. 그러면 그 설교자가 설교하는 목적은 무엇인가? 이제 우리는 설교의 목적을 알아봐야 한다.

(3) 설교의 목적

설교자가 말씀의 종으로서, 그리스도의 이름으로, 그리스도를 대신해서 말하는 일이 설교이다. 이렇게 설교하는 데는 분명 중요한 목적이 있어야 한다. 일반적으로 설교의 목적을 선포와 가르침, 그리고 격려라고 한다. 그 선포와 가르침, 그리고 격려의 핵심 내용은 예수 그리

---

the Scriptures; and has the Spirit of God within him, that man will preach." David Martyn Lloyd-Jones, *Preaching and Preachers*, 58.

239 Don Kistler, 『(최고의 개혁신학자들이 말하는) 설교 개혁』, 18.

240 Don Kistler, 『(최고의 개혁신학자들이 말하는) 설교 개혁』, 41.

241 '가르친다.'라고 하여 설교를 강의로만 생각해서는 안 된다. 강의는 지성에 호소하지만, 설교는 지정의에 호소한다. 설교를 강의로 하면 환자에게 약은 주지 않고 약에 관해 강의만 하는 것과 같다. Philip Brooks, *Lectures in Preaching*, 126.

스도이시다. 하나님의 아들 예수님이 육신의 몸을 입고 세상에 오셨다. 그리고 이 땅에서 우리 죄를 위해서 고난을 받고 십자가에서 죽으셨다. 예수님은 십자가에서 죽으시고 사흘 만에 다시 살아나셨고, 하나님 나라로 올라가셨다. 그분은 때가 오면 이 세상에 심판장이요 구원자로 다시 오신다. 누구든지 그분을 믿으면 어둠에서 빛으로, 사탄의 권세에서 하나님께로 돌아간다. 또 그분을 믿으면 죄 사함과 예수님을 믿어 거룩하게 된 사람 가운데서 기업을 얻는다(행 26:18). 이 사실이 기쁜 소식, 곧 복음이다.

설교자는 이 내용을 선포하고 가르치고 격려한다. 그러므로 설교자는 설교를 통하여 예수 그리스도를 증언하여 영혼을 구원하고, 구원받은 사람이 예수 그리스도의 형상을 닮는 사람으로 자라도록 해야 한다. 또 설교를 통하여 교회 공동체가 세상에서 대안 공동체로 살도록 해야 한다.

하지만 많은 설교자는 예수 그리스도 외에 다른 것을 선포하고 싶은 유혹을 받는다. 왜냐하면 예수 그리스도의 복음을 진부한 주제로 여기기 때문이다. 또 청중이 그 사실을 이미 잘 알고 있다고 여기기 때문이다. 특히 사역 현장에서는 교회의 교리, 기독교적 윤리관, 사회의 개혁 등에 관한 내용도 필요하기 때문이다. 특히 인간으로서 정체성 혼란을 겪으며 소외와 우울감에 시달리는 제4차 산업혁명 시대를 사는 청중을 생각하면 인간 중심의 주제도 필요하다. 물론 설교자는 그 주제를 무시할 수도 없고, 무시해서도 안 된다.

하지만 본질에서 그 주제들은 복음 안에서 나타난 작은 주제일 뿐 원초적 메시지는 아님을 알아야 한다.242 설교자가 어제나 오늘이나 내일이나 계속해서 선포하고 가르치고 격려해야 할 메시지는 예수 그리스도이시다. 왜냐하면 예수 그리스도의 복음은 과거 청중의 현실 문제를 해결했던 그것처럼 오늘의 청중과 내일 청중의 현실 문제도 해결할 수 있기 때문이다.

---

242 이성민, "설교 사역의 정의와 목적," 『기독교언어문화논집』 제7집 (국제기독교언어문화연구원, 2004. 02), 275.

그 점에서 볼 때, 설교자가 예수 그리스도를 선포하고 가르치고 격려하는 최종 목적은 무엇인가? 하나님께서 설교를 쓰셔서 이루고자 하시는 목적은 무엇인가? 필자는 세 가지를 제시한다. 첫째는, 하나님의 영광을 위해서이다. 둘째는, 청중 삶의 변화이다. 셋째는, 교회 공동체가 대안 공동체로 자라는 데 있다.

하나님의 영광

설교의 첫 번째 목적은 설교를 통해서 청중에게 하나님의 영광을 드러내는 일이다. 듀엔 리핀(Duan Liffin)은 청중의 필요를 세 가지로 구분하면서 "청중의 실제적 필요를 다루는 설교가 하나님의 영광을 드러내는 일이다."라고 했다.

> 청중의 세 가지 필요는 체감 필요(felt need)와 실제 필요(real need), 그리고 잘못될 필요(false need)이다. '체감 필요'는 청중이 지금 바라는 필요이다. '실제 필요'는 설교자가 성경에서 찾은 하나님의 대안적 음성을 주고자 하는 필요이다. '잘못될 필요(false need)'는 마치 상품 광고에서 제품을 팔기 위해서 잘못될 필요를 인위적으로 만들어 내는 것과 같다. 설교자는 청중의 실제 필요를 무시하고 체감 필요에 집착하면 잘못될 필요에 빠질 수 있다.[243]

설교자는 청중이 실제 필요를 듣도록 해야 한다. 그 실제 필요를 듣도록 하는 일이 설교를 통해서 하나님의 영광을 드러내는 일이다.

그런데 필자는 "오늘의 설교는 하나님의 영광을 증언하기보다는 사람을 중심으로 하는 설교로 전락했다."라고 감히 말할 수 있다. 그것은 마치 "하나님의 영광을 논하는 신학(Theology)이 사람을 논하는 인간학(anthropology)으로 전락했다."[244]라는 안타까움과 맥을 같이 한다.

---

243 듀엔 리핀(Duan Liffin), "청중의 실제적 필요를 다루는 설교," *The Art and Craft of Biblical Preaching*, 해돈 로빈슨 엮음, 주승중 외 4명 옮김, 『성경적인 설교준비와 전달』(서울: 두란노, 2007), 300.

244 장창영, 이우제, 『성경적 교회를 세우는 설교와 코칭』, 129.

필자는 그 원인으로 인간 중심 사회의 현상을 지목한다. 오늘의 제4차 산업혁명 시대를 사는 청중은 그 어느 때보다 삶의 현장에서 크고 작은 실존 문제를 겪고 있다. 교회는 당연히 청중이 삶의 현장에서 겪는 그 문제를 해결해 줘야 한다.

하지만 설교의 목적이 청중의 필요를 만족시키는 데서 그치면 그들의 삶을 근본적으로 변화하도록 하는 동력을 잃어버린다.[245] 따라서 '체감 필요'를 채우는 일이 중요하지만, '체감 필요'에 멈춰서는 안 된다. '실제 필요'까지 나가야 한다. 그런데 오늘의 설교는 청중의 필요에 집착하여 사람과는 가까워졌지만, 하나님과는 멀어지고 있다.

그러므로 설교자는 설교의 목적을 어디로 향하도록 해야 하는가? 하나님의 영광을 드러내는 데로 향하도록 해야 한다. '실제 필요'까지 나가서 하나님의 대안적 음성을 듣도록 해야 한다. 그것이 곧 하나님의 영광을 드러내는 일이다. 설교에서 하나님의 영광을 드러내려면 설교의 주체를 분명하게 해야 한다. 왜냐하면 설교의 주체를 누구로 하느냐에 따라 설교 목적이 달라지기 때문입니다. 만일 설교 주체를 청중으로 삼으면 청중 중심의 설교를 할 수밖에 없다. 하지만 설교 주체를 하나님으로 세우면 설교자는 하나님의 중심으로 설교할 수밖에 없다. 그분을 높이고 그분을 영화롭게 할 것이다.[246]

하나님의 영광을 드러내는 설교의 열매는 어떻게 나타나는가? 왜 설교자는 하나님의 영광을 드러내도록 설교해야 하는가? 그 설교를 통해서 하나님의 살아계심과 사랑, 그리고 능력이 나타나기 때문이다. 청중의 삶이 변화하기 때문이다.

청중 삶의 변화

설교에서 "하나님의 영광을 드러낸다."라는 말이 "하나님"이라는 말을 많이 사용함을 뜻하지 않는다. 청중의 '체감 필요'를 무시한다는 말도 아니다. 그것은 설교를 통해서 청중의 삶이 변화하도록 돕는 일

---

245 장창영, 이우제, 『성경적 교회를 세우는 설교와 코칭』, 126.
246 장창영, 이우제, 『성경적 교회를 세우는 설교와 코칭』, 127.

이다.247 하나님의 영광을 드러냄은 청중 삶의 변화로 나타난다. 설교자가 설교하는 목적은 예수님을 믿지 않은 사람이 예수님을 믿도록 하는 데 있다. 청중의 삶이 변화하도록 하는 데 있다.

사도 바울은 에베소에서 3년 동안 눈물과 겸손으로 주님을 섬겼다 (행 20:19). 그때 그는 유대인과 헬라인들에게 하나님께 대한 회개와 우리 주님 예수 그리스도께 대한 믿음을 증언했다(행 20:21). 그가 눈물과 겸손으로 주님을 섬기면서 말씀을 가르치는 최종 목적은 양 떼가 회개하고 예수님을 그리스도로 믿도록 하는 데 있었다. 설교를 통해서 예수님을 믿고 그 삶이 변화하고 하나님의 아들딸로 자라도록 하는 데 있었다.248

그 점에서 월터 브루거만(Walter Brueggemann)도 "교회는 청중의 삶을 변화시키는 곳이어서 설교의 목적을 삶의 변화로 이해했다."249 청중은 설교를 통해서 삶의 문제를 해결 받으며 삶이 변화하고 성숙으로 나간다. 설교는 성도의 삶을 변화하도록 하고 자라도록 한다.250

그런데 여기서 말하는 '변화'는 피상적인 형태의 변화가 아니다. 흔히 '변화'를 겉으로 나타난 "행실이 바뀌는 것"으로만 말할 수 있다. 이우제는 "행동의 변화(순종)에만 초점을 두고 그것만을 진정한 변화라고 하면, 일반 심리학이나 교육학에서 말하는 '행동주의(behaviorism)251'와 별 차이가 없다."라면서 "가치관의 변화에서 시작하여, 성품의 변화, 그리고 행동의 변화로 나타나야 함"252을 강조했다. 예수님을

---

247 장창영, 이우제, 『성경적 교회를 세우는 설교와 코칭』, 135.

248 Don Kistler, 『(최고의 개혁신학자들이 말하는) 설교 개혁』, 51.

249 Walter Brueggemann, *Texts under Negotiation: The Bible and Postmodern Imagination* (Minneapolis: Fortress Press, 1993), 24.

250 Don Kistler, 『(최고의 개혁신학자들이 말하는) 설교 개혁』, 42.

251 '행동주의'는 '행동의 교정'과 같은 개념이다. 현상적으로 드러난 잘못된 행동에 대하여 다양한 치료방식을 통하여 그것을 고치고 수정하여 바른 행동으로 나가게 하는 것을 뜻한다. 이런 행동주의를 성경이 말하는 '변화'라고 하지 않는다. 이우제, 송인덕, 『성경적 변화를 위한 설교 - 이론적 기초와 방법론 -』, 46.

252 이우제, "삶을 변화시키는 요한계시록 설교를 위한 고찰: 목회자, 신학자, 시인으로의 설교자의 정체성을 중심으로," 『복음과 실천신

믿고 삶이 변화한다는 말은 가치관이 바뀌고 그다음에 행동이 바뀌어야 한다. 이런 변화를 '본질적인 성품(essential attribute)'의 변화, 또는 '영혼 내면의 변화(inner spiritual transformation)'[253]로 부르기도 한다.

성도는 예수님을 믿음으로 변화를 경험하고 그리스도의 형상이라는 목표에 이르기까지 삶이 변화하는 차원의 '점진적인 성화(progressive sanctification)'를 경험해야 한다. 그리고 그 삶은 바울 사도의 권면처럼 거룩한 산 제사로 드리는 삶의 예배로 나타나야 한다(롬 12:2). 그 삶의 예배는 교회 공동체 안에서는 동역자들에 대해 지체 의식으로 한마음을 품고 사는 삶이다(롬 12:9-16). 동시에 교회 공동체 밖에서는 선으로 악을 이기는 삶이다(롬 12:7-21). 따라서 설교의 세 번째 목표는 교회 공동체를 세우는 데로 향한다.

대안 공동체로의 교회 성장

설교의 목적은 단순히 한 개인의 변화를 이루는 데 있지 않다. 물론 설교를 통해서 영혼을 구원하고, 그 영혼의 변화는 설교의 중요한 목적 중 하나이다. 문제는 설교의 목적이 개인의 변화에만 멈추는 일이다. 설교의 더 큰 목적은 개인의 변화를 통해서 교회가 자라도록 하는 데 있다. 설교의 최종 목적은 신앙 여정에서 현실 문제로 아파하고 낙심하는 성도를 격려하여 건강한 공동체로 자라는 데까지 나가는 데 있다. 그런데도 설교자의 설교 초점이 공동체를 세우는 일보다도 개인 문제 해결에 맞춰져 있다. 심지어는 예수님을 믿고 질병을 고치는 극단적 '치유 사역'으로 쏠림 현상이 나타나고 있다.

그러나 이런 풍토에서 오히려 설교자는 설교를 통해서 교회 공동체가 세상에 희망을 주고, 대안을 제시하는 대안 공동체로서 역할을 하도록 해야 한다.[254] 그 점에서 이우제는 이런 설교자에 힘을 부어준

학』 제41권 (한국복음주의실천신학회, 2016. 11), 172.

253 박현신, "설교의 목적으로서 청중의 변화를 위한 성경적 원리 : 고후 3:18을 중심으로," 『복음과 실천신학』 제47권 (한국복음주의실천신학회, 2018. 5), 123.

254 Don Kistler, 『(최고의 개혁신학자들이 말하는) 설교 개혁』, 56.

4. 설교의 이해와 설교의 세 기둥, 그리고 성령님께 절대 의존, 1) 설교의 이해

다.

> 성경은 우리가 사는 세상의 가치를 뒤집어엎는 하나님의 나라로 초대하
> 는 대안적인 음성을 제시하는 책이다. 따라서 설교는 그 대안적인 세계
> 를 제시하여 교회를 대안 공동체로 세우는 작업이다."255

교회 공동체가 대안 공동체로 건강하게 자라면, 제4차 산업혁명 시대라는 변화의 소용돌이에서 삶의 문제로 버거워하는 세상을 향하여 빛과 소금의 역할을 다할 수 있다. 신뢰를 잃어가는 교회가 신뢰를 회복하고 '겨레와 함께하는 교회'로서의 영광을 회복할 수 있다.

지금까지 살폈듯이, 설교의 목적은 예수 그리스도의 복음을 선포하는 데 있다. 그 선포의 목적은 하나님의 영광을 드러내는 일이다. 그리고 예수님을 믿지 않은 사람은 예수님을 믿도록 하고, 예수님을 믿은 사람은 삶의 변화를 체험하도록 하는 데 있다. 삶의 변화는 피상적이고 일시적인 행동의 변화가 아니다. 가치관이 변하고 성품이 변하고 삶이 변하여 자기 자신을 살아 있는 제물로 주님께 드림까지이다. 그러므로 설교의 목적이 한 영혼을 구원하고 변화하는 데서 그쳐서는 안 된다. 이 세상에 교회를 대안적 공동체로 세우는 데까지 나가야 한다. 성령님은 한 사람의 구원과 변화를 통해서, 또 그들의 모임인 대안적 공동체를 통해서 세상을 변혁하신다. 성령님은 그 일에 설교 사역을 쓰신다.

이런 일은 한국교회에서도 일어났고, 일어나고 있다. 이제 우리는 이런 설교에 대한 기본 이해를 준거의 틀로 삼아서 한국교회 설교의 위기를 극복할 대안을 탐구할 시점에 왔다. 그것은 본문을 살리는 설교이면서 동시에 청중을 살리는 설교여야 한다. 가장 생명력 있는 설교는 설교자가 선택하여 강단에서 설교한 본문의 주파수와 강단 아래 청중의 주파수가 일치하는 설교이다. 그 일은 설교자가 본문을 연구하

---

255 이우제, "삶을 변화시키는 요한계시록 설교를 위한 고찰: 목회자, 신학자, 시인으로의 설교자의 정체성을 중심으로," 180.

고 청중을 연구하는 일, 그리고 그 메시지를 전달하는 일로부터 시작
한다.

2) 설교의 세 기둥

필자는 "설교의 세 기둥을 석의와 적용, 그리고 전달"로 정의했다.
앞서서 한국교회 설교 위기를 진단했을 때 그 핵심에는 석의와 적용의
부족이 있었다. 따라서 제4차 산업혁명 시대의 도전에 대한 응전으로
서 설교 방향에 대한 진로 모색의 핵심에는 석의와 적용이 있어야 한
다. 그리고 그 메시지를 통해서 청중의 삶을 변화하는 데는 전달을 빼
놓을 수 없다. 이제 우리는 석의와 적용, 그리고 전달에 대해 좀 더 자
세히 연구하고자 한다.

(1) 석의

성경의 정의

석의를 연구하려면 먼저 성경에 대해 알아야 한다. 왜냐하면 성경
은 설교의 유일한 주제이며, 설교자가 끊임없이 연구하며 일해야 하는
유일한 밭이기 때문이다.[256] 도널드 수누키안(Donald R. Sunukjan)은
"설교는 참되고 정확한 성경 본문의 의미를 전달하는 일이다."[257]라고
했다. 설교는 성경에 근거할 때, 성경의 말씀과 이미지와 이야기를 근
거로 삼을 때 성경적이다.[258] 설교는 하나님의 영감으로 기록한 성경
본문의 의미를 드러내는 일이다. 그리고 그 본문의 의미를 오늘의 청
중에게 적실하게 적용하는 일이다. 하나님은 '그때, 그곳에서'만 말씀하

---

256 William Perkins, 『설교의 기술과 목사의 소명』, 39.

257 Donald R. Sunukjan, *Invitation to Biblical Preaching: Proclaiming
Truth with Clarity and Relevance,* 채경락 역, 『성경적 설교의 초대』 (서
울: CLC, 2009), 12.

258 Paul Scoot Wilson, *Preaching and Homiletical Theory* (Danver:
Chalice Press, 2004), 7.

시지 않고, '지금, 이곳에서도' 말씀하시기 때문이다.259 따라서 우리는 성경이 무엇인지, 즉 성경에 관한 가장 기본적인 물음을 물어야 한다.

① 인간의 언어로 기록한 하나님의 계시 : 성경은 인간의 언어로 기록한 하나님의 계시이다. 성경은 누구나 이해할 수 있는 언어로 기록되었다. 하지만 성경은 그 뜻을 누구에게나 열지는 않았다. 왜냐하면 성경을 진공상태에서 기록하지 않았기 때문이다. 성경은 하나님께서 특정한 청중에게 전하신 특정한 메시지이다. 따라서 우리가 인간의 언어로 기록한 하나님의 계시인 성경을 바르게 알려면 처음 청중이 처한 상황과 메시지를 전달하는 방식을 알아야 한다.

② 성경의 처음 청중 : 성경의 제1 청중은 오늘의 우리가 아니다. 성경의 처음 청중은 '그때', '그곳에' 있는 그들이다. 따라서 성경은 우리를 위해(for us) 쓰였지만, 우리에게(to us) 쓴 것은 아니다(The Scriptures was written for us, but not to us). 따라서 성경을 기록했을 때의 언어와 오늘의 언어가 다르다. 또 성경 언어의 문법과 오늘 언어의 문법이 다르다.260 그리고 성경을 기록했을 때의 사회와 문화적 배경은 물론이고 역사적 배경도 다르다. 설교자는 성경 본문이 말하는 것과 본문이 말하지 않는 것 모두에 대해 심도 있게 연구해야 한다. 설교자는 "하나님의 말씀(the word of God), 하나님께서 오늘 본문 안에서 그리고 본문을 통해 말씀하시는 그 말씀, 말씀이신 그분(the One)과의 만남을 찾아야 한다."261 그 찾음의 시작이 석의이다.

석의의 정의
'석의(釋義: 글의 뜻을 해석함)'262는 영어 '엑세제시스(exegesis)'를

259 Donald R. Sunukjan, 『성경적 설교의 초대』, 15.
260 안오순, "포스트모던 시대의 청중에게 들리는 설교," 88.
261 Paul Scott Wilson, *Preaching and Homiletical Theory*, 8.
262 일부에서는 'Exegesis'를 '주석', '주해'로 번역하고, 'Interpretation'을 '해석'으로 번역한다. 필자는 'Exegesis'를 '석의'라는

번역한 말이다. '엑세제시스'는 헬라어 '엑세제시스(ἐξήγησις, exegesis)'의 음역이며263, 헬라어 동사 '엑세게노마이(ἐξηγέομαι, exegenomai)'에서 나왔다.264 LXX에서는 히브리어 동사 'ספר(사파르)'를 '엑세게노마이(ἐξηγέομαι, exegenomai)'로 번역했다.265 따라서 석의란 "처음 기록자가 처음 청중에게 주고자 했던 그 의미, 또는 원래 의도(original intention)가 무엇인지를 찾는 작업"이다.266 그것은 "본문 자체를 설명하는 것(represent the text)"267이다. 그 일을 하는 사람을 '석의자(exegete)'268로 부른다.

석의의 필요성

"모든 성경은 하나님의 영감으로 기록되었다"(딤후 3:16). 이 말씀은 성경이 역사적 신학적 윤리적으로 정확함을 뜻한다.269 또 "사람이

용어로 사용한다.

263 Daniel M. Doriani, *Putting the Truth to Work*, ix.

264 문자적인 뜻은 '~로부터 끌어낸다(to lead out of).' '자세히 설명한다(to relate in detail)'이다. John H. Hayes, Carl R. Holladay, *Biblical Exegesis*, 1.

265 Walter C. Kaiser Jr., *Toward and Exegetical Theology*, 43-44; Michael J. Gorman, *Elements of Biblical Exegesis: A Basic Guide for Students and Ministers* (Massachusetts: Hendrickson Publishers, 2002), 8; Darrell L. Bock, Buist M. Fanning, *Interpreting The New Testament Text: Introduction to the Art and Science of Exegesis* (Wheaton: Crossway Books, 2006), 23.

266 안오순, "포스트모던 시대의 청중에게 들리는 설교," 89.

267 Walter C. Kaiser Jr., *Toward and Exegetical Theology*, 45. 석의를 다른 말로는 '치밀한 읽기(close reading)'라고 할 수 있다. '치밀한 읽기'는 본문 전체를 이해하기 위하여 본문의 모든 부분을 신중하게, 낱말(word by word)과 어구(phrase by phrase)에 따라 세밀하게 연구하는 것을 뜻한다. 마이클 골만(Michael J. Gorman)은 석의를 아우구스티누스의 말로 정의한다. "들고 읽어라, 들고 읽어라." (아우구스티누스가 들은 어린이들의 놀이 소리, 고백록 8권 12(The Confession VIII, 12)); Michael J. Gorman, *Elements of Biblical Exegesis*, 8.

268 Michael J. Gorman, *Elements of Biblical Exegesis*, 8.

269 안오순, "포스트모던 시대의 청중에게 들리는 설교," 88.

기록했다."라는 말은 성경을 역사적, 문법적, 그리고 문예적으로 연구해야 함을 뜻한다.270 성경을 연구해야 하는 이유는 성경 본문과 오늘의 설교자 사이에 커다란 간격이 있기 때문이다. 이 간격의 한쪽에는 '본문의 역사적 상황'이 있고, 다른 쪽에는 강단에서부터 선포하는 말씀을 듣는 '신앙 공동체의 실존적 상황'이 있다.271 아브라함 쿠루빌라 (Abraham Kuruvilla)는 "설교는 권위 있는 성경 본문의 해석일 뿐만 아니라, 하나님이 주신 메시지의 실제적 필요를 가지고 실제 삶을 사는 실제 사람을 향해 그 메시지를 적실성 있게 의사소통 (communication)하는 것이다."272라고 했다.

그런데 어떤 사람은 "기도만 많이 하고 묵상만 하면 성경을 다 이해할 수 있다. 성령님이 다 깨우쳐 주시기 때문이다."273라고, 한다. 그러나 설교자가 제1 청중의 '그때, 그곳'으로 가서 성경 본문이 말하는 '그 메시지'를 깨달으려면, 반드시 연구가 필요하다. 설교자가 오늘의 청중에게 설교하려면 하나님께서 '그때 그곳에서, 그 청중에게 주신, 그 메시지'를 연구해야 한다. 여기에 석의의 필요성이 있다.

석의의 위기

석의의 위기는 설교자가 본문이 말하는 '그 메시지'를 찾지 않거나, 찾지 못하여 본문과는 상관없는 메시지를 전하는 그것을 뜻한다. 석의의 위기는 설교자가 성경 본문이 말하는 역사적 상황에서 의미했던 그 메시지를 오늘을 살아가는 청중에게 적실하게 적용하는 일에 실패했음을 뜻한다.

---

270 Haddon Robison, *Biblical Preaching: The Development and Delivery of Expository Message* (Grand Rapids: Baker Academic, 2006), 21.

271 Abraham Kuruvilla, *Privilege the Text: Theological Hermeneutic for Preaching*, 이승진 옮김, 『설교를 위한 신학적 해석학: 본문의 특권』 (서울: 기독교문서선교회, 2023), 37.

272 Abraham Kuruvilla, 『설교를 위한 신학적 해석학: 본문의 특권』, 38.

273 안오순, "포스트모던 시대의 청중에게 들리는 설교," 88.

석의의 위기에 관해서는 한국교회에서 문제의식을 품기 전부터 세계교회에서 문제의식이 있었다. 그 문제의식은 1974년 존 벵겔(John Albert Bengel)로부터 시작했다.

> 성경은 교회의 토대이다.… 교회가 건강하면 성경의 빛은 밝게 빛난다. 하지만 교회가 병들면 성경은 무관심 때문에 부식된다. 그러므로 성경과 교회의 외형은 때로는 건강함을, 때로는 병든 상황을 동시적으로 나타낸다. 성경을 어떻게 취급하느냐에 따라서 교회의 상황이 결정된다.274

월터 카이저(Walter C. Kaiser Jr.)도 미국교회가 석의를 바르게 하지 못함에 대해 안타까움을 표했다.

> 교회가 약해진 이유는 건강에 좋지 못한 '허섭음식(junk food)'으로 양육 받아왔기 때문이다. 온갖 종류의 인공식품을 교회에 제공했기 때문이다. 그 결과 교회는 신학적이고 성격적인 영양실조로 고통당하고 있다.275

이런 맥락에서 1990년대 김의원도 한국교회의 문제를 바르게 석의하지 못한 문제로 지적했다. "성경의 메시지를 메마르게 나열하거나, 현실의 상황을 너무 강조하여 성경 말씀은 단지 설교 내용의 구호나 후렴구 정도로 전락했다."276

한편 필립 제슨(Phillip Jesen)은 설교에서 석의의 중요성을 이렇게 강조했다. "하나님의 말씀을 설교한다는 말은 본문을 해석하고 심도 있게 연구하는 데서부터 시작함을 뜻한다."277

---

274 Daniel M. Doriani, *Putting the Truth to Work*, 3.

275 Daniel M. Doriani, *Putting the Truth to Work*, 3-4.

276 Walter C. Kaiser Jr., *Toward and Exegetical Theology: Biblical Exegesis for Preaching and Teaching*, 김의원 역, 『새로운 주경신학 연구』 (서울: 엠마오, 1997), "역자서문."

277 Phillip Jesen, *"Preaching the Word Today," Preach The Word:*

설교강단에서 성경 본문을 석의하여 본문의 메시지를 담대하게 선포하면 교회는 건강하게 자란다. 하지만 그렇지 않으면 교회의 건강을 보장할 수 없다. 설교자의 사명은 성경 본문이 의미(meaning)했던 '그 메시지'를 석의하여 '그 메시지'를 오늘의 청중에게 적실하게 전달하는 일이다. 그런데 오늘의 설교자는 본문을 석의하는 일을 소홀히 했다. 설교의 위기는 석의의 위기에서 왔다. 설교의 위기를 극복하는 길은 석의의 위기를 극복하는 데서부터 시작해야 한다.

석의의 방법

많은 설교자는 본문을 연구할 때 자기의 고정관념이나 판단, 또는 관심을 '본문 안으로 가지고 가서 읽는다(a reading into text).' 그러나 그것은 '석의'가 아니라 '자기 해석(eisegesis)'[278]이다. 그런데도 많은 석의자는 '자기 해석(eisegesis)'을 '석의(exegesis)'로 혼돈하고 있다. 따라서 월터 카이저(Walter C. Kaiser Jr.)는 "석의자가 자기 해석에 빠지지 않으려면 먼저 본문 자체(text itself)로 가야 한다. 석의자는 본문의 구, 절, 문장, 단락, 그리고 문단들(strophes)을 연구하고 분석하는 일에 집중해야 한다."[279]라고, 강조했다.

본문을 연구하기 위해서는 다음과 같은 기본적인 방법이 필요하다. 공시적 방법과 통시적 방법, 역사적 배경 연구, 문법적 연구, 문예적 연구, 그리고 문맥 연구이다. 이 연구를 좀 더 자세히 알아보고자 한다.

첫째로, 공시적 방법과 통시적 방법[280]의 연구이다. '공시적

Essay on Expository Preaching: In Honor of R. Kent Hughes, Edited by Leland Ryken & Todd Wilson (Wheaton: Crossway Books, 2007), 160.

278 Walter C. Kaiser Jr., *Toward and Exegetical Theology*, 45; Paul Scott Wilson, *The Practice of Preaching*, 8.

279 Walter C. Kaiser Jr., *Toward and Exegetical Theology*, 50.

280 '공시적', '통시적'이라는 단어는 언어학 연구에서 왔다. 공시적 언어학은 특정한 한 시점의 언어 연구에 관심을 품는다. 통시적 언어학은 언어 발달의 역사, 일정한 시기 동안 언어의 의미가 어떻게 왜 변했는가에 관심을 둔다. Anthony C. Thiselton, *The Two Horizons*, 권성수 외

(Synchronic)'이라는 말은 '동시적(with time/ same time)'이란 뜻이다. 이 접근 방식은 본문의 최종형태, 즉 오늘 우리의 성경에 있는 그대로 본문만을 주목한다. 본문의 '전역사(prehistory)'281에 관해서는 관심을 품지 않는다. 공시적 방법은 최초에 본문으로서 존재한 세계와 관련해서 그 본문을 분석하는 데 집중한다.

반면 '통시적(diachronic)'이란 '시간을 관통한다.'라는 뜻이다. 통시적 방법은 본문의 기원과 발전 과정에 초점을 맞추기에 '본문 너머 (long view)'에 시선을 둔다.282 이 방법을 '역사적 비평방법'이라고 부른다. 통시적 방법과 공시적 방법이 본문을 연구하는 데서 공통적인 초점은 두 가지이다. 즉 본문의 세계, 혹은 본문 안의 세계와 본문 배후의 세계에 관한 관심이다. 이 방법을 사용하여 본문을 연구하는 석의자는 본문의 역사적 배경을 연구하기 시작한다.

둘째로, 역사적 배경 연구이다. '역사적'이란 말은 성경 기록자가 기록했던 당시의 시대적 상황을 주의 깊게 살피는 일을 뜻한다. 역사적 배경 연구는 사회적, 지리적, 본문의 연대까지를 포함한다. 그 일에는 성경 문법과 언어 사용도 포함한다.

셋째로, 문법적 연구가 있다. 문법적 연구는 성경 본문을 기록했을 그때 사용했던 문법 구조, 단어, 어휘, 그리고 특별한 용례를 찾는 일이다.283 그중에서 단어 연구는 석의 작업에서 중요한 요소이다. 모든 단어는 언어학적 의미 체계에 있어서 토대이기 때문이다. 성경의 기록자는 자기가 선택한 독특한 단어를 통하여 자신의 독특한 사상을 표현한다. 따라서 단어의 의미는 문법, 즉 구문론적 구조에 의해서 결정된다.284

역, 『두 지평』 (서울: 총신대학출판부, 2002), 205.

281 구두 전승(oral tradition), 초기사본(earlier versions), 기록된 자료들(possible written sources; J, E, D, P로 불리는 오경의 가설적 자료)이나 복음서의 'Q 문서'를 뜻한다. Michael J. Gorman, *Elements of Biblical Exegesis*, 12.

282 본문 자체가 들려주는 의도된 사건을 포함하여 본문을 둘러싼 사건을 연구한다. Michael J. Gorman, *Elements of Biblical Exegesis*, 15.

283 안오순, "포스트모던 시대의 청중에게 들리는 설교," 93.

하지만 단어의 독특한 의미는 구문론적 구조보다는 그 단어 주위에 있는 다른 단어들과의 관계에서 결정된다는 사실이 더 중요하다. 단어의 문법 적용도 중요하지만, 문맥 속에서 그 의미가 결정된다. 왜냐하면 단어와 문장이 하나의 같은 맥락에서는 단지 하나의 의의(one significance)[285]만을 갖기 때문이다.[286] 모든 단어의 정확한 의의는 주어진 본문이 가지는 의미의 특수성 속에서 생겨난다.[287] 이런 관계를 '의미의 교호론적 표시(the *semotactic* sign of meaning)'[288]라고, 부른다.

카슨(D. A. Carson)은 "이 사실을 인식하지 못하고 단어의 사전적 의미나 어근에 집착하면 의미의 오류를 범할 수 있다."[289]라고 주의를

---

284 안오순, "포스트모던 시대의 청중에게 들리는 설교," 94.

285 E. D. Hirsch Jr., *Validity in Interpretation* (New Heaven: Yale Univ. Press, 1978), 8; 허쉬(E. D. Hirsch)는 "'의미(meaning)'와 '의의(significance)'를 정확하게 구분해야 한다."라고 했다. '의미'는 본문, 본문의 문법, 기록자의 어법에 암시된 참된 의도에 의해 나타나는 것을 말한다. '의의'는 단지 그 의미와 다른 사람, 시간, 상황, 또는 개념 사이에 존재하는 단순한 관계를 말한다. '의미'는 성경 기록자가 단어를 사용한 이상 변할 수 없다. 반면 '의의'는 해석자의 관심과 시대가 변함에 따라 변하는 것이며, 또 변해야 한다. 케빈 벤후저(Kevin J. Vanhoozer)도 이에 동의한다. Kevin J. Vanhoozer, *Is There a Meaning in This Text?* (Grand Rapids: Zondervan, 1998), 259.

286 Walter C. Kaiser Jr., *Toward and Exegetical Theology*, 88; 이에 대해서는 William W. Klein, Craig L. Blomberg, Robert L. Hubbard, Jr.의 공저 *Introduction Biblical Interpretation*, 류호영 역, 『성경 해석학 총론』 (서울: 생명의말씀사, 2001), 251에서도 같은 흐름을 유지하고 있다.

287 예를 들면, '집(house)'이라는 단어가 '녹색(green)'이라는 단어와 함께 사용했을 때 나타나는 특수성을 생각할 수 있다. '집'은 문맥이 없을 때는 '주거 장소', '혈통', '사업체' 등을 의미한다. '녹색'은 '익지 않은(unripe)', '경험이 없는', '녹색'을 의미한다. 두 단어를 합치면 서로의 의미론적 영역을 제한한다. 'Green house'는 오직 색깔이 녹색인 주거 장소를 가리킬 따름이다. Anthony C. Thiselton, 『두 지평』, 209; Gorden D. Fee, Mark L. Straus, *How to Choose a Translation for All Its Worth* (Grand Rapids: Zondervan, 2007), 45-48에서도 "한 단어는 하나의 한 문맥에서 하나의 의미만을 가진다."라고 밝힌다.

288 Walter C. Kaiser Jr., *Toward and Exegetical Theology*, 71-72.

환기한다. 성경에 기록된 단어도 사람처럼 어떤 친구를 사귀느냐에 따라 다른 의미를 나타낸다. 따라서 설교자는 성경에 기록된 단어를 연구할 때 주변 단어에 관심을 품어야 한다. 스콧 깁슨(Scott M. Gibson)은 해돈 로빈슨(Haddon Robison)의 말을 인용하면서 경종을 울린다. "문맥(context) 없는 본문(text)은 가설(pretext)이 된다."[290] 따라서 모든 단어의 정확한 의미는 문맥 속에서 연구해야 한다.

넷째로, 문예적 연구이다. 석의자는 설교 본문의 문학적 위치를 알아야 한다. 설교 본문이 도입부에 있는지, 아니면 마무리에 있는지를 찾아야 한다. 또 본문을 기록한 사람이 누구이며, 본문의 독특한 양식을 살펴야 한다. 그리고 본문의 문학 형식도 확인해야 한다. 즉 본문이 내러티브인지, 글 형식인지, 시인지를 알아야 한다. 그 연구를 하면서 설교자는 당시 청중 삶의 배경(life setting)을 알 수 있다. 석의자가 설교 본문을 문예적으로 연구하여 처음 청중의 '삶의 자리(Sitz im Leben)'를 알면 알수록 본문에 대한 이해도 커진다.[291]

다섯째로, 문맥 연구이다. 올바른 석의 과정은 전체적인 문맥을 살피면서 세부적인 내용을 다룬다. 설교자가 본문의 중심사상이 몇 절에서부터 시작했고, 그 양식이 어떻게 발전하고 있는지를 모르면 그 핵심을 알지 못한다. 본문의 생명력은 본문의 전체 흐름에서 나오기 때문이다.

그러면 어떤 방법으로 문맥에 접근해야 하는가? 다음의 내용은 월터 카이저(Walter C. Kaiser Jr.)의 제안에 의존했다.[292]

① 설교 본문에서 반복적으로 나타나는 단어나 구, 그리고 절을 찾아야 한다. 또 문장에서 각 부분을 소개하는 표제(heading)나 끝맺음

---

289 D. A. Carson은 *Exegetical Fallacies*, 박대영 옮김, 『성경해석의 오류』 (서울: 성서유니온, 2002), 30-36에서 "의미론적 오류"의 사례를 지적한다. 그 오류는 'butterfly(나비)'의 뜻을 'butter(버터)'와 'fly(날다)'로부터 끌어내는 것과 같고, 'pineapple'을 'pine(소나무)'와 'apple(사과)'로부터 끌어내는 것과 같다.

290 Scott M. Gibson, *Making a Difference in Preaching*, 72.

291 안오순, "포스트모던 시대의 청중에게 들리는 설교," 98.

292 Walter C. Kaiser Jr., *Toward and Exegetical Theology*, 71-72.

(colophon)을 찾아야 한다.

② 전환 접속사를 찾아야 한다: "그러면", "그러므로", "그러나", "그런데도."

③ 새로운 주제와 장을 바꾸는 질문을 본다.

④ 내러티브 문맥에서는 시간과 장소, 그리고 배경의 변화를 찾아야 한다.

⑤ 주어나 목적어의 변화와 함께 동사의 시제, 법, 혹은 태(aspect)의 변화도 찾아야 한다.

석의자가 이렇게 연구하는 목적은 본문을 분석하는 데 있지 않다. 본문 전체의 흐름을 파악하고 중심사상을 찾고자 함이다.

이상의 과정을 볼 때, 석의는 설교자에게 몹시 지루하고 힘든 일이다. 따라서 석의는 "책과 배움을 사랑하고 그 기쁨을 다른 사람과 나누고자 하는 사람만이 할 수 있다."293 하지만 그 결과물은 설교의 역동성을 제공한다. 설교자에게는 힘들지라도 석의를 통하여 설교의 역동성을 성취하는 결과를 보면서 기쁨과 보람을 누릴 것이다. 물론 청중도 이 기쁨에 함께한다.

그런데 이처럼 힘들게 진행하는 석의는 그 자체로 끝나지 않는다. 석의의 목적은 본문에서 찾은 중심사상을 청중의 삶에 적실하게 적용하는 데 있다. 석의는 본문의 메시지를 연구함과 동시에 청중도 만나는 일이다. 석의는 청중을 만나기 위한 기초 작업이다. 그러므로 이제부터 석의자의 눈은 본문에서 청중의 적용으로 향해야 한다.

(2) 적용

석의의 목적은 석의를 통해 찾은 '그 메시지'를 청중의 삶에 적실하게 적용하는 데 있다. 만일 석의자가 적용과 상관없는 석의를 한다면, 그것은 공허한 지적 놀음에 불과하다. 왜냐하면 하나님의 말씀은

---

293 Douglas Stuart, *Old Testament Exegesis*: *A Handbook for Students and Pastors* (Louisville: Westminster John Knox Press, 2001), xi.

성경 시대의 청중뿐만 아니라, 오늘 우리의 청중에게도 적실하게 적용할 수 있기 때문이다. 그 점에서 데이빗 핸더슨(Daivd W. Henderson)도 "성경은 당시 사람의 성경일뿐만 아니라 오늘 우리의 성경이기도하다."294라고 했다. 설교자가 본문에서 찾은 중심사상을 오늘의 청중에게 적용하려면 먼저 성경의 적절성과 적용의 핵심을 이해해야 한다. 그리고 적용에 대한 구체적인 방법도 알아야 한다. 이에 대해서 좀 더 자세히 살피고자 한다.

성경의 적절성

'적절성(relevance)'이란 '정도나 기준에 꼭 맞는 성질', 또는 '밀접하게 연결된 품질이나 상태'295를 뜻한다. 그런데 데이빗 핸더슨(Daivd W. Henderson)은 '적절하다.'라는 말을 이렇게 설명했다.

> 어떤 문제가 나의 현실과 연결이 있으면 '적절하다.'라고 할 수 있다. 어떤 내용이 나에게 적절하기 위해서는 두 가지가 필요하다. 첫째는, 그것이 내 삶과 일치해야 한다. 그것은 내가 씨름하고 있는 문제를 말하고, 내가 묻고 있는 질문에 대한 대답이어야 한다. 나의 필요를 충족시켜 주어야 한다. 다른 하나는, 그 내용의 타당성을 내가 깨달아야 한다. 내가 연관성을 찾지 못하면 그것은 전혀 적절한 것이 아니다. 이 두 측면을 '실제적인 적절성(actual relevance)'과 '기능적 적절성(functional relevance)'이라고 부른다.296

'성경의 적절성(relevance)'이란 무엇인가? 그것은 성경 본문이 오늘의 청중에게는 실존적으로 다가오지 않는 경우에서 시작한다.297 예를 들어, 출애굽기는 "소가 사람을 받아서 죽였다면 그 고기는 먹지 말아야 한다."(출 21:28)라고 가르친다. 고린도전서는 "누군가가 이 음

---

294 Douglas Stuart, *Old Testament Exegesis*, 27; Daivd W. Henderson, *Culture Shift*, 임종원 역, 『세상을 따라잡는 복음』 (서울: 예영커뮤니케이션, 1998), 366.
295 "적절성," 다음 사전, https://dic.daum.net/index.do.
296 Daivd W. Henderson, 『세상을 따라잡는 복음』, 29-30.
297 안오순, "포스트모던 시대의 청중에게 들리는 설교," 105.

식은 제물로 바쳤던 것이라고 말하면 먹지 말라.”(고전 10:28)라고 말한다. 그런데 오늘의 현실에서는 소를 가진 사람이 많지 않다. 또 이방 신전 근처에서 사는 사람도 많지 않다.

또 하나의 성경 적절성의 문제는 본문은 다른데 적용은 언제나 같은 경우에서 시작한다. 설교 때마다 청중은 “교회를 좀 더 섬기고, 복음을 좀 더 증언하고, 성경을 좀 더 공부하라.”라는 메시지를 듣는다. 그러면 다니엘 도리아니(Daniel M. Doriani)의 지적처럼, “거짓된 교리를 전파하는 것은 아니지만, 말씀을 지루하고 타성에 젖게 한다.”[298]

그러나 성경은 오늘 우리 삶의 현장과는 비록 시간과 공간적 간격이 있을지라도 적절성이 있다. 모든 성경은 시대를 초월하여 그 안에 담긴 메시지를 경청할 것을 주장한다.[299] 앞에서 살폈듯이, “성경은 우리에게 쓴 것은 아니지만, 우리를 위해 쓴 것은 분명하다.” 데이빗 헨더슨(Daivd W. Henderson)의 말처럼, “오늘 우리가 하나님을 만날 수 있는 곳은 성경이다. 그리고 그곳에서 우리는 자신을 분명하게 바라볼 수 있다.”[300] 하나님을 만나고 우리 자신을 제대로 보는 그것이 성경의 적절성이다. 더 나아가, 설교자가 본문의 메시지를 듣고, 청중의 실제적인 필요를 들으면 성경의 적절성을 만들 수 있다.

그 점에서 라메쉬 리차드(Ramesh Richard)는 “적용이 없는 석의는 영적 변비를 일으킨다.”[301]라고 했다. 설교에서 적용이 없으면 성도는 실제 삶에서 자라지 않는다. 설교를 충분하게 소화하지 못하기 때문이다. 그러므로 설교자는 성경 본문을 청중에게 반드시 적용해야 한다. 찰스 스펄전(Charles H. Spurgeon)은 설교자가 청중에게 중심사상을 적용하려면 “설교자는 정규적으로 성경과 신문을 읽어야 한다.”[302]

---

298 Daniel M. Doriani, *Putting the Truth to Work*, 2.

299 Abraham Kuruvilla, 『설교를 위한 신학적 해석학: 본문의 특권』, 131.

300 Daivd W. Henderson, 『세상을 따라잡는 복음』, 31.

301 Ramesh Richard, *Scripture Sculpture*, 장현 옮김, 『삶을 변화시키는 7단계 강해설교준비』 (서울: 디모데, 2005), 155.

302 찰스 스펄전(Charles Haddon Spurgeon)은 “설교자가 매일 신문을 읽으면 거기서 예화를 찾을 수 있다.”라며 “회중에게 관심을 품고, 알려

라고, 권한다. 설교자는 말씀과 청중에 대한 균형 잡힌 통찰력이 있어야 한다. 설교자는 성경 본문과 오늘의 청중 사이에 있는 간격 위에 다리를 놓아야 하기 때문이다.

적용의 핵심

브라이언 채플(Bryan Chapell)은 데이빗 비어맨(David Veerman)이 말한 적용의 핵심을 이렇게 소개한다.

> 청중이 삶의 현장에서 겪는 두 가지 질문에 적용은 대답하는 것이다. 하나는, '그래서 무엇을(So what)?'이고, 다른 하나는, '지금 무엇을(Now what)?'이다. 첫 번째는 '왜 나에게 이 말씀이 중요한가?'이고, 두 번째는 '오늘 내가 무엇을 해야 하는가?'이다.… 적용은 청중에게 오늘 무엇을, 어떻게 해야 할지를 가르쳐 준다.[303]

적용이란 본문을 통하여 찾아낸 하나님의 대안적 음성, 하나님께서 처음 청중에게 말씀하셨던 '그 메시지'를 오늘의 청중이 삶의 현장에서 그대로 실천하도록 도와주는 일이다. 아무리 좋은 이론일지라도 실천이 없는 이론이라면, 실천할 수 없는 이론이라면 아무 의미가 없다. 그러므로 적용은 석의의 최종 목적이며, 설교의 최종 목적이기도 하다.[304] 만일 적용이 없다면 석의는 물론이고 설교도 의미를 잃는다.

고 하면 많은 경로를 통해서 예화를 찾을 수 있는데, 그것은 마치 계곡에서 사금을 채취하는 것과 같다."라고 했다. Charles Haddon Spurgeon, *Lecture To My Students* (Edinburg: The Banner of Truth Trust, 2008), 492, 493. 어떤 사람은 "한 손에 성경을 한 손에 신문을 든다."라는 말을 칼 바르트(Karl Barth)의 말로 알고 있다. 그러나 존 스토트(John R. W. Stott)는 그 말의 출처가 찰스 스펄전(Charles Haddon Spurgeon)이었음을 밝힌다. "누군가가 칼 바르트(Karl Barth)에게 물었다. '당신은 주일설교를 준비하기 위해서 무엇을 합니까?' 그는 '한 손에는 성경을 다른 한 손에 신문을 듭니다.'라고 대답했다. 그의 대답은 찰스 스펄전(Charles Haddon Spurgeon)이 약 50년 전에 했던 말임을 반영한다." John R. W. Stott, *Between Two Worlds: The Art of Preaching in the Twentieth Century*, 149.

303 cited, Bryan Chapell, *Christ-Centered Preaching: Redeeming the Expository Sermon* (Grand Rapids: Baker Books, 1999), 200.

그런데 설교자는 적용이 삶의 현장에서의 실천이라고 하여 지나치게 현실 문제를 적용의 목표로 삼아서는 안 된다. 왜냐하면 제임스 파커(James Innell Packer)의 말처럼, "우리가 하나님과 하나 되면(conformity) 삶 속에서 기쁨과 즐거움과 만족을 누릴 수 있기 때문이다."305 그러므로 적용의 최종 목적지는 예수 그리스도의 정체성을 드러내고, 교회 공동체를 세우는 데 있어야 한다. 설교자는 적용을 통해 예수님을 믿지 않은 사람은 물론이고, 예수님을 믿는 사람도 대체할 수 없는 예수 그리스도를 만나도록 도와야 한다. 그리고 교회 공동체성을 세워서 이 세상에서 대안 공동체로 영향을 끼치도록 도와야 한다.306

이제 설교자에게 남은 숙제는 본문에서 찾은 '그 메시지'를 오늘의 청중에게 어떻게 적용하느냐의 방법론의 문제이다. 필자는 적용의 방법론에 대해 살필 것이다.

---

304 안오순, "포스트모던 시대의 청중에게 들리는 설교," 103.

305 J. I. Packer, *Knowing God* (Downers Grove: IVP, 1993), 33.

306 Daniel M. Doriani, *Putting the Truth to Work*, 13; 이 점을 제이 아담스(Jay E. Adams)도 동의한다. 그는 성경이 말하려는 궁극적인 목적을 '텔로스(telos)'로 부른다. Jay E. Adams, *Preaching with Purpose: A Comprehensive Textbook on Biblical Preaching* (Phillipsburg: P&R Publishing Co., 1982), 23; '텔로스'란 아리스토텔레스(Aristole)의 행동 이론에서 나온 용어이다. 그는 행동을 두 가지 관점으로 말했다. 하나는, '포이에시스(poiesis)'인데, 어떤 결과를 낳는 행동이다. 목수가 장(cabinet)을 만들거나, 건축자가 집을 짓는 것과 같다. 만들어진 결과물(product)이 장차 어떻게 쓰이든지에 상관없이 최종 결과물(product)이 그 행동을 완성한다. 그는 미래의 쓰임새(use)와 목적을 '텔로스(telos)'라고 불렀는데, 그것은 만드는 과정(poiesis)에는 개입하지 않는다. 다른 하나는, '프락시스(praxis)'인데, '포이에시스(poiesis)'를 어느 정도 포함한다. 설교자가 설교원고를 석의에 기초하여 작성하고 설교했다면, 설교자는 그 책임을 다한 것이다. 이것이 '포이에시스'이다. 하지만 설교했는데도 불구하고 청중이 죄를 깨닫지 못하면 '텔로스'는 이루어지지 않았다. Ray Sherman Anderson, *The Soul of Ministry: Forming Leader's for God's People* (Louisville: Westminster John Knox Press, 1997), 26-28.

적용의 방법

설교자가 본문을 오늘의 청중에게 적용하는 데는 세 가지 이론이 있다. 첫째는, 석의를 먼저하고 적용을 나중에 하는 전통적 방법이다. 둘째는, 석의와 적용을 구분하지 않고 동시에 하는 방법이 있다. 마지막으로, 석의와 적용을 통합하는 방법이다.[307]

① 석의 먼저, 적용 나중 : '석의 먼저, 적용 나중'이란 설교할 때 석의를 먼저 하고 적용을 마지막 단계에 하는 것을 말한다.[308] 성경 본문에서 '그때 그곳에서'의 원 의도를 찾아서 '지금 이곳에서'의 청중에게 적용하는 원리이다. 적용은 철저하게 석의에 의존한다. 따라서 석의는 본문에서 '무엇(what)'을 찾는 일이라면, 적용은 '그래서 어쩌라고 (so what)'를 찾는 일이다. 다니엘 도리아니(Daniel M. Doriani)는 "석의는 묘사하고(describes) 적용은 규정하는 일이다(prescribes)."[309]라고, 정리했다.

그리고 이 원칙에 가장 단호한 사람은 크리스터 스텐달(Krister Stendahl)이다. 그는 "석의자가 현재의 의의에 관해서 관심을 품으면 본문을 설명하는 일에 대한 열심을 놓쳐버리기 때문이다. 따라서 본문의 의미를 찾아내는 일에 집중하면 성경은 최대한 영향력을 발휘할 수 있다."[310]라고, 강조한다.

② 석의가 곧 적용 : "석의 후에 적용해야 한다."라는 방법론에 이의를 제기하는 기본 입장은 "설교자가 본문의 세계에 대한 충실한 설명을 한 후에 적용하면, 석의와 적용이 '이원론(dualism)'으로 흐를

307 안오순, "포스트모던 시대의 청중에게 들리는 설교," 107.
308 William W. Klein, Craig L. Blomberg, Robert L. Hubbard, Jr., 『성경 해석학 총론』, 809.
309 Daniel M. Doriani, *Putting the Truth to Work*, 19.
310 Daniel M. Doriani, *Putting the Truth to Work*, 19; 이 견해를 주장하는 사람은 본문을 해석하고 본문이 말하는 원리를 풀어주는 것을 설교의 근본 임무로 여기기 때문이다. John Carrick, *The Imperative of Preaching*, 조호진 옮김, 『레토릭 설교』 (서울: 솔로몬, 2008), 31.

수 있다."311라는 데 있다. 석의를 한 후에 적용을 마지막에 하면 설교가 석의 중심으로 흘러가고 적용은 거기에 부록처럼 달라붙는다고 여기기 때문이다. 그래서 그런 방법은 청중의 귀를 사로잡는 일에 실패했다고 여겼다. 그러므로 석의와 적용을 구분하지 않아야 한다고 주장한다.

그 견해를 강하게 주장하는 사람이 존 프레임(John Frame)이다. 그는 "석의와 적용 간의 구분을 완전히 지워 버리자."312라고, 제안한다. 왜냐하면 성경의 의미 자체를 적용으로 보기 때문이다. 그는 설교를 "하나님의 말씀에 대한 해석과 적용이라고 말하는 것보다는 하나님의 말씀에 대한 적용적 해석이다."313라고, 말한다. 어떤 점에서 "의미와 적용의 분리는 신학의 왜곡이다. 왜냐하면 신학은 일종의 적용이기 때문이다."314 존 라이트(John W. Wright)도 "해석이 설교보다 앞선 과정이 아니라, 설교는 이미 해석이다."315라고, 강조한다.

③ 석의와 적용의 통합 : 다니엘 도리아니(Daniel M. Doriani)의 지적처럼, "성경을 새로운 상황에 적용할 수 없다면, 그 누구도 성경을 제대로 이해하지 못한 것이다."316 우리는 성경의 렌즈(lens)를 통하여 우리의 세계를 보고 말로 표현해야 한다. 설교자가 성경을 석의할 때

---

311 John Carrick, 『레토릭 설교』, 21.

312 프레임(John Frame)은 '적용'이라는 단어 자체를 사용하기를 거부한다. 설교자는 본문의 중심사상을 선포하고 나서 적용을 말한다. 예를 들어, "도둑질하지 말라."라는 말씀은 "당신에게 속하지 않은 것은 어떤 것이든지 취하지 말라."는 뜻이다. 그런데 "횡령하지 말라." "세금을 속이지 말라."라고 적용할 수 있다. 그런데 본문을 '의미'로만 설명할 수도 있고, '적용'으로 이해할 수도 있다. John M. Frame, *Doctrine of the Knowledge of God*, 문석호 역, 『기독교적 神지식과 변증학 : 신학을 위한 철학적 지식론의 해명과 변증학의 방법론에 관하여』 (서울: 은성출판사, 1993), 170-175.

313 John Carrick, 『레토릭 설교』, 185.

314 John M. Frame, 『기독교적 神지식과 변증학』, 176.

315 John W. Wright, *Telling God's Story: Narrative Preaching for Christian Formation* (Downers Grove: IVP, 2007), 30.

316 Daniel M. Doriani, *Putting the Truth to Work*, 22.

성경은 설교자를 석의하고, 성경이 설교자를 적용한다. 설교자가 이 과정을 충분히 알면 거의 무의식적으로 성경 본문의 중심 주제를 청중에게 적용할 수 있다. 석의와 적용에서 숙련된 설교자일수록 석의와 적용의 경계선을 쉽게 넘나들 수 있다.[317] 따라서 설교자가 석의와 적용을 분명하게 선을 긋는 일은 중요하지 않다.

예를 들어, 설교자가 예수님 당시의 '십자가' 개념을 오늘의 언어로 설명하면, 자연스럽게 오늘의 청중에게 적용할 수 있다. 석의가 적용으로 점진적으로 바뀐다. 이런 모습은 박윤선에게도 나타났다. "그는 석의하면서 떠오르는 사상을 설교하기도 했고, 설교한 것을 석의에 신기도 했다."[318]

적용에 대한 세 가지를 견해를 볼 때, 설교자가 석의와 적용과의 관계를 하나의 틀로 고집할 필요는 없다. 적용은 설교자가 설교의 중심 주제와 설교의 목적 등을 생각하면서 적실한 곳에 넣으면 된다. 설교자에게 중요한 점은 어떤 방법을 택하든지 그 핵심에는 "설교는 단순히 석의로 끝나지 않고, 청중과의 만남이라는 설교 철학이 있어야 한다."[319]

지금까지 필자는 설교의 세 기둥 중에서 두 기둥을 살폈다. 그것은 석의와 적용이다. 설교자는 본문을 연구하고 청중을 연구해야 한다. 본문 연구를 통해서 찾은 '그 메시지'를 오늘의 청중에게 적실하게 적용해야 한다. 이제 효과적이고 설득력 있고 능력 있는 전달(communication)을 위해서 필요한 부분을 살필 때가 왔다. 석의를 통하여 찾은 '그 메시지'를 오늘의 청중에게 적용하여 어떻게 전달하느냐에 따라 그 메시지의 설득 효과가 달라지기 때문이다.

---

317 안오순, "포스트모던 시대의 청중에게 들리는 설교," 110.

318 류응렬, "인격을 통한 진리의 선포: 박윤선의 설교 신학," 『한국개혁신학』 제25호(한국개혁신학회, 2009), 156.

319 안오순, "포스트모던 시대의 청중에게 들리는 설교," 112.

(3) 전달

우리는 이제까지 제4차 산업혁명 시대를 사는 청중에게 적실한 설교를 위해 필요한 석의와 적용을 살폈다. 이제 그 메시지를 효과적이며 설득력 있고 능력 있게 전달하는 데 필요한 전달을 살피고자 한다. 어떤 설교자는 "설교는 청중이 듣든지 듣지 않든지에 대한 결과는 하나님께 맡기고 일방적으로 선포해야 한다."라고 말한다. 효과적이며 설득력 있고 능력 있는 전달을 인위적인 방법으로 여기기도 한다. 물론 지나치게 기교적인 전달은 지양해야 한다. 하지만 설교에서 내용과 함께 전달도 매우 중요하다. 아무리 좋은 메시지일지라도 그 메시지를 전달하는 방법이나 형식이 좋지 않다면, 그 메시지의 감동적인 효과를 기대하기는 쉽지 않다. 내용과 전달은 마치 새의 두 날개처럼 언제나 조화를 이루어야 한다.

설교는 완전하신 하나님의 말씀을 불완전한 인간이 인간에게 전달하는 작업이다.320 따라서 '전달하는 사람'과 '전달하는 내용' 못지않게 '전달받는 사람'과 '전달 방법'에 대해서도 관심을 기울여야 한다. 이를 위해서 우리는 수사학과 '커뮤니케이션(communication)'의 관계, 언어적 전달과 비언어적 전달, 그리고 설교형식 등을 살피고자 한다.

수사학과 커뮤니케이션과의 관계

효과적인 커뮤니케이션 이론과 기술은 그리스와 로마 시대부터 지금까지 이어지고 있다. 이 커뮤니케이션의 모태는 고전 수사학이다. 오늘의 설교 커뮤니케이션에 커다란 영향을 준 고전 수사학을 먼저 간략하게 살펴보고자 한다.

① 수사학에 대한 이해 : 수사학과 커뮤니케이션은 일반 학문은 물론이고 설교학에도 큰 영향을 미쳤다. 따라서 수사학과 커뮤니케이션

---

320 정인교, 『(청중의 눈과 귀를 열어주는) 특수설교』 (서울: 두란노 아카데미, 2007), 18.

의 설교와의 관계를 이해하려면 수사학에 대한 기본적 이해가 필요하다. 수사학은 고대 그리스 세계에서 체계적으로 발전했다. 많은 학자는 아리스토텔레스(Aristotle)의 *The Art of Rhetoric*, 『수사학』을 그 교과서로 꼽는데 이의가 없다.[321] 아리스토텔레스 시대의 헬라 문화(Hellenistic culture)는 원시적 민주 사회였다. 광장에서의 다양한 토론과 법정 변론 등을 매우 중요하게 여겼다. 어떤 사람이 말로 상대를 설득하면 그 설득의 기술을 매우 중요한 능력으로 인정받았다. 따라서 수사학의 목표는 '말로 사람을 설득하는 능력'이었다.[322]

특별히 설교와 관련하여 수사학에서 주목할 핵심은 아리스토텔레스(Aristotle)가 말했던 설득의 삼 요소이다. 설교하는 사람의 인품(ethos)과 감정(pathos), 그리고 설교 내용(logos)이다.

설득은 먼저 설교자(speaker)의 인품이 결정한다. 그 인품은 도덕적 성품(moral character)이다. 이것을 '에토스(ἦθος)'라고 부른다. 설교자의 도덕적 성품과 인격은 청중이 그 메시지를 신뢰하는 데 결정적 역할을 한다. 설득에서 두 번째로 중요한 내용은 설교자의 감정이다. 이것을 '파토스(πάθος)'라고 한다. 설교자가 어떤 감정으로 설교하느냐에 따라 그 설득의 효과가 달라진다.[323] 설교자가 메마른 지성보다는 뜨거운 열정으로 설득할 때 더 효과적이다. 설득에서 마지막으로 중요한 것은 설교 내용이다. 그것을 '로고스(λόγος)'라고 한다. 설득에서 '에토스', '파토스'도 중요하지만, 설교의 내용인 '로고스'의 중요성을 강조하지 않을 수 없다. 설교의 메시지가 성경적이고 오늘의 청중에게 적실할 때 청중을 효과적이고 능력 있게 설득할 수 있다.

따라서 최근 설교학에서는 이 설득의 삼 요소를 설교 커뮤니케이션에 적용하고 있다. 설득의 삼 요소는 청중을 설득하는 일은 물론이

---

321 이현웅, "수사학, 커뮤니케이션, 그리고 기독교 설교의 상호적 이해와 적용," 『신학과 사회』 제29권 3호 (21세기기독교사회문화아카데미, 2015), 47.

322 이현웅, "수사학, 커뮤니케이션, 그리고 기독교 설교의 상호적 이해와 적용," 48.

323 정장복, 『한국교회의 설교학개론』, 283.

고, 청중의 삶이 변하면서 신앙을 심화하는 일까지 확장한다.324

　　② 커뮤니케이션에 대한 이해 : '커뮤니케이션(comunication)'은 라틴어 '커뮤니케어(communicare)'에서 왔다. 그 뜻은 "나눈다(to share)." "준다(to impart)." "참가한다(to partake)." 등이다. 우리말로는 '말이나 글 또는 몸짓 따위를 이용한 의사소통', '사람의 의사나 감정의 소통으로 가지고 있는 생각이나 뜻이 서로 통함'이라는 사전적 뜻이 있다.325 일반적으로는 인간이 사회생활을 하기 위한 가장 필수적인 능력이다. 상호 간 소통을 위해 사용하는 매체로는 말과 언어는 물론이고 몸짓, 자세, 표정, 억양, 노래, 춤 등과 같은 비언어적 요소를 포함한다. 효과적인 커뮤니케이션에는 언제나 커뮤니케이션 과정의 참여자가 있어야 한다. 그리고 참여자에게는 서로 주고받는 메시지가 있어야 한다.326

　　그 점에서 인류 역사를 "커뮤니케이션의 역사이다."라고 할 수 있다. 왜냐하면 인간의 모든 생존 활동 자체가 커뮤니케이션의 과정으로 볼 수 있기 때문이다. 인간은 매일의 생활 속에서 자기 자신과 커뮤니케이션을 하고, 다른 사람과도 커뮤니케이션을 한다. 특히 우리는 우리의 하나님과 영적인 커뮤니케이션을 하면서 산다.327

　　③ 커뮤니케이션과 설교 전달
　　하나님은 설교를 통해 우리 인간과 커뮤니케이션하신다. 설교는 말씀을 통해서 하나님이 우리 인간과 커뮤니케이션하시는 중요한 채널이다. 하나님의 말씀이 인간의 언어로 소통할 수 없다면 그 말씀은 공

---

324 이현웅, "수사학, 커뮤니케이션, 그리고 기독교 설교의 상호적 이해와 적용," 50.

325 "커뮤니케이션," 위키백과, https://ko.wikipedia.org/wiki.

326 김운용, "청소년 설교; 전달되는 설교를 꿈꾸면서 - 설교의 전달과 커뮤니케이션," 『교육교회』 제352권 (장로회신학대학교 기독교교육연구원, 2006), 25.

327 이현웅, "수사학, 커뮤니케이션, 그리고 기독교 설교의 상호적 이해와 적용," 51.

허한 메아리에 불과하다. 그러므로 설교는 케뮤니케이션이 일어날 때 진정한 설교로 자리매김한다.

커뮤니케이션을 설교 전달에 어떻게 적용할 수 있는가? 한동안 설교를 하나님 말씀의 선지자적 선포(Prophetic Proclamation)로 간주했다. 선지자적 선포란 하나님의 나라에 대한 일방적인 선포를 의미한다. 설교자는 청중의 이해와 수용 여부에 상관없이 '해야 할 말'과 '하고 싶은 말'을 선포했다.328 그러나 이제는 설교를 일방적인 선포보다는 쌍방향적인 사건, 즉 커뮤니케이션 사건으로 인식하고 있다.

많은 학자는 아우구스티누스(Augustinus)의 *De Doctrina Christiana*, 성염 역, 『그리스도교 교양』(왜관: 분도출판사, 1989)을 최초의 커뮤니케이션 교과서로 들고 있다.329 그는 이 책에서 설교자가 진리를 청중에게 효과적으로 전달하는 방법을 알아야 함을 강조했다. 그는 "설교의 핵심은 하나님의 영혼을 구원하는 설득에 있으며, 설교자가 청중을 설득하기 위해 반드시 수사학이라는 무기를 장착해야 한다."330라고, 권고했다.

그 점에서 아리스토텔레스가 강조했던 설득의 3요소를 설교 커뮤니케이션에 적실하게 적용할 수 있다.

첫째로, 에토스이다. 아리스토텔레스가 연설자의 에토스를 강조한 데는 그들이 "어떻게 말을 잘하느냐?"에만 오직 관심을 품었기 때문이었다. 그들은 거짓도 진실처럼 진실도 거짓처럼 능란하게 말하는 솜씨만 있으면 되었다. 하지만 그들의 이런 태도는 말하는 사람에 대한 신뢰를 잃게 했고, 그 메시지에 대한 믿음도 주지 못했다.331 수사학에서와 마찬가지로 커뮤니케이션에서도 설교자의 에토스는 매우 중요하다.

---

328 배영호, "오늘의 목회적 상황을 위한 설교 커뮤니케이션 이해," 111.

329 정장복, 『한국교회의 설교학개론』, 321.

330 김연종, "설교의 효율적 커뮤니케이션을 위한 논리프레임 활용," 『신앙과 학문』 제26권 4호 (기독교학문연구회, 2021), 253.

331 이현웅, "수사학, 커뮤니케이션, 그리고 기독교 설교의 상호적 이해와 적용," 52.

설교자의 성품이 그 메시지의 열매를 좌우한다. 설교자의 에토스가 그의 메시지에 지대한 영향을 미친다는 사실은 모든 세대와 모든 공간을 초월한 가장 보편적인 커뮤니케이션의 원리이다.[332]

피터즈(H. J. C Pieterse)도 설교자의 에토스의 중요성을 말했다.

> 청중이 갖는 설교자에 대한 신뢰감은 더욱 마음의 문을 열고, 그의 메시지를 받아들이게 한다. 청중이 설교자를 신뢰하면 할수록 커뮤니케이션의 가능성이 커진다. 설교를 그렇게 신뢰하는 것은 청중과 끊임없이 적극적으로 교제하는 것을 통해서만 이루어진다.[333]

헬무트 틸리케(Helmut Thielicke)는 실제적인 예를 들어서 설교자의 에토스를 강조했다.

> 현대인은 누군가가 어떤 상품을 선전할 때, 그 선전 문구가 그것을 광고하는 사람의 개인적인 확신을 표현하는 것이 아님을 잘 알고 있다. 어떤 사람이 특별한 음료수를 선전할 때, 사람들은 그 음료수가 선전하는 그 사람의 말처럼 정말로 좋은 것인지, 아니면 좋지 않은 것인지를 알려고 한다. 입술로만 좋다고 말하는 선전을 그대로 믿으려 하지 않는다. 선전하는 그 사람이 자기 집에 혼자 있을 때도 그 음료수를 정말 마시는지를 알고 싶어 한다. 이처럼 우리의 청중도 설교자에게 똑같이 묻고 있다. "설교자여! 그대는 자신이 설교단에서 번쩍 들고 외치는 '그 음료수'를 집에서도 마시고 있는가?"[334]

설교자는 자기가 설교한 대로 살아야 한다. 설교자가 설교강단에서 외쳤던 그 메시지대로 실제 삶에서도 살아야 한다. 설교자가 설교를 위해서 아무리 힘을 기울일지라도, 그것만으로는 설교의 설득을 증

---

332 이현웅, "수사학, 커뮤니케이션, 그리고 기독교 설교의 상호적 이해와 적용," 67.

333 H. J. C Pieterse, *Communicative Preaching*, 정창균 옮김, 『설교의 커뮤니케이션』 (수원: 합동신학대학원출판부, 2002), 183.

334 Helmut Thielicke, *The Trouble With The Church*, 3.

명하기에는 역부족이다. 설교자의 에토스가 중요하다.

둘째로, 파토스이다. 파토스는 마음에서 일어나는 슬픔, 기쁨 따위처럼 일시적이고 지속성이 없는 감정에서 일어나는 생각의 작용이다.335 설교자의 파토스는 설교자의 설교를 위한 열정, 진리를 위한 열정, 그리고 청중을 향한 열정을 의미한다.336 설교자에게 지성은 중요하다. 하지만 그 지성이 메마른 지성이라면 설득의 효과가 상대적으로 약해진다. 차가운 머리와 차가운 가슴만으로 설교한다면 청중을 설득할 수 없다.

기독교 역사에서 차가운 지성주의는 설교강단을 무미건조하고 생명의 기운을 잃도록 했다. 즉 지나친 사변화의 길로 가게 하는 폐단을 낳았다.337 오늘의 제4차 산업혁명 시대는 이성보다는 감성, 귀로 듣는 것보다는 눈으로 보는 시대이다. 그러므로 제4차 산업혁명의 청중에게 '파토스'는 대단히 중요한 설득의 요소이다. 마틴 로이드 존스(David Martyn Lloyd-Jones)는 "개혁주의 사람 사이에 심각할 정도로 부족한 것이 바로 파토스인데, 지적인 방향으로 치우친 나머지 느낌이나 감정의 요소를 경멸하는 경향 때문이다."338라며 에토스와 파토스의 균형을 말했다.

그런데 설교에서 감정 사용의 문제는 설교자 열정의 부재나 감정 사용 무관심의 문제가 아니다. 설교자의 잘못된 감정 사용이 더 큰 문제이다. 이우제의 "설교자가 반지성주의적 경향으로 흐르는 천박한 감정주의 형태로 설교하지 않도록 주의해야 한다."339라는 말에 귀 기울이어야 한다. 설교자의 감정적 호소가 청중의 가슴을 여는 핵심은 설

---

335 정장복, 『한국교회의 설교학개론』, 283.
336 김대혁, "설교자의 올바른 감정 사용에 대한 제언 : 본문의 감정을 살리는 설교," 『복음과 실천신학』 제36권 (한국복음주의실천신학회, 2015. 8), 45.
337 이우제, 송인덕, 『성경적 변화를 위한 설교 - 이론적 기초와 방법론 -』, 13.
338 David Martyn Lloyd-Jones, *Preaching and Preacher*, 93.
339 이우제, 송인덕, 『성경적 변화를 위한 설교 - 이론적 기초와 방법론 -』, 15.

교자의 말씀에 대한 확신(conviction)과 함께 진정성 있는 열정에 있다. 따라서 설교자의 효과적인 감정적 호소는 반드시 설교자의 영적 민감성, 말씀에 관한 연구와 청중에 대한 깊은 사랑이 뒷받침되어야 한다.340

하지만 커뮤니케이션에서는 설교자의 파토스는 물론이고 청중의 파토스도 중요하다. 아무리 설교자가 열정적으로 설교해도 청중이 그 설교를 거부하면 어떤 사건도 일어나지 않는다. 따라서 설교자의 파토스와 함께 청중의 파토스가 조화를 이루어야 한다. 설교자는 설교를 듣는 청중의 반응에 민감해야 한다. 따라서 설교자는 청중의 신앙은 물론이고 삶의 문제까지 연구해야 한다.

셋째로, 로고스이다. 설교자가 아무리 좋은 에토스와 파토스에 기초할지라도 그 메시지가 논증에 기초하지 않으면 청중을 효과적으로 설득할 수 없다. '논증(argument)'은 메시지의 내용, 즉 '로고스(logos)'이다.341 연설에서 로고스는 어떤 면에서는 에토스나 파토스보다 더 우월한 위치를 차지했다. 청중을 설득하려면 논리적 증명이 중요했기 때문이다. 논리적 증명에는 귀납법(*epagoge*)과 연역법(*syllogismos*)이 있다.342

설교 커뮤니케이션에서도 그 메시지인 로고스가 중요하다. 설교에서 로고스는 성경이다. 설교는 로고스인 말씀을 전달한다. 설교자가 로고스를 어떻게 구성하고 어떻게 표현하며 전달하느냐에 따라 커뮤니케이션의 성패를 좌우한다.343 하지만 그 모든 것 위에 로고스가 있어야 한다. 적실한 로고스는 쟁반 위에 담긴 금 사과와 같이(잠 25:11) 설교 커뮤니케이션에서 그 가치를 발할 것이다.

---

340 김대혁, "설교자의 올바른 감정 사용에 대한 제언 : 본문의 감정을 살리는 설교," 77.

341 이현웅, "수사학, 커뮤니케이션, 그리고 기독교 설교의 상호적 이해와 적용," 70.

342 문영식, "수사학의 활용방식으로서 설교와 설득의 문제,"『신학과 철학』vol., no. 18 (서강대학교 신학연구, 2011), 178.

343 이현웅, "수사학, 커뮤니케이션, 그리고 기독교 설교의 상호적 이해와 적용," 70.

4. 설교의 이해와 설교의 세 기둥, 그리고 성령님께 절대 의존, 2) 설교의 세 기둥

이상에서 수사학의 3요소인 에토스, 파토스, 그리고 로고스의 중요성을 살폈다. 설교자는 실제 설교 사역에서 그 세 가지를 균형 있게 조화를 살리는 일이 중요하다. 그런데 설교자는 물론이고, 청중도 그 세 가지 중에서 하나를 선호하는 유형이 있다. 하지만 설교자는 물론이고 청중도 하나만을 강조하면 설교자와 청중 간에 커뮤니케이션이 일어나지 않는다. 이런 위험에 빠지지 않으려면 세 가지 요소에 대한 '통일성 속의 개별성'을 존중해야 한다.[344]

지금까지 우리는 수사학과 커뮤니케이션의 관계를 살폈다. 그런데 커뮤니케이션의 수단으로는 언어와 비언어적 요소가 있다. 설교자는 제1차적으로 언어를 통해서 청중과 소통한다. 하지만 언어적 요소 못지않게 비언어적 요소도 중요하다.

언어적 전달과 비언어적 전달

설교는 설교자의 일방적(one way)인 선포가 아닌 설교자와 청중 간의 쌍방향적 커뮤니케이션의 과정이다. 그런데 그 커뮤니케이션은 일차적으로 설교자의 언어를 통하여 나타난다. 설교자가 설교원고를 잘 준비하여 그 내용을 전달하여 청중을 설득할 때 설교의 사건이 일어난다. 청중은 변화하고 교회 공동체는 대안 공동체로 자란다.

① 언어적 전달 : 설교에서 언어적 측면은 설교문을 작성할 때는 물론이고 전달할 때도 모두 중요하다. 인간이 다른 피조물에 비해 가장 뛰어난 점은 언어를 사용한다는 점이다. 설교자는 하나님의 말씀을 인간의 언어로 전달하여 청중을 설득한다. 설득의 효과를 위해서 언어적 측면에서 중요한 점은 무엇인가?

첫째로, 설교자는 설교문에서 주어와 동사를 분명하게 밝혀야 한다. 정장복은 "한국교회 설교자는 설교 문장에서 주어를 생략하는 언어 습관이 있다."[345]라고, 지적한다. 그는 설교자가 설교문에서 주어를 생

---

344 장창영, 이우제, 『성경적 교회를 세우는 설교와 코칭』, 293.
345 정장복, 『한국교회의 설교학개론』, 55.

략하여 나타난 문제를 구체적으로 제시했다.

> 설교자가 설교문에서 주어를 생략하는 경우는 일인칭과 명령형에서 나
> 타난다. 설교자가 주어 없이 사용하는 문장에는 대부분 설교자 자신이
> 주어이다. 그 결과 말씀의 주인이 분명하지 않게 된다. 성삼위 하나님이
> 주어인데, 주어를 생략하면 설교자가 그 자리를 대신한다는 말이다.[346]
> 설교문에서 주어는 성삼위 하나님이셔야 한다는 원칙이 흔들릴 수 있다.
> 이것은 설교자가 하나님 대신 군림하여 자기 경험과 판단을 청중에 일
> 방적으로 선포하는 죄를 짓는 일이다.[347]

설교자는 주어와 동사를 분명하게 하여 하나님의 말씀을 전달하는 전달자라는 자기 정체성을 지켜야 한다.

둘째로, 설교자는 설교문에서 문장을 짧고 단순하게 써야 한다. 설교 언어는 명확해야 한다. 그리고 논리적(logical)이고, 명령적(imperative)이어야 한다. 이런 언어는 주로 정보를 전달하기 위한 언어이며, 지성에 호소하는 언어이다.[348] 그리고 설교 언어는 문장을 짧고 단순하게 해야 한다. 일반적으로 설교 문장이 짧으면 짧을수록 설득의 효과는 크게 나타난다. 실제로 우리의 설교 문장이 길어질 때는 추상적이고 애매하게 설명할 때이다. 또는 설교자가 그 내용을 정확하게 알지 못할 때이다. 따라서 설교자가 문장을 짧고 단순하게 하기 위해서는 본문에 대한 깊은 석의가 필요하다. 석의를 통해서 본문의 중심 사상은 물론이고 세부 사항을 정확히 이해할 때 문장을 짧고 단순하게 할 수 있다. 짧고 단순한 문장을 통해서 설교자는 애매한 메시지가 아닌 분명하고 정확하고 효과적이며 설득력 있는 메시지를 전할 수 있다.

언어에는 신비한 힘이 있다. 언어는 의사 전달의 수단이면서 사람

---

346 정장복, 『한국교회의 설교학개론』, 56.
347 정장복, 『한국교회의 설교학개론』, 59.
348 배영호, "오늘의 목회적 상황을 위한 설교 커뮤니케이션 이해," 117.

과 역사를 움직이는 능력이 있다. 특히 설교는 언어적 사건이면서 동시에 능력의 사역이다. 설교에서 복음을 언어로 선포한다는 점에서 설교는 '언어적 사건'이고, 복음을 선포하는 그곳에 구원과 치유의 능력이 나타난다는 점에서 '능력의 사건'이다.[349]

그러나 설교 커뮤니케이션에는 언어만 있지 않고, 비언어적 전달도 있다. 비언어적 전달을 살펴 보고자 한다.

② 비언어적 전달 : 설교자는 메시지를 전달할 때 언어적 수단과 함께 비언어적 수단도 사용한다. 보통의 설교자는 언어적 수단인 설교 내용과 원고에는 많은 신경을 쓴다. 하지만 비언어적 부분에는 상대적으로 소홀히 한다. 그런데 박현신은 '데커 케뮤니케이션(Decker Communication)'으로 유명한 버트 데커(Bert Decker)의 조사를 근거로 비언어적 요소의 중요성을 강조한다.

> 설교자의 신뢰성에 영향을 미치는 요인으로는 언어적 측면이 7%, 목소리 측면이 38%였다. 반면, 청중의 눈에 비치는 설교자의 외적인 전달 측면은 무려 55%로 가장 큰 영향을 끼치는 것으로 나타났다.[350]

헬무트 틸리케(Helmut Thielicke)는 "설교를 선포할 때는 운동성(movement), 점증성(gradations), 고저성(plateaus), 그리고 잠시 멈춤(pause) 등이 있어야 한다."[351]라며 비언어적 전달의 중요성을 강조했다. 설교가 생동감이나 생생함이 없고, 특징도 없고 피상적이면 청중은 불평할 수밖에 없다. 그래서 설교에는 명암이 있는 그림 같아야 한다.[352] 비언어적 수단에는 몸의 언어(body language)를 포함한다.

그런데 어떤 설교자는 설교할 때 강단에서 '물고기 대구(codfish)'

---

349 이성민, "설교 사역의 정의와 목적," 283.
350 박현신, 『미셔널 프리칭』 (서울: 예영커뮤니케이션, 2012), 403.
351 Helmut Thielicke, *The Trouble With The Church*, 24.
352 안오순, "헬무트 틸리케의 설교연구: 메마른 설교강단에 새싹을 돋게 한 사랑의 목자," 108.

처럼 헤엄쳐 다닌다. 즉 "또렷한 발음(articulation)도 하지 않고, 음성
의 높고 낮음도 없이, 어떤 부분을 강조하거나 힘을 주는 일도 없이
이 문장에서 저 문장으로"353 헤엄쳐 다닌다. 목소리가 단조로운 설교
는 청중에게 어떤 흥미도 주지 못하여 청중은 설교 시간에 잠에 빠지
고 만다.

　말은 단지 단어와 문장으로만 구성되지 않는다. 음성 자체로 단어
들과는 독립적으로 생각과 느낌을 전달한다. 청중은 설교자의 목소리를
들을 때 "높고 낮음, 큰소리 작은 소리, 말의 빠름과 느림, 그리고 억
양 등에 의해서 설교자의 마음 상태를 판단할 수 있다."354 또 설교자
가 설교하면서 말을 '잠깐 멈춤(pause)'도 설득의 효과가 있다. 설교자
가 설교하면서 잠깐 쉼으로써 청중이 "생각하고 느끼고 반응할 수 있
는 짧은 여유를 줄 수 있기 때문이다."355 해돈 로빈슨(Haddon W.
Robinson)은 러디어드 키플링(Rudyard Kipling)의 말을 인용하여 '잠
깐 멈춤'의 중요성을 강조했다. "당신의 침묵으로 당신은 말하라(By
your silence you shall speak)."356

　설교자는 본문의 석의를 통해 얻은 '그 메시지'를 가장 효과적으
로 전달하기 위해서 전달의 기본원리에 기초하여 자기만의 방식을 만
들어야 한다. 설교할 때 때로는 무서운 진지함으로, 때로는 유머와 재
치가 있어야 한다. 때로는 흥미로운 일상의 일로 청중을 이끌어야 한
다. 그러면서도 설교는 언제나 논리 정연함으로 질서를 유지해야 한다.

---

353 Helmut Thielicke, *The Trouble With The Church*, 56.
354 안오순, "헬무트 틸리케의 설교연구: 메마른 설교강단에 새싹을
돋게 한 사랑의 목자," 108.
355 안오순, "헬무트 틸리케의 설교연구: 메마른 설교강단에 새싹을
돋게 한 사랑의 목자," 109.
356 "숙련된 설교자들(skilled preachers)은 말을 잠깐 멈춤(pause)이
때로는 쉼표(commas), 세미콜론(semicolons), 마침표(periods), 느낌표
(exclamations)의 역할을 한다는 것을 알고 있다. 잠깐 쉼(pauses)은 사려
깊은 침묵(thoughtful silence)과 같다." Haddon W. Robinson, *Biblical
Preaching*, 217.

전달과 설교형식의 관계

설교의 가장 중요한 목표 가운데 하나는 하나님 나라의 대안적 음성을 통하여 그 나라의 가치를 이 땅에 구현하는 일이다.357 그리고 그 설교 전달의 목적 중 하나는 청중을 설득하고, 공동체를 설득하는 일이다. 그 설득을 위해서 설교형식을 고려해야 한다. 청중을 변화하도록 설득하기 위해서 메시지를 어떤 그릇에 담을 것인지를 논의해야 한다. 왜냐하면 설교는 단순히 본문에 대한 지식이나 정보의 전달이 아니기 때문이다. 청중으로부터 믿음, 복종, 사랑, 열심, 기쁨, 찬양, 그리고 기도 등을 끌어내야 하기 때문이다.358 따라서 우리는 이제 설교형식의 중요성과 다양성을 살펴야 한다.

① 설교형식의 중요성 : 설교에서 "무엇(what)을 전달할 것인가?"와 함께 "그 무엇(what)을 어떻게(how) 전달할 것인가?" 하는 일은 똑같이 중요한 문제이다. 그러므로 설교 전달에서 설교형식은 매우 중요하다. 왜냐하면 "설교의 형식은 설교 내용에 관여하기"359 때문이다. 또 "설교의 형식은 설교의 의미와 효과에 있어서 절대적인 요소이기 때문이다."360 토마스 롱(Thomas Long)은 "설교형식을 자동차의 변속기에 비유했는데, 자동차의 자동변속기가 부드럽게 변속되는 것처럼 설교의 형식도 설교의 잠재적인 에너지를 생산적인 움직임으로 바꾸어 준다."361라고 했다.

그런데 일부 설교자는 설교의 형식과 구조에 관해서는 별로 관심을 품지 않았다. 왜냐하면 설교자는 줄거리의 내용을 어떤 형식으로

357 이우제, "하나님 나라 관점으로 바라본 '차별화된 복의 선언'으로써의 팔복에 대한 이해," 49.
358 이우제, "Sidney Greidanus의 설교 연구: 현대설교의 한계를 극복하는 대안을 중심으로," 344.
359 Dennis M. Cahill, The Shape of Preaching: Theory and Practice in Sermon Design, 이홍길· 김대혁, 『최신 설교 디자인』 (서울: 기독교문서선교회, 2010), 26.
360 안오순, "포스트모던 시대의 청중에게 들리는 설교," 121.
361 Thomas G. Long, The Witness of Preaching, 92.

전개할 것인가 보다는 전달해야 할 요점을 강조하는 일에 더 관심을 기울였기 때문이다. 심지어 서론에서 한 문장으로 전체 개요를 설명하도록 배우기도 했다. 물론 토마스 롱(Thomas Long)이 말한 대로 "처음부터 설교의 핵심을 분명히 밝히는 것이 좋은 때도 있다."362 그러나 늘 이런 식으로 설교하면 청중은 같은 것이 되풀이되어 싫증을 낸다.363

　　이 대목에서 프레드 크래독(Fred B. Craddock)의 우려를 깊이 새겨야 한다.

> 설교형식은 설교를 듣는 청중의 신앙을 형성한다. 그런데 설교형식이 교인 신앙의 질에 얼마나 영향력을 끼치는지에 관해 문제의식을 품는 설교자는 거의 없다. 매 주일 자신의 설교를 토론하기 위해서 논쟁과 삼단논법으로 만드는 설교자는 교인의 신앙관에 그런 형태를 주게 된다.… '이것이냐 저것이냐(either/ or)?'라는 형식을 언제나 청중에게 제시하는 설교는 지나친 단순화와 경직성, 그리고 신앙은 언제나 긴급한 결단(an urgent decision)이라는 개념을 갖도록 한다. 반대로 '이것과 저것 모두(both/ and)'를 말하는 설교는 청중에게 폭을 넓혀주고 이해심을 많게 해준다. 하지만 명쾌하게 결단하지 못한다. 형식은 이처럼 대단히 중요하다.364

　　② 설교형식의 다양성 : 설교를 사역 현장에서 적실성 있게 전달하려면 설교자는 다양한 형식으로 전달해야 할 필요가 있다. 이 점에서 이우제는 "한 형식을 일방적으로 강조하기보다는 다양한 형식을 인정하면서 다양한 방식의 설교를 제안한다."365 왜냐하면 형식에 따라서 설교는 아주 다른 모습으로 청중의 마음을 사로잡기 때문이다.

---

362 Thomas G. Long, *The Witness of Preaching*, 136.
363 김지찬, "미래 교회의 설교 모형," (우원사상, 1999) 12.
364 Fred B. Craddock, *Preaching* (Nashville: Abingdon Press, 1985), 173-174.
365 이우제, "Sidney Greidanus의 설교 연구: 현대설교의 한계를 극복하는 대안을 중심으로," 360.

그러면 설교형식의 기준은 무엇이어야 하는가? 설교형식의 기준은 성경 본문의 형식에 근거해야 한다. 설교자는 성경 본문의 형식이 매우 다양하다는 사실을 잊어서는 안 된다. 설교자는 자기 은사와 청중의 상황에 따라서 기본적인 설교의 형식을 응용하여 독특한 설교형식을 개발해야 한다.

헨리 데이비스(Henry Grady Davis)가 지적한 것처럼, "설교형식은 설교의 목적에 따라서 다를 수 있다."366 새 설교학자가 주장하는 귀납법적 설교나 내러티브 설교만을 고집하지 않는다. 또 전통적 설교에서 강조한 연역적 설교나 대지 설교가 모두 잘못된 설교형식은 아니다. 왜냐하면 "귀납적 방법이 효과적일 때가 있고, 연역적 방법이 효과적일 때가 있기 때문이다."367 모든 설교형식에는 장점과 함께 단점이 있다. 따라서 설교자는 성경의 다양한 문학 형식을 근거로 청중에게 적실한 설교형식을 만들어야 할 책임이 있다.

토마스 롱(Thomas Long)이 강조한 것처럼, "설교형식(forming sermons)을 만드는 일도 목양 활동의 일부(an act of pastoral care)이다."368라는 점을 알아야 한다. 따라서 설교자가 설교형식을 만들 때는 성경 장르에 기초해야 한다. 그리고 '이것이냐, 저것이냐?'라는 극단적 설교형식이 아닌 장점을 통합하는 설교형식이어야 한다.

지금까지 필자는 설교의 세 기둥인 석의와 적용, 그리고 설교 전달을 살폈다. 한국교회의 설교 위기를 본문에서 벗어난 설교와 청중에서 멀어진 설교로 진단했다. 따라서 그 위기를 극복할 처방으로 본문을 연구하는 석의와 청중을 연구하는 적용이라는 지극히 원론적인 대안을 제시했다. 설교자가 본문을 연구하지 않으면 하나님께서 주시는 대안적 음성을 듣지 못한다. 그러면 설교 현장에서 개인 중심적이고 성공 중심적인 설교를 할 수밖에 없다. 하나님 중심의 설교는 멀어지

---

366 Henry Grady Davis, *Design for Preaching* (Philadelphia: Fortress, 1958), 98.

367 김덕수, 『삶의 변화를 일으키는 귀납적 강해설교』 (서울: 대서, 2010), 179.

368 Thomas G. Long, *The Witness of Preaching*, 132.

고 사람 중심의 설교는 가까워질 수밖에 없다.

또 설교자는 그 메시지를 연구하는 일과 함께 청중도 연구해야 한다. 더 나아가, 그 메시지를 청중에게 효과적이고 설득력 있고 능력있게 전달해야 하는 전달에 관해서도 연구해야 한다. 그 전달의 핵심에는 커뮤니케이션이 있다. 이제 설교는 설교자와 청중의 의사소통이라는 매체를 통해서 일방적 선포에서 상호소통의 관계로 나가야 한다. 그럴때 제4차 산업혁명 시대의 도전에 설교로 응전할 수 있다. 이를 위해서 설교자는 석의와 적용, 그리고 전달에 대한 중요성을 인식하고 그일에 힘을 쏟아야 한다. 설교자는 매주 땀을 흘리며, 시간과 마음을 투자하여 성경과 씨름해야 한다. 청중을 연구하고, 전달을 위해서 몸부림쳐야 한다.

그러나 우리의 열심만으로는 한계가 있다. 설교는 설교자의 열심만으로 청중의 삶에 능력으로 다가갈 수 없다. 성령님의 함께하심과 일하심이 절대적으로 필요하다. 따라서 우리는 성령님에 대해서 배워야 한다. 구체적으로 설교자가 성령님을 절대 의존하는 법에 관해 연구하고자 한다.

3) 성령님께 절대 의존

설교의 세 기둥은 석의와 적용, 그리고 전달이다. 설교자는 최선을 다해서 본문을 연구하고 청중을 연구해야 한다. 어떻게 하면 전달을 잘할 수 있을지도 연구해야 한다. 그런데 설교자가 이 원리를 안다고 해서 반드시 최상의 설교를 한다고 할 수 없다. 왜냐하면 설교는 몇 가지 이상의 물질 사이에 화학적 변화가 일어나서 다른 물질로 변화하는 화학반응의 산물이 아니기 때문이다. 예를 들어, 수소 두 개(H_2)와 산소 하나(O)가 결합하면 자동으로 물(H_2O)이 나온다. 하지만 설교는 이처럼 몇 가지 원리를 조합했다고 해서 자동으로 최상의 설교가 나오는 것은 아니다.

왜냐하면 "설교란 설교자 삶의 모든 일을 통해서 탄생하는 일종의 종합예술"369이기 때문이다. 그 점에서 필립스 브룩스(Phillips Brooks)의 말은 매우 중요하다. "설교는 설교자의 전인격을 통해 전달되는 진리이다."370 여기서 '진리'는 하나님의 말씀이다. 설교는 사람이 사람에게 하나님의 말씀을 전달하는 일인데, 하나님의 말씀과 함께 설교자의 인격을 요구한다.

그런데 이 모든 것 위에 성령님의 함께하심이 필요하다. 아무리 귀한 보물을 차에 가득 싣고 있을지라도 그 차를 움직일 수 있는 원동력이 없다면, 그 차는 아무 데도 가지 못한다. 귀한 보물을 가득 실은 설교자가 청중에게 그 보물을 전달할 힘은 오직 성령님으로부터 온다.371 설교자가 성령님으로 충만할 때 하나님의 말씀을 담대히 전할 수 있다(행 4:31). 설교자와 성령님이 함께할 때 청중의 필요를 채우고, 그들의 삶을 변화시킬 수 있다. 그런 청중이 모인 교회는 세상을 향해서 소금과 빛으로 살 수 있다. 세상을 변혁시키는 건강한 교회로 자랄 수 있다.

그러므로 설교자는 사람을 상대로 호소하기 전에 먼저 성령님을 향해 호소해야 한다. 모든 일에 풍성한 열매를 맺게 하시는 분은 성령님이기 때문이다. 이제 필자는, 성령님과 말씀, 그 말씀을 듣는 청중과 성령님과의 관계를 살펴보고자 한다.

(1) 말씀을 깨닫게 하시는 성령님

모든 성경은 하나님의 감동으로 기록되었다(딤후 3:16a). 따라서 성경을 바르게 깨닫고 가르치려면 성령님의 도움이 절대적으로 필요하

---

369 안오순, "헬무트 틸리케의 설교연구: 메마른 설교강단에 새싹을 돋게 한 사랑의 목자," 103.

370 Phillip Brooks, *Lectures on Preaching*, 5.

371 Joel R. Beeke, *Reformed Preaching: Proclaiming God's Word from the Heart of the Preacher to the Heart of His People*, 송동민 옮김, 『설교에 관하여: 설교자의 마음에서 회중의 마음으로 이어지는 개혁주의 설교: 츠빙글리, 칼뱅에서 로이드 존스까지』 (서울: 복있는 사람, 2019), 565.

다. 설교는 성령님의 감동으로 된 성경을 설교자가 석의하여 오늘의 청중에게 적용하여 전달하는 일이다. 그 일의 시작은 설교자가 하나님의 말씀을 바르게 깨닫는 데 있다. 바르게 깨달을 때 바르게 설교할 수 있기 때문이다. 그런데 성령님께서 설교자가 성경을 바르게 깨닫도록 하신다. 우리는 그것을 '성령의 조명'[372]으로 부른다.

권성수는 "성령의 조명은 성경을 깨닫는 데도 필수적이지만, 깨달은 내용을 다른 사람에게 전하는 데도 필수적이다."라고 하면서, "설교는 본질에서 성령님의 인도를 받는(Spirit-led), 성령님의 동력을 받는(Spirit-empowered) 일이다."[373]라고, 말한다.

우리는 이 사실을 예수님과 성령님과의 관계에서도 알 수 있다. 예수님은 성령님으로부터 세례를 받으신 후에야 비로소 전도를 시작하셨다(막 1:9). 그리고 예수님은 그 제자들에게 "보혜사, 곧 아버지께서 내 이름으로 보내실 성령님께서 그들에게 모든 가르치시고, 또 예수님께서 그들에게 말한 모든 것을 깨닫게 하실 것이다."(요 14:26)라고 하셨다. 예수님께서 제자들에게 사명을 위임하실 때 총독들과 임금들 앞에서 성령님이 그들의 대변자가 될 것이라고 약속하셨다(마 10:19-20). 말씀하시는 이는 제자들이 아니라 성령님이셨다. 성령님은 제자들의 설교 선생님이셨다. 동시에 성령님은 제자들의 입을 쓰셨다.[374] 이런 모습을 '신율적 상호성(Theonome Reziprozität/ theonome reciprociteit)'[375]이라는 개념으로 이해할 수 있다.[376]

---

372 '성령의 조명(illumination of the Holy Spirit)'은 신자가 성경을 읽고 공부할 때 그 의미를 깊이 있고 정확하게 이해할 수 있도록 도움을 뜻한다. 성령의 조명 없이는 성경의 깊은 진리를 완전히 이해하기 어렵다.

373 권성수, 『성령설교』 (서울: 국제제자훈련원, 2009), 243, 9.

374 Rudolf Bohren, 『설교학원론』, 104.

375 '신율(Theonoom)'은 '의지는 성령에 의해 작동되고 이끌린다.'라는 뜻이다. 우리의 의지를 자유롭게 하는 분은 성령님이다. 하지만 동시에 상호성(reciprociteit)을 통해 우리의 의지도 스스로 일한다. 박태현, "최홍석 교수의 성령론적 설교학," 『신학지남』 Vol. 82 No. 3 (신학지남사, 2015), 160. 따라서 '신율적 상호성'이란 '성령님께서 우리와 공동으로 일하신다.'라는 뜻이다. Rudolf Bohren, 『설교학원론』, 95.

그러므로 설교는 설교자에게 말씀을 깨닫게 하시는 성령님의 사역으로부터 시작한다. 설교자가 성령의 조명으로 말씀을 깨닫고, 그 말씀을 선포할 때 말씀의 능력이 나타난다. 하나님의 말씀과 하나님의 영은 역동적인 상호의존적인 관계를 맺고 있기 때문이다. 이것은 마치 동전의 양면과도 같다.[376] 이제 우리는 설교자와 청중과의 관계에서 성령님의 사역이 어떻게 나타나는지 살펴보고자 한다.

(2) 청중의 첫 번째 설교자 성령님

설교자는 하나님의 말씀과 관계를 맺을 뿐만 아니라, 그 말씀을 듣는 청중과도 관계를 맺는다. 설교자와 청중은 설교에서 의사소통적 관계이다.[378] 설교의 궁극적 목적은 청중에게 하나님의 대안적 음성을 듣도록 하는 데 있다. 그 일은 설교에서 성령님의 역할과 설교자의 역할을 이해함으로부터 시작한다.

---

376 Rudolf Bohren, 『설교학원론』, 104.

377 그렉 하이슬러(Greg Heisler)는 겔 37:3-10을 기초로 하나님의 말씀과 성령님의 관계를 설명한다. 하나님은 에스겔에게 "하나님께 대하여 죽은 민족이 다시 살아날 수 있는지를 생각해 보라."라고 요청하셨다. 하나님께서 에스겔에게 그 나라에 희망이 있는지를 물으셨다. "인자야, 이 뼈들이 살겠느냐?" 그리고 "이 뼈들에게 예언하라."라고 하셨다. 하나님은 에스겔에게 부활의 생명은 예언적으로 선포된 말씀과 함께 시작됨을 가르치셨다. 말씀의 효과는 즉각적이고 능력이 있었다. 만일 이야기가 여기에서 끝난다면 생명 없는 해골의 군대만이 존재하게 된다. 하나님께서 에스겔에게 "성령(the Spirit), 즉 생명을 주는 하나님의 호흡(God's life-giving breath)이 빠졌다."라고 하셨다. 말씀의 능력과 성령의 능력으로 "그들이 곧 살아나서 일어나 서는데 극히 큰 군대가 되었다." 이 말씀은 성령님의 역할인 '불어 넣는 것(to breathe into)'을 강조한다. Greg Heisler, *Spirit-Led Preaching: The Holy Spirit's Role in Sermon Preparation and Delivery* (Nashville: B&H Publishing, 2007), 61.

378 이승진, "청중에 대한 설교학적 이해," 『복음과 실천신학』 제6권 (한국복음주의실천신학, 2003. 11), 70.

성령님의 역할

설교자와 청중의 의사소통 관계는 설교자와 청중의 관계에만 있지 않다. 성령님과의 관계도 포함한다. 왜냐하면 성령님은 설교자와 청중 모두에게 이미 일하고 계시기 때문이다. 성령님은 설교자가 청중에게 메시지를 전하기 전에 첫 번째 설교자(The First Speaker)로서 청중에게 메시지를 이미 전하신다.379 또 성령님은 청중이 두 번째 설교자 (The Second Speaker)인 설교자로부터 하나님의 메시지를 듣기 전에 첫 번째 청중(The First Audience)으로서 설교자의 메시지를 들으신다.380 성령님은 설교 현장에서 설교자와 함께하면서 동시에 청중과도 함께하신다.

설교자의 역할

설교자가 성령님의 역할을 전제할 때 첫째로 중요한 일은 성령님을 절대적으로 의존하는 일이다. 설교자는 설교의 준비 과정과 전달에서 성령님을 철저히 의지해야 한다. 동시에 설교자는 설교의 전 과정에서 최선의 노력을 다해야 한다. 설교자는 석의와 함께 청중에 대한 이해, 그리고 전달까지 최선을 다해야 한다. 청중과 설교자 사이에서 일하시는 성령님의 사역이 인간의 열심을 손상하거나 그 역할을 무시하지 않는다. 설교의 목적은 신율적 상호작용 안에서 이루어지기 때문이다. 그러므로 설교자가 해야 할 가장 중요한 일은 성령님께 도움을 청하는 일이다. 그 도움은 기도이다.

---

379 예수님은 보혜사 성령님이 오셔서 제자들에게 하실 일에 관해 말씀하셨다. "그러나 진리의 성령이 오시면 그가 너희를 모든 진리 가운데로 인도하시리니 그가 스스로 말하지 않고 오직 들은 것을 말하며 장래 일을 너희에게 알리시리라"(요 16:13). 사도 요한은 당시 잘못된 길로 인도하려는 사람에 관하여 편지를 쓰면서 강조한다. "여러분으로 말하자면, 그가 기름 부어주신 것이 여러분 속에 머물러 있으니, 여러분은 아무에게서도 가르침을 받을 필요가 없습니다. 그가 기름 부어주신 것이 여러분에게 모든 것을 가르쳐 줍니다. 그리고 그 가르침은 참이요, 거짓이 아닙니다. 여러분은 그 가르침대로 언제나 그리스도 안에 머물러 있으십시오"(새번역, 요일 2:27).

380 이승진, "청중에 대한 설교학적 이해," 76.

(3) 기도를 통해 말씀의 능력을 나타내시는 성령님

설교자가 한편의 설교를 위해 최선을 다해서 준비하는 일은 너무나 당연하다. 찰스 스펄전(Charles Haddon Spurgeon)은 설교자가 한편의 설교를 준비하기 위해서 얼마나 많은 열심을 내야 하는지를 그의 학생에게 강조했다. "설교자가 준비 없이 습관적으로 설교단으로 나가는 것은 전대미문의 철면피(presumption)이다."381 헬무트 틸리케(Helmut Thielicke)도 한 번의 설교를 위해서 20회 강의를 준비하는 시간을 투자했다.382

설교자가 성경 본문을 석의하고 청중을 연구하는 일은 중요하다. 하지만 그 연구가 감동력 있는 설교로 나타나려면 기도에 힘써야 한다. 설교의 선배들은 기도의 중요성을 여러 모양으로 강조한다.

찰스 스펄전(Charles Haddon Spurgeon)의 조언을 먼저 들어보자.

> 설교자는 자신을 본문의 정신과 골수에까지 빠지도록 기도하는 것이 가장 중요하다. 기도는 마치 벌레가 소중한 음식을 얻기 위해서 호두 안에 구멍을 뚫는 일을 하는 것과 같다.383
> 설교자에게 임하는 하나님의 은혜로서 두 번째로 중요한 것은 산소(oxygen)이다. 하늘의 창문들이 열리도록 기도하라. 하지만 여러분의 모임 장소의 창문을 여는 것으로부터 시작하라.384

설교자가 기도를 통하여 하늘의 창문이 열릴 때 말씀의 신선함이 설교자의 마음으로 임한다.385 설교자에게 임한 신선한 말씀은 청중에게도 당연히 신선하게 임한다. 그러므로 설교자에게 기도의 몸부림은 선택이 아닌 필수이다.

381 Charles Haddon Spurgeon, *Lecture To My Students*, 226.
382 Helmut Thielicke, *How Modern Should Theology Be*, 한모길 역, 『오늘을 살아가는 신앙』(서울: 성광문화사, 1981), 157.
383 Charles Haddon Spurgeon, *Lecture To My Students*, 44.
384 Charles Haddon Spurgeon, *Lecture To My Students*, 148.
385 안오순, "포스트모던 시대의 청중에게 들리는 설교," 130.

마틴 로이드 존스(David Martyn Lloyd-Jones)는 "설교는 청중에게 인생 최고의 경험을 주는 일인데, 그 일을 하려면 반드시 성령님의 능력이 임해야 함을 강조하고 있다."

> 성령님을 구하십시오! … 항상 그분을 구하십시오. 그러나 그분을 구하는 데서 더 나아가 그분을 기대하십시오. 여러분은 설교하기 위해서 강단으로 올라가면서 그분이 뭔가를 하실 것을 기대합니까? 아니면 '그래, 원고를 준비했으니, 원고대로 전해야지, 사람들이 이 내용을 좋아할까, 좋아하지 않을까?'라고 혼자 말합니까? … 이 능력을 찾고, 이 능력을 기대하고, 이 능력을 열망하십시오. 그러면 능력이 임할 때 그분께 맡기십시오. 거부하지 마십시오. 필요하다면 당신이 준비한 원고는 모두 잊어버리십시오. 자신이 준비한 내용은 전부 잊어버리십시오. 그분이 당신을 자유롭게 하시도록 하며, 그분이 그분의 능력을 당신 안에서 그리고 당신을 통하여 나타내도록 하십시오.… 이 능력을 능가할 것은 없습니다. 이 능력은 어떤 것으로도 대체할 수 없습니다.[386]

설교자가 성령님을 의지하고 간절하게 기도할 때 성령님의 능력이 임한다. 그러면 청중은 그 설교에 감동하고 변화한다. 기도가 사람을 변화하는 능력의 원천이다. 따라서 설교자가 설교 준비를 철저하게 함은 물론이고 성령님의 능력을 간절하게 사모해야 한다. 기도에 전념해야 한다.

리차드 포스터(Richard Foster)도 "기도는 목회자에게 하나님과 소통하게 하고, 사람과 소통하게 하고, 또 교인이 목회자와 소통하기에 설교에서 꼭 필요한 영적 훈련이다."[387]라고, 덧붙인다. 그 점에서 존 파이퍼(John Piper)의 권면도 오늘의 설교자에게 적실하다.

> 주일 아침에 일어나자마자 당신의 보잘것없는 원고를 보라. 그리고 무

---

386 David Martyn Lloyd-Jones, *Preaching and Preachers*, 325.

387 Richard Foster, "어떻게 기도가 설교에 권위를 부여하는가?" *The Art and Craft of Biblical Preaching*, 해돈 로빈슨 엮음, 주승중 외 4명 옮김, 『성경적인 설교준비와 전달』(서울: 두란노, 2007), 32.

릎을 꿇고 부르짖으라. 하나님, 이것으로는 너무나 부족합니다. 제 생각
으로부터 무슨 선한 것이 나오겠습니까? 나의 이 무례한 말은 3시간
안에 그것이 사망으로 좇아 사망에 이르는 냄새인지 생명으로 좇아 생
명에 이르는 냄새인지 판명 날 겁니다(고후 2:16). 나의 하나님, 누가
이 일을 충분히 감당할 수 있겠습니까?[388]

설교자가 하나님 앞에서 자기의 설교원고를 냉정하게 볼 수 있다
면, 기도할 수밖에 없다. 성령님을 절대적으로 의존할 수밖에 없다.

그런데 설교자가 놓쳐서는 안 될 중요한 한 가지가 있다. 기도는
설교원고 작성으로 끝나지 않는다는 사실이다. 설교자는 "만일 사람의
삶에 영향을 주는 설교를 하려면 설교는 공연 사건(performance event)
이어야 한다."[389]라는 마크 포웰(Mark Allan Powell)의 말을 기억해야
한다.

내가 설교하면 다음 날 누군가가 와서 "당신의 설교를 놓쳤습니다. 설
교원고 좀 구할 수 있을까요?"라는 말을 들으면 나는 그런 요청으로 우
쭐해진다. 하지만 "아니오. 그럴 수 없습니다. 내가 사용했던 설교문을
보여줄 수는 있지만 설교는 어제 일어난 사건이므로 참석하지 못했다면
놓친 겁니다."라고 말하고 싶다. 왜냐하면 설교는 메시지의 전달이 아닌
삶에 영향을 주기 위한 '공연 사건'이기 때문이다. '공연 사건'은 설교
원고에서 절대로 다시 잡아낼 수 없다. 설교자는 '공연 예술가들
(performing artists)'로부터 배워야 한다. 어떤 가수도 "가사를 읽어보세
요. 내가 전달하려고 한 것을 얻게 될 겁니다."라고 하며 자신의 노래
악보를 콘서트에 참석하는 대치용으로 가치가 있다고 여기며 사람들에
게 주려고 하지 않을 것이다. 우리는 스스로 공연 예술가로 생각하며
가수와 배우가 대중 공연을 준비하듯이 설교를 준비해야 한다.[390]

388 John Piper, *The Supremacy of God in Preaching*, 이상화 옮김,
『하나님의 방법대로 설교하십니까』 (서울: 엠마오, 1996), 39-40.
389 Mark Allan Powell, *What Do They Hear?* 김덕수 옮김, 『목사가
보는 성경 교인이 보는 성경』 (서울: 도서출판 대서, 2009), 241.
390 Mark Allan Powell, 『목사가 보는 성경 교인이 보는 성경』,
241-242.

설교자가 전하는 설교는 설교원고를 준비하는 시점이 시작이고, 그 원고 전달을 마칠 때가 끝이다. 그러므로 설교자가 성령님을 의지하는 기도는 설교원고를 준비하는 시점부터 설교 전달을 마칠 때까지 계속되어야 한다. 설교는 기도로 시작하여 기도로 완성된다. 설교는 인간이 만든 작품이기도 하지만, 본질에서는 성령님께서 설교자와 청중에게 주시는 선물이기 때문이다.

설교원고를 작성한 사람은 설교자이다. 하지만 커뮤니케이션 이론의 관점에서 보면, 설교자와 청중은 설교를 통해 하나님의 말씀을 함께 듣는다. 설교자는 설교하면서 성령님의 인도하심을 듣고, 청중은 설교자의 설교를 들으면서 또한 성령님의 말씀을 듣는다. 성령님은 말씀하시는 하나님의 말씀을 설교자가 듣도록 하신다. 그리고 설교자의 메시지를 청중이 듣고 깨닫도록 도우신다. 말씀의 커뮤케이션이 하나님과 설교자, 그리고 설교자와 청중 사이에서 원활하게 소통하도록 돕는다.391

따라서 설교자는 설교 본문을 석의하는 순간부터 공연 사건으로 전달하는 모든 과정에서 성령님께 절대 의존해야 한다.392 그렇다고 해서 "설교에서 설교자의 책임을 약하게 한다."라는 뜻은 아니다. 성령님은 게으른 설교자를 도와주지 않는다. 마틴 로이드 존스(David Martyn Lloyd-Jones)는 "우리의 세심한 준비와 성령의 기름 부음을 양자택일의 관점이 아닌 상호보완의 관점에서 바라봐야 한다."393라고 했다. 보통 사람은 극단을 선택하는 경향이 있다. 어떤 사람은 자기가 준비한 내용만 믿고, 더는 기도하지 않는 사람이 있다. 반면 어떤 사람은 준비는 무시하고 성령의 기름 부음만 바라는 사람이 있다. 준비와 성령님의 함께하심은 '이것 아니면, 저것'의 문제가 아니다. '이것과 저것'은

---

391 배영호, "오늘의 목회적 상황을 위한 설교 커뮤니케이션 이해," 115.

392 배영호, "오늘의 목회적 상황을 위한 설교 커뮤니케이션 이해," 115.

393 David Martyn Lloyd-Jones, *Preaching and Preacher*, 정근두 옮김, 『설교와 설교자』 (서울: 복있는 사람, 2008), 470.

항상 상호협력적 관계를 유지해야 한다.394

　필자는 4에서 설교의 이해와 설교의 세 기둥, 그리고 성령님께 절대 의존에 대해 살펴보았다. 설교의 정의와 설교자의 정의, 그리고 설교의 목적을 바르게 정립하는 일은 설교 위기를 극복하는 토대이다. 특히 설교의 목적에 대한 왜곡이 오늘 설교 현실의 민낯으로 나타났다. 그러므로 설교자는 설교의 목적을 하나님의 영광을 드러내고, 청중의 삶이 변화하도록 열심을 내야 한다. 더 나아가, 설교자는 설교를 통해 교회가 대안 공동체로 자라도록 해야 한다.

　설교자는 설교의 이해를 토대로 하여 설교의 세 기둥을 연구해야 한다. 그 세 기둥은 석의와 적용, 그리고 전달이다. 한국교회 설교의 민낯의 뿌리에는 설교 본문의 주파수와 청중 삶의 주파수가 일치하지 않은 데 있다. 다시 말하면 설교 본문에 대한 석의의 부족과 함께 청중의 삶에 관한 연구가 부족한 데 있다. 따라서 설교 위기 극복의 시작은 석의와 함께 청중을 연구하는 데 있다. 그리고 설교 전달도 소홀히 여겨서는 안 된다. 수사법은 물론이고 커뮤니케이션, 그리고 설교형식에 관한 연구도 함께 이루어져야 한다. 이처럼 한편의 설교를 준비할 때 설교자의 열심은 대단히 중요하다.

　하지만 오늘의 청중을 변화시키고, 교회를 대안 공동체로 자라도록 하는 역동적 설교는 이론과 방법만으로 나타날 수 없다. 설교는 인간 열심의 산물이 아니라, 성령님께서 설교자와 청중에게 주시는 선물이기 때문이다. 따라서 설교자는 철저한 연구와 함께 성령님을 절대적으로 의존해야 한다. 설교자가 열심과 기도를 상호협력적으로 추구할 때 변화의 소용돌이 속에서 버거운 짐을 지고 힘들어하는 청중에게 적실하게 설교할 수 있다. 그리하여 메마른 설교강단이 풍성하여 제4차 산업혁명 시대의 거센 도전 앞에서도 역동적이고 건강한 교회로 자랄 수 있다.

　이제 우리는 제4차 산업혁명 시대의 도전에 대한 응전으로서 대안적 설교 방향에 관해서 고민해야 할 시점에 와 있다. 오늘의 한국교회

394 David Martyn Lloyd-Jones, 『설교와 설교자』, 470.

에 설교의 영광을 재현하기 위한 그 진로의 모색을 탐구해야 한다. 그 설교 대안은 전혀 새로운 방법을 만들어 내기보다는 기존의 장점을 살리고 한계를 극복하는 일로부터 출발하고자 한다. 그 방법은 '이것과 저것 중에서 하나를 택하는' 극단적 선택이 아니다. '이것과 저것의 장점을 택하여' 균형을 유지하는 상호협력적 방법이다.

　　이를 위해서 먼저 전통적 설교와 새로운 설교, 그리고 탈 자유주의 설교에 관해서 연구할 것이다. 각 설교를 연구하면서 그 설교의 기여와 한계를 살필 것이다.

5. 전통적 설교, 새로운 설교, 그리고 탈 자유주의 설교의 흐름

시대마다 설교자는 그들이 처한 상황에서 하나님의 말씀을 청중에게 적실하게 선포하려고 애썼다. 그 설교사역에서 가장 먼저 쓰임 받은 설교로 전통적 설교를 꼽는다. 전통적 설교는 기독교 초기 토대를 놓는 일에 귀하게 쓰임 받았다. 하지만 새로운 시대가 오면서 그 시대의 청중은 새로운 설교를 요청했다. 그것이 곧 새로운 설교이다. 새로운 설교는 그 시대에서 설교의 지각 변동을 일으킬 만큼 놀라운 일을 이루었다. 하지만 그 또한 기여와 함께 한계를 보였다. 새 시대는 또 다른 새 설교를 요청했기 때문이다. 그 요청에 부응하기 위해 나타난 설교가 탈 자유주의 설교이다.

이제 우리는 전통적 설교, 새로운 설교, 그리고 탈 자유주의 설교의 핵심은 무엇이며, 그것이 그 시대에 끼친 기여와 한계는 무엇이었는가에 대해서 살피고자 한다. 그리하여 각 설교의 장점을 통합하는 상호협력적 설교 대안의 토대를 놓고자 한다.

1) 전통적 설교

(1) 전통적 설교의 핵심

전통적 설교의 핵심은 "설교는 성경에 뿌리를 내려야 한다."라는 데 있다. 전통적 설교가 가장 중요하게 여긴 일은 성경의 메시지를 전달하는 데 있었다.[395] 전통적 설교는 스콜라철학의 영향으로 연역적[396]이고 명제적[397]이었다. 전통적 설교는 설교자가 전하려는 성경의 메시지를 논증과 설득을 통해 선포했다. 그 논증과 설득을 선포하려고 대지를 만들어서 '교육적 설교(didactic preaching)'를 택했다. 이 방법은 이성을 사고와 가치의 판단 기준으로 삼았던 계몽주의 이후에 형성된 모더니즘(modernism)[398] 세계에서 대표적 형식으로 자리 잡았다.

전통적 설교의 대표자는 칼 바르트(Karl Barth)이다. 데이빗 버트릭(David Buttrick)은 "1928년 바르트의 책 *The Word of God and*

---

395 이우제, "균형 잡힌 성경신학적 설교를 위한 제언," 308.

396 김덕수, 『삶의 변화를 일으키는 귀납적 강해설교』, 67; 프레드 크래독(Fred B. Craddock)은 "연역적 설교는 먼저 설교의 주제를 선포하고, 그 주제를 다시 여러 소주제로 나눠서 제시하고 특수한 삶의 상황으로 적용한다."라고 정의한다. Richard Eslinger, *The Web of Preaching*, 주승중 역, 『설교 그물짜기』 (서울: 예배와 설교 아카데미, 2008), 18.

397 '명제적으로 전달한다.'라는 말은 '~은(는) ~이다.'라는 식이다. 가령 "하나님은 전능하시다." "예수님은 육신의 몸으로 세상에 오셨다." "예수님을 믿으면 영생을 얻는다."라는 식이다. 권성수, 『성령설교』, 17-18; '명제적 설교'란 성경에서 얻어낸 답을 일방적으로 제시하는 설교 양식을 말한다. 류응렬, "새 설교학: 최근 설교학의 이해와 분석," 『신학지남』 제280호 (신학지남사, 2004 가을), 145.

398 'modern'은 '근대의'나 '현대의'로 번역할 수 있다. '현대 시대'는 14세기~16세기 서유럽에서 번성한 르네상스(Renaissance)에서 시작했다. '현대'는 17세~18세기 유럽에서 번성하였던 계몽주의(Enlightenment)를 통해 그 전성기를 맞았다. 스텐리 그렌즈(Stanley J. Grenz)는 "르네상스는 근대의 할머니(grandmother)요, 계몽주의는 근대의 친어머니(true mother)이다."라고 했다. Stanley J. Grenz, *A Primer on Postmodernism* (Grand Rapids: Eedermans Publishing Co., 1996), 60. 모더니즘의 특징은 첫째로, 인간의 이성(reason)에 절대적인 가치와 신뢰를 부여한다. 인간의 이성을 모든 가치 판단과 규범의 기준으로 삼는다. 둘째는, 과학기술을 그 토대로 한다. 셋째로, 거대 담론(Meta-narrative/ Meta-discourse)을 기초로 한다. '거대 담론'은 문화의 토대를 이루는 전체적 구조를 짜는 사상적 체계, 누구나 동의하는 보편타당한 지식 체계 또는 진리의 틀, 그리고 우주와 인간 사회를 움직이는 커다란 질서에 대한 인정을 말한다.

the Word of Man, 『하나님의 말씀과 인간의 말』이 영어로 번역되면서 칼 바르트(Karl Barth)의 영향력이 크게 나타났다."399라고 했다. 칼 바르트(Karl Barth)는 설교를 이렇게 주장했다.

> 회중은 선포된 말씀(the word spoken)을 받고자 하는 간절한 열망을 가지고 교회에 온다. 그 말씀(the word)은 심판대 앞에서 은혜를 약속하고, 죽음에서 생명을, 그리고 지금 여기(here and now)를 뛰어넘게 하는 하나님의 말씀(God's word)이다. 그 말씀은 교회에 오는 사람들에게 생명을 불어넣어 준다. 게으른 사람, 부자, 혹은 평범한 사람에게 소위 참 생명(real life)을 소유하기를 원하는 열망을 불어넣는다.400

데이빗 버트릭(David Buttrick)은 칼 바르트(Karl Barth)가 이렇게 주장하는 근거를 아래에서 제시했다.

> 칼 바르트(Karl Barth)는 자연과 종교적 체험을 통한 일반 계시를 거부한다. 자연은 과학자에게 넘겨주었고, 프리드리히 슐라이어마허(Friedrich Schleiermacher)가 주장했던 인간 체험을 회의했다. 그러나 성경 신학은 "계시는 전능하신 하나님의 행동들(mighty acts of God)을 통하여 오직 하나님이 우리와 함께하시는 역사(the history of God-with-us)인 나사렛 예수 그리스도에게 있다."라고 주장한다. 칼 바르트(Karl Barth)에게 성경의 권위는 위로부터 내려온다. 하나님은 초월적인 분이고, 인간으로서는 알 수 없는 분이다. 그러나 하나님은 하나님의 말씀(The Word of God)인 예수 그리스도 안에서 자신을 계시하신다. 예수 그리스도는 하나님의 말씀에 대한 증언인 성경에 기록되었다. 성경은 설교자의 설교에 나타나 있다. 그러므로 설교 또한 하나님의 말씀(Word of God)이다.401

---

399 David Buttrick, *A Captive Voice: The Liberation of Preaching* (Louisville: John Knox Press, 1994), 6.

400 Karl Barth, *The Word of God and the Word of Man*, Tr., Douglas Horton (Chicago: Pilgrim Press, 1928), 109.

401 David Buttrick, *A Captive Voice*, 7-8.

칼 바르트(Karl Barth)의 설교에서는 전통적 설교의 주제 중심적인 개념 전달의 형태가 강하게 나타난다. 그는 설교의 기준을 "과연 그 설교가 철저하게 계시 적합성을 담고 있는가?"402에 두었다. 그는, "설교란 하나님이 친히 말씀하시는 하나님의 말씀으로 이를 보증하는 분도 역시 하나님이시다."403라고, 말했다. 설교는 설교자의 관심이나 청중의 상황을 증언하는 일이 아니다. 설교는 하나님이 당신의 말씀을 통하여 말씀하시는 하나님을 말하는 행위이다. 이런 영향으로 1970년대~1980년대 초에는 "본문으로부터 설교를(text-to-sermon)"이라는 주제의 책들이 많이 나왔다.404

(2) 전통적 설교의 기여

'무엇'에 대한 강조

전통적 설교가 끼친 영향 중 첫 번째는 "'무엇을 전달할 것인가(the what of preaching)'라는 내용(content)에 있다."405 전통적 설교는 '어떻게 전할 것인가(the how of preaching)'라는 설교의 형식보다는 내용에 깊은 관심을 기울였다. 따라서 전통적 설교자는 하나님의 말씀을 시중드는 심부름꾼이다. 그 모습은 마치 구약 시대의 선지자와 닮았다. 하나님께서 선지자의 입에 당신의 말씀을 넣어주면 선지자는 그 말씀을 선포했다. 이처럼 전통적 설교자도 하나님께서 그 입에 넣어주는 그 말씀을 선포했다. 따라서 전통적 설교는 "성경 본문이 말씀하는 '그 무엇', 즉 '그 메시지'를 전달하려고 했다."406

---

402 Karl Barth, *Homiletik : Wesen und Vorbereitung der Predigt*, 정인교 옮김, 『(칼 바르트의) 설교학』 (서울: 한들, 1999), 48.

403 Karl Barth, 『(칼 바르트의) 설교학』, 44.

404 David Buttrick, *A Captive Voice*, 7. 칼 바르트(Karl Barth)가 말하는 설교는 근본적으로 우리에게 말씀하시는 하나님의 말씀을 증언하고, 하나님을 만나도록 하는 일임을 기억나게 한다. 이문균, "칼 바르트의 신학과 설교," 『神學思想』 140輯 (한신대학교 신학사상연구소, 2008년 봄), 208.

405 이우제, "성육신적 설교 신학 정립을 위한 고찰," 22.

그리고 '그 무엇'을 전달할 때는 연역적이고 명제적인 방법을 사용했다. 이것은 쌍방의 의사소통 구조가 아니라, 일방적 의사소통 구조였다. 명제적 설교는 명료하여 청중이 같은 말씀을 듣고 같은 진리의 체계를 세우는 데 효과적이었다. 그 뿌리에는 고전 수사학의 영향이 있었다. 왜냐하면 "진실은 언제나 진술로 단정되며, 논리적으로 구체화하거나 증명되기 때문이다."[407] 고전 수사학의 영향을 받은 설교의 임무는 논쟁과 증명을 통하여 청중을 설득하는 일이었다. 그러므로 설교자에게 중요한 점은 본문에 대한 해석이다.

본문 해석에 대한 강조

전통적 설교의 기본 틀은 성경 본문을 순차적으로 해석하는 데 있다. 따라서 본문에 대한 석의를 설교의 출발점으로 삼는다. 이 설교는 본문 전체를 한 덩어리의 단위로 보는 설교에 비해 문장을 이루는 단어의 힘을 드러내는 섬세함이 있다. 이 설교는 "성경 본문을 한 절이나 한 단락을 체계적으로 석의하는 일을 가장 중요하게 여긴다."[408] 왜냐하면 설교자가 고의로 넘어갈 수 있는 본문에 집중하도록 하기 때문이다.

3대지 설교형식

전통적인 설교형식은 '세 개의 대지(Three points)'를 강조했다.[409] 황종석은 '3대지 설교(three points sermon)' 방식의 특징을 세 가지로 요약했다.

---

406 안오순, "포스트모던 시대의 청중에게 들리는 설교," 47.
407 정창균, 『고정관념을 넘어서는 설교』 (수원: 합동신학대학원 출판부, 2002), 29.
408 John R. W. Stott, *Between Two Worlds: The Art of Preaching in the Twentieth Century*, 315-316.
409 황종석, "효과적이며 의사소통적인 설교를 위한 다양한 설교형식(form)이해," 『설교한국』 Vol. 12 (2020), 106.

첫째로, 설교자의 설교에 대한 구상이 아이디어로부터 나타난다. 둘째로, 메인 아이디어(main idea)는 그것의 세부적인 구성요소로 나누어진다. 셋째로, 내용을 선포할 때 혹은 논리적인 내용을 담는 데 효과적이다.[410]

형식을 강조한 이유는 설교의 중심 주제를 청중에게 분명하고 확실하게 전달할 수 있다고 여겼기 때문이다.

이처럼 전통적 설교의 기여는 설교를 언제나 성경 본문에서 시작하도록 하는 데 있다. 본문에 나타난 '그 메시지'를 찾는 본문에 대한 충실한 석의는 개혁주의 설교의 가장 중요한 기초 가운데 하나이다. 이것은 해돈 로빈슨(Haddon Robinson)이 강조한 "성경 본문이 설교를 좌우해야 한다."[411]라는 말과 같다. 전통적 설교에서 성경에 근거해서 설교해야 한다는 사상은 오늘의 설교자에게 중요한 교훈을 준다. 하나님의 말씀으로서의 설교가 사라진다면 종교적 담론이 되고 말 것이다. 하지만 이런 기여에도 불구하고 한계도 있다.

(3) 전통적 설교의 한계

전통적 설교는 지난 300여 년 동안 대표적 설교로 자리 잡았다. 하지만 1970년대 급격한 문화와 사회적 변화, 그리고 청중의 의식 변화와 신학적 토양의 변화가 있었다. 이런 시대적 영향으로 전통적 설교는 청중에게 더는 감동을 주지 못했다. 전통적 설교는 위기를 만났다.

프레드 크래독(Fred B. Craddock)은 미국교회의 전통적 설교의

---

410 황종석, "효과적이며 의사소통적인 설교를 위한 다양한 설교형식(form)이해," 108.

411 해돈 로빈슨(Haddon W. Robinson)은 "성경 본문이 설교를 좌우하는 설교로 강해설교(expository preaching)"를 주장한다. 그는 강해설교의 핵심을 '방법(method)'이라기보다는 '철학(philosophy)'임을 강조한다. Haddon W. Robinson, *Biblical Preaching: The Development and Delivery of Expository Message,* 21-22.

위기를 이렇게 진단했다.

> 수많은 여론의 재판정에서 설교에 대한 판결은 내려졌고, 심판이 선고
> 되었다. 이 작은 책이 요청하는 바는 한 증인의 이야기를 들을 때까지
> 만이라도 처형을 연기해 달라는 것이다.[412]

이 말을 언뜻 들으면 한쪽으로 치우쳐 공정하지 못한 느낌이 든
다. 특히 전통적 설교자에게 이런 지적은 몹시 불편할 수 있다. 그러나
헬무트 틸리케(Helmut Thielicke)는 "보수적인 사람은 진단은 최소한으
로 하고 처방은 최대한으로 하라고 말하지만, 막다른 골목(blind
alleys)으로부터 탈출하기 위해서 새로운 길을 찾기 전에 먼저 우리의
실존부터 분명하게 살피는 것이 더 중요하다."[413]라고, 말한다. 김지찬
도 "복음을 생동감 있게 전달해야 하는 말씀의 종은 비록 큰 고통이
따를지라도 비판의 목소리에 귀를 기울여 개선해야 한다."[414]라고, 조언
한다. 그러므로 우리는 전통적 설교의 한계에 대한 따가운 목소리를
들어야 한다.

본문의 정물화[415]식 접근

데이빗 버트릭(David Buttrick)은 "전통적 설교자는 설교 본문으로
삼은 본문 전체를 하나의 통일된 메시지로 보고 본문 전체로부터 중심
사상을 찾지 않고, 한 절로 이루어진 여러 개의 본문(one-verse texts)
으로 간주하고 설교하는 훈련을 받았다."[416]라고, 지적한다. 그러므로

---

412 Fred Craddock, *As One Without Authority*, 3.
413 Helmut Thielicke, *The Trouble With The Church*, xvi.
414 김지찬, "미래 교회의 설교 모형," 180.
415 '정물화(Stiff life'란 자연적 환경과는 동떨어진 장소에 스스로는
움직이지 않는 소재(무정물; object)를 화가의 미적 시각에 따라 화폭에
담는 그림의 한 형태이다. "정물화." https://ko.wikipedia.org/wiki. 이처럼
설교 본문을 '움직이지 않는 소재'로 여기고 설교하는 방식을 말한다.
416 David Buttrick, *A Captive Voice*, 80. 그는 누가복음 7:2-10을 예
로 든다. 이 본문에서 "치료의 능력자 예수님", "백부장의 믿음", "위대

어떤 한 단락(pericope)으로부터 나온 주제를 계속해서 설교할 수 있다.[417] 이런 모습을 "정물화(a still-life picture)처럼 설교한다."[418]라고, 말한다.

김지찬은 여호수아 14:6-12를 통해서 '정물화식 설교'의 실례를 보여준다.

> 어떤 설교자는 갈렙이 "온전히 좇았다."라는 구절에서는 "갈렙이 하나님이 계신 것을 믿어서 다른 열 정탐꾼과는 달리 가나안 정복을 했다. 우리도 하나님이 계신 줄을 믿어야 한다."라고 설교한다.
> "그날에 여호와께서 말씀하신 이 산지를 내게 주소서."라는 구절에서는 "갈렙은 여호와께서 칭찬한 두 정탐꾼 중 하나이기에 얼마든지 여호수아와 함께 가나안의 절반을 요구할 수 있었다. 하지만 그는 산지를 달라고 한 것은 그의 겸손을 보여준다. 따라서 우리도 겸손해야 한다."라고 설교한다.
> 그리고 "나와 함께 올라갔던 내 형제들"이란 구절에서는 "열 정탐꾼이 자신과는 반대로 가나안 땅을 악평하고 자신과는 반대되는 보고를 했는데도, '내 형제'로 부른 것은 그가 화목한 사람이기 때문이다. 우리도 어떤 상황에서도 화목해야 한다."라고 설교한다.[419]

여기에 나타난 문제는 본문의 전체 이야기를 해체한 데 있다. 본문에서 구조적인 움직임(structural movement)을 잃어버린 데 있다. 데이빗 버트릭(David Buttrick)의 지적처럼 본문을 '정물화'처럼 취급했기 때문이다. 그러나 이 본문은 등장인물이 나오고, 사건 전개의 흐름이 있는 '내러티브(Narrative)'[420]이다. 그런데도 전통적 설교에서는 본문의

한 믿음의 비밀", "말씀만 하옵소서", "종을 사랑하라", "인간애" 등의 제목으로 정물화식 설교를 할 수 있다.

417 David Buttrick, *A Captive Voice*, 81.
418 David Buttrick, *A Captive Voice*, 82.
419 김지찬, "미래 교회의 설교 모형," 181-182.
420 'Narrative'와 'Story'를 구분한다. 'Narrative'를 '서사(敍事)', 'Story'를 '이야기'로 번역했다. 1920년대 러시아 형식주의자들은 Narrative를 Story의 측면과 Plot의 측면으로 구분했다. Story는 원인에서

움직임에는 관심을 두지 못하고 독립된 본문으로만 보았다.

유기적 관련성의 한계

설교는 설교자에게 익숙한 전달 형태를 찾아서 전하는 일이 중요하다. 하지만 그것이 다양한 형식이나 창조성을 무시함을 뜻하지는 않는다. 성경은 그 표현 양식에 있어서 아주 풍부한 다양성을 가진다. 그런데도 전통적 설교는 본문을 대부분 '3대지(3points)' 형식으로 처리한다. 전통적 설교는 주제를 잡아서 적절하게 자르고,[421] 그 부분을 논리적 순서에 따라 구성한다.

그런데 3대지 형식은 창조적인 접근과 형식의 다양성을 무시하는 경향이 있어, 설교의 전달력과 신선함이 감소할 수 있다. 이우제는 "형식의 무시는 성경해석과 설교 사역에서 작은 문제가 아니다. 왜냐하면 형식을 무시하면 본문의 내용과 형식을 분리하는 잘못을 범할 수 있기 때문이다."[422]라고, 지적한다. 본문의 의미를 결정하는 데는 내용뿐만 아니라 형식도 중요하다. 성경 신학적 작업을 통해 밝힌 내용을 어떤 문학의 형식을 통하여 선포하느냐에 따라서 풍성한 의미를 증언할 수 있기 때문이다.

하지만 모든 본문을 3대지 형식이라는 물린[423] 형식으로 처리하면 프레드 크래독(Fred B. Craddock)의 지적처럼 "한 편의 설교가 아니라 판자에 박혀 있는 못을 각자 연결하는 것처럼 '세 편의 짧은 설교

결과로 이어지는 연대기적 순서에 따라 나타나는 사건으로 구분했다. Plot은 사건을 조직하는 언어수행으로 구분했다. 이야기는 내러티브의 구성요소로서 더 작은 범주이다. 석종준, "한스 프라이의 내러티브 이론(An attempt to Overcome Hermeneutics of Modern Orthodoxy through Hans Frei`s Narrative Theory)," 292-293.

421 예를 들면, '사랑'을 말하면 다음과 같이 할 수 있다: "가족들 간의 사랑", "교회 안에서의 사랑", "세상 가운데서의 사랑."

422 이우제, "균형 잡힌 성경 신학적 설교의 업그레이드," 『3인 3색 설교학 특강』, 45.

423 '물린'이란 '어떤 음식을 자꾸 먹어서 물리거나 물린 상태'를 뜻하는 '식상(食傷)한'이나 '낡아서 새롭지 못한'을 뜻하는 '진부(陳腐, cliche)한'과 같은 뜻이다.

(sermonettes)'가 될 수 있다."424 3대지 형식의 설교는 성경 본문 사이의 유기적인 연속성을 유지하지 못하고, 각각의 포인트가 서로 독립적으로 느껴져 설교의 유기적 관련성의 한계를 보인다.

데이빗 버트릭(David Buttrick)은 '3대지' 설교를 지양해야 하는 이유를 우리의 삶을 기초로 말한다.

> 우리의 삶 속에서 소중한 순간을 말할 때는 범주를 나누어서 묘사하지 않기에 대지 설교는 현실성이 부족하다. 사람은 하찮은 식료품이나 세탁물에 관해서는 목록을 만든다. 하지만 사랑하는 사람과의 친밀한 대화를 할 때는 목록을 만들지 않는다. "내 말 좀 들어볼래요. 나는 다음 세 가지 이유로 당신을 사랑합니다."라고 하지 않는다. 서로 대화를 주고받는 가운데 한 주제에서 다른 주제로 옮겨가면서 서로에게 실마리를 제공한다. 그리고 서로 받기도 하면서 깊은 사랑의 대화를 나눈다.425

그러나 대지 설교의 한계는 대지라는 형식 자체에 있는 것은 아니다. 그것을 실행하는 설교자의 역량 부족이 문제이다. 설교는 한 개념에서 다른 개념으로 이동해 가는 언어적 움직임이다. 설교자는 이 움직임을 대지라는 형식을 통해서도 얼마든지 표현할 수 있다. 그런데도 전통 설교 현장에서는 통일성과 움직임이 약해진 설교를 쉽게 만나고 들을 수 있다는 점을 부인할 수 없다. 성경 본문의 형식을 무시한 채 물린 형식으로 떨어지고 말았기 때문이다. 그런 영향으로 설교는 청중을 감동하도록 하는 역량을 제대로 발휘하지 못하는 한계를 보였다.

청중 상황에 대한 적실성의 한계
설교자에게 중요한 일 중 하나는 "성경의 메시지를 어떻게 적실성

---

424 Fred Craddock, *As One Without Authority*, 84-85.

425 David Buttrick, *A Captive Voice*, 84; 데이빗 버트릭(David Buttrick)은 "성경 본문은 한 개념에서 다른 개념으로 계속해서 움직이고 있다."라고 본다. 그는 '대지(points)'라는 개념보다는 '장면(움직임, movies)'이라는 개념을 사용한다. David Buttrick, *Homiletic: Moves and Structures* (Philadelphia: Fortress Press, 1987), 23.

있게 청중 삶의 자리에 상황화(contextualization)할 수 있는가?"[426]라는 점이다. 설교자는 하나님의 말씀을 새로운 상황(context)에서도 생생하게 들려줘야 한다. 왜냐하면 하나님께서 처음 청중에게 하셨던 '그 메시지'를 들을 귀가 있는 모든 시대의 청중에게도 주고자 하시기 때문이다.

그러면 전통적 설교는 이 사실에 대해서 문제의식이 없었는가? 그렇지는 않았다. 장 칼뱅(Jean Calvin)은 "설교에서 청중에 대한 적극적인 자세를 가져야 한다."라고 강조했다.[427] 필립스 브룩스(Phillips Brooks)도 "이 시대를 위한 설교자란 시대의 조류를 보여주는 여러 사건과 징후를 부단하게 관찰해야 한다.… 진리와 시대성이 함께 병존해야만 온전한 설교자이다."[428]라고 했다. 제임스 콕스(James W. Cox)도 "설교는 청중이 함께 일정한 역할을 하는 기능을 지닌다."[429]라며 청중의 역할과 중요성을 말했다.

하지만 이런 강조에도 불구하고 실제 설교 사역 현장에서는 아쉬움을 드러냈다. 어느 때부터 설교자의 권위주의적 선언으로 바뀌었기 때문이다. 설교자의 소통 개념보다는 청중을 향하는 일방적 선포로 이루어졌다. 전통적 설교는 소통보다는 일방적 공지에 가까웠다. 전통적

---

426 이우제, "상황화의 이슈를 통해 바라본 본문과 청중과의 관계," 265.

427 장 칼뱅(Jean Calvin) 연구의 대가인 파커(T. H. L. Parker)도 이 점을 인정하고 있다. "장 칼뱅(Jean Calvin)은, 본문을 교인의 생활에 적용했고 교인을 위해 본문에 담긴 교훈이 무엇인지, 어떻게 그 교훈을 교인의 양심에 호소하여 설득할 수 있도록 할지를 판단했다." 그는 "설교에서 성경을 일반적으로 설명해야 하고, 청중에게도 적용해야 한다."라는 점을 강조하면서 "이런 일이 없다면 설교는 시간을 헛되이 낭비하는 일이다."라고 했다. T. H. L. Parker, *The Oracles of God: An Introduction to the Preaching of John Calvin*, 황영철 옮김, 『하나님의 대언자』 (서울: 익투스, 2006), 93, 66.

428 Phillips Brooks, *On Preaching*, 서문강 옮김, 『설교론 특강』 (서울: 크리스찬다이제스트, 2001), 204-205.

429 James W. Cox, *Preaching: A Comprehensive Approach to the Design and Delivery of Sermons*, 원광연 옮김, 『설교학』 (서울: 크리스찬다이제스트, 1999), 65.

설교는 이우제의 지적처럼 "청중의 적합성, 즉 청중의 삶과 실존적 경험에 호소하는 설교의 측면에 대한 정당하고 진지한 숙고를 잃어버렸다."430 계시 적합성을 강조하는 중에 청중 삶의 현장에는 관심이 약해졌다. 그들의 신학이나 설교에 대한 가르침 자체보다는 궁극적인 결과가 문제였다.431 청중의 상황화에 관심을 언급했는데도, 현실적 대안 제시가 부족했기 때문이다.432

그 점에서 칼 바르트(Karl Barth)는 자유롭지 못하다.433 왜냐하면 칼 바르트(Karl Barth)는 "설교의 서론을 인간의 영역에서 복음에 대한 자연스러운 친근감을 암시해 주는 '접촉점(point of contact)'으로 생각

---

430 이우제, "'상황화'의 이슈를 통해 바라본 본문과 청중의 관계," 『3인 3색 설교학 특강』, 62.

431 칼 바르트(Karl Barth)도 '회중 부합성'에 대해서 강조하고 있다. "설교자는 회중을 사랑해야 한다. 설교자는 회중 없이 존재하려 해서는 안 된다. 나는 그들의 일부이고 내가 하나님으로부터 받은 것을 그들과 함께 나누기를 원한다." "만일 설교의 회중 부합성을 필요 없다고 무시한다면, 폭군으로서의 목사, 즉 사람들에게 권력을 휘두르는 목사 또는 독주자로서의 설교자가 출현하게 된다." Karl Barth, 『설교학』, 97, 100; 초기의 바르트 사상에는 인간의 열망과 하나님의 응답이 서로 상관관계를 가지고 있는 것으로 나타났다. "만일 회중들이 삶에 대한 중요한 질문(great question)을 품고 교회에 와서 그 질문에 대한 답(answer)을 찾고자 한다면, 성경은 그에 대한 반대 답(answer)을 제시하기도 하고 그 답과 일치하는 질문도 한다. 성경은 답을 찾고자 열망하고, 그들의 질문에 대한 성경의 질문이 바로 그 답이라는 사실을 알 수 있는 사람들에게 질문한다." Karl Barth, *The Word of God and the Word of Man*, 116; 하지만 후기 칼 바르트(Karl Barth)는 설교를 듣는 회중에 대해서는 상대적으로 관심을 기울이지 않았다. 이문균, "칼 바르트의 신학과 설교," 208.

432 이우제, "웰빙 시대에 삶을 변화시키는 건강한 설교를 위한 조건," 『3인 3색 설교학 특강』, 34.

433 칼 바르트(Karl Barth)는 자유주의 흐름에 휩쓸리는 기독교 신학을 바로잡고, 독일을 중심으로 한 유럽 설교 학계의 흐름을 성경으로 되돌려 놓았다. 그의 이런 노력을 매우 중요하게 평가한다. 그런데도 그의 신학에는 항상 '역사의식의 부재', 즉 '현실에 대한 부족'이라는 꼬리표가 따라다닌다. 정인교, 『(청중의 눈과 귀를 열어주는) 특수설교』, 18.

했기”[434] 때문이다. 또 그는 설교의 결론도 소홀히 여겼는데, “의로운 행위(works-righteousness)를 드러낸다고 생각했기”[435] 때문이다. 그는 설교에서 “청중도 배제했다.”[436] 그는 설교에서 사회적 적용을 거부했는데, “설교자는 오직 성경만을 설교해야 하고, 설교는 석의로 끝나야 한다.”[437]라고 생각했기 때문이다.

데이빗 버트릭(David Buttrick)은 설교자가 청중의 삶에 관심을 품지 못하는 모습을 “마치 삶의 현장에 대해서는 아무 언급도 하지 않고 본문만을 읽는 사람의 무의식적인 입술 운동(lip movement)과 같다.”[438]라고, 지적했다. 헬무트 틸리케(Helmut Thielicke)도 칼 바르트(Karl Barth)의 설교 형태를 “존재하지도 않는 인간(The Man Who does not Exist)에 대한 설교, 즉 청중의 삶과 설교가 분열된 설교이다.”[439]라고, 평가했다. 전통적 설교자의 이런 일방성은 청중으로부터 무관심과 함께 거부감을 일으켰다.

이상에서 전통적 설교의 기여와 한계를 살폈다. 전통적 설교가 끼친 영향 중 첫 번째는 ‘무엇을 전달할 것인가’라는 내용에 있다. 따라서 전통적 설교는 본문에 대한 석의를 설교의 출발점으로 삼는다. 그리고 전통적 설교는 설교의 중심 주제를 청중에게 분명하고 확실하게 전달하기 위해서 3대지 설교형식을 택했다.

하지만 이런 기여에도 불구하고 한계도 있다. 장점 안에 단점이 있듯이 전통적 설교가 본문을 중요하게 여겼는데도, 오히려 본문을 정물화식으로 접근하는 약점을 나타내고 말았다. 전통적 설교는 본문의 움

---

434 Karl Barth, 『설교학』, 148.

435 Karl Barth, 『설교학』, 155.

436 Christian Albrecht, Martin Weber, 『개신교 설교론: 루터에서 랑에까지』, 241.

437 Karl Barth, 『설교학』, 148.

438 David Buttrick, *A Captive Voice*, 8.

439 Helmut Thielicke, *The Trouble With The Church*, 14. “칼 바르트(Karl Barth)에게는 하나님의 현실이 문제였으나 나에게는 이 세계의 현실이 문제다.”라는 헬무트 틸리케(Helmut Thielicke)의 말은, 성경 본문을 높임과 함께 청중의 삶에도 깊은 관심을 품고 있음을 뜻한다.

직임을 무시하고 독립된 본문으로만 보는 한계를 드러냈다. 그리고 전통적 설교는 설교형식 대부분을 3대지 형식이라는 물린 형식으로 처리하여 본문의 유기적 관계의 한계를 보여주었다. 이런 모습은 결국 청중 상황에 대한 적실성의 한계로 나타났다. 전통적 설교는 본문의 주파수와 청중 삶의 주파수가 일치하지 않았다.

그 결과 전통적 설교는 설교에서 메시지를 선포했지만, 청중에게는 '들리지 않는 메시지'를 전하고 말았다. 엄밀한 의미에서 "청중에게 들리지 않는 설교는 설교일 수 없다."[440] 왜냐하면 믿음은 들음에서 나오기 때문이다(롬 10:17). 설교가 들리지 않으니 삶 속에 파고들지 못했고, 삶을 변화시키는 변혁적 설교가 되지 못했다. 그러므로 전통적 설교는 청중의 삶을 변화시키는 새로운 설교에 대한 요청을 들어야 했다.

2) 새로운 설교

설교 사역은 기독교 역사 이래 한 번도 멈춘 적이 없었다. 설교는 하나님 나라 확장 사역에서 멈출 수 없는 핵심이기 때문이다. 그런데 시대와 청중의 변화에 따라서 전통적 설교는 변화하는 청중의 관심을 끌기에는 한계가 있다는 인식이 생기기 시작했다. 전통적 설교의 한계를 극복하고 새로운 청중에게 들려지기 위한 새로운 설교의 바람이 불기 시작했다. 이제 우리는 그 새로운 설교를 세밀하게 살펴보고 창의적이고 비평적으로 수용하여 귀한 보배를 발견하고자 한다.

(1) 새로운 설교의 핵심

새로운 설교의 핵심은 설교학자마다 약간의 차이가 있지만, 공통적인 주장이 보인다. 첫째로, 새로운 설교는 전통적 설교의 명제적이고 교훈적인 설교 대신 비 명제적(non-propositional)이고 서술적인 설교를

---

440 김운용, 『설교의 새로운 패러다임』, 19.

지향한다. 새로운 설교는 설교자가 설교를 통해서 뻔한 답을 미리 제
시하여 청중의 관심을 약하게 한다고 비판한다. 둘째로, 새로운 설교는
청중의 역할을 강조한다. 청중을 설교의 피동적 자세에서 능동적 자세
로 참여하게 한다. 성경 본문에서 시작하는 기존의 설교와는 달리 인
간의 체험에서 시작하고, 체험으로 마친다. 셋째로, 새로운 설교는 연
역적 설교 대신에 귀납적 설교를 지향한다. 왜냐하면 그들은 우리의
삶 자체가 연역적이지 않고 귀납적이라고 여기기 때문이다.

　　이런 특징이 있는 새로운 설교에 대한 갈망은 미국교회로부터 시
작했다. 20세기 중반까지 존 브라더스(John Broadus)의 *On the
Preparation and Delivery of Sermons,*441 『설교 준비와 전달』이라는 책
은 설교학의 대표적 교과서였다. 그의 설교에 대한 접근은 연역적이며
논리를 강조하는 명제 중심이었다.

　　그런데 1958년에 설교학은 헨리 데이비스(Henry Grady Davis)의
등장과 함께 새로운 국면을 맞았다.442 그는 새로운 설교443의 길을 열
었는데, 성경의 '내러티브 성격'을 이렇게 강조한다.

　　설교자는 복음서가 인물, 장소, 사건, 그리고 대화로 이루어진 단순한

---

441 John A. Broadus, *On the Preparation and Delivery of Sermons*
(San Francisco; Harper & Row, 1979). 이 책은 1870년 7월에 초판 되었
다. 1898년, 1926년, 1944년, 1979년에 계속해서 출판되었다.
　442 헨리 데이비스(Henry Grady Davis)는 자유시를 통해 설교에 관한
새로운 은유를 도입했다. 예를 들면 "설교는 나무와 같다."라고 표현한
다. 설교를 유기 생명체의 한 형태에 비유한다. Henry Grady Davis,
Design for Preaching, 15.
　443 '새 설교학(New Homiletics)'이란 리차드 에스링거(Richard L.
Eslinger)가 전체적이고 교훈적인 기존의 설교 양식에서 벗어난 새로운
설교 형태를 통합적으로 일컫는 말이다. 대표자로는 스토리텔링
(storytelling) 설교의 찰스 라이스(Charles Rice), 흑인 설교의 헨리 미첼
(Henry Mitchell), 귀납적 설교의 프레드 크래독(Fred B. Craddock), 내러
티브와 귀납적 설교의 다리를 놓는 유진 로우리(Eugene Lowry), 그리고
설교의 구조와 움직임과 목적을 추구하는 데이빗 버트릭(David Buttrick)
등이다. Richard L. Eslinger, *A New Hearing: Living Options in
Homiletical Method* (Nashville: Abington, 1987), 13-14.

내러티브라는 사실을 잊어버린다. 우리 설교의 9/10는 개념의 해설 (verbal exposition)과 논리적 전개(argument)이지만, 복음서는 해설이 1/10이다[444]

헨리 데이비스(Henry Grady Davis)가 연 새로운 설교의 길 위에서 달린 선두 주자는 프레드 크래독(Fred B. Craddock)[445]이다. 그는 1971년 *As One Without Authority*, 『권위 없는 자처럼』이라는 책을 통해서 "전통적 설교가 하나님의 말씀을 전하는 핵심적인 역할을 오랫동안 감당해 왔음에도 불구하고 보완하고 개혁해야 한다."[446]라고, 외쳤다. 새로운 설교 운동은 이 기념비적 책을 통하여 본격화했고, 많은 학자를 통하여 그 범위를 확장하면서 발전했다.

리차드 에스링거(Richard L. Eslinger)는 새로운 설교를 "코페르니쿠스적 혁명(Copernican Revolution)이다."[447]라고 불렀다. 폴 윌슨 (Paul Scoot Wilson)은 "중세 혹은 종교개혁 이후 설교학의 고원지대에 이보다 강한 바람이 분 적은 없다."[448]라며 새로운 설교의 바람이 세차게 불고 있음을 인정했다. 실제로 변화의 바람은 북미의 설교 학계뿐만 아니라, 다른 지역의 설교 학계에도 영향을 끼쳤다.

---

444 Richard L. Eslinger, *A New Hearing: Living Options in Homiletical Method,* 157.

445 리차드 에스링거(Richard L. Eslinger)는 프레드 크래독(Fred B. Craddock)을 "설교를 새롭게 하려고 고민하는 많은 사람의 한 족장(a patriarch)으로" 평가한다. Richard Eslinger, *A New Hearing,* 122.

446 1971년 프레드 크래독(Fred B. Craddock)은 *As One Without Authority*를 출판했는데, 그때로부터 지금까지 그의 주장은 새 설교학의 큰 맥을 형성해 왔다. 이 책은 전통적인 설교 기법에 대한 반발로 새로운 설교 기법을 주창한 혁명적인 책이었다. 그는 이 책에서 "설교가 피고로 서 있는 법정을 상상해 보자."라며 시작했다. 하지만 그가 더 심각하게 지적한 점은 "대부분 설교자는 그러한 비판을 감당해야만 하는 십자가(crosses to be borne) 정도로 생각하고 자포자기하는 것에 익숙해 있다."라는 점이다. Fred B. Craddock, *As One Without Authority,* 3.

447 Richard Eslinger, *A New Hearing,* 65. 그가 이렇게 부른 핵심에는 "설교형식에 대한 새로운 접근"이 있다.

448 Paul Scoot Wilson, *The Practice of Preaching,* xvi.

(2) 새로운 설교의 기여

새로운 설교의 기여는 전통적 설교에 대한 비판에서 찾을 수 있다. 왜냐하면 그들의 주장은 전통적 설교에 대한 비판으로부터 시작하기 때문이다.[449] 그들이 가장 먼저 비판하면서 강조하는 점은 무엇인가?

체험을 통한 삶의 변화

전통적 설교의 핵심은 "설교는 성경에서부터 나와야 한다."라는 데 있다. 전통적 설교가 가장 중요하게 여긴 일은 성경의 메시지를 전달하는 일이었다. 하지만 새로운 설교는 "설교는 하나님과 청중 사이에 일어나는 대화인데, 전통적 설교가 청중을 무시한다."[450]라고, 비판한다. 전통적 설교에서 설교자는 메시지를 일방적으로 선포했다. 하지만 새로운 설교는 설교자와 청중이 눈높이를 맞추며 대화한다.

프레드 크래독(Fred B. Craddock)은 "새로운 설교의 목표는 청중의 마음에 체험적인 말씀 사건(experiential word event)을 불러일으키는 일이다."[451]라고 했다. 그는 계속해서 "설교가 강단에서 능력 있게 선포되면 청중의 삶과 사회 구조를 변화(transformation)시킬 수 있다."[452]라고, 확신했다. 이를 위해서는 명제적(propositional) 설교에서 비명제적(non-propositional) 설교로의 방향 전환이 필요하다. 새 설교학자는 성경이 명제적 내용을 담고 있다는 사실을 부정하지는 않는다.

하지만 명제적 내용을 설교화 하는 일을 거부한다. 왜냐하면 청중은 이런 설교를 이미 들었거나, 설교자가 청중에게 예상할 수 있는 답을 제시하여 설교의 호기심을 빼앗기 때문이다. 따라서 딱딱한 성경 풀이를 지양하고 삶의 체험을 나누는 설교를 지향해야 한다. 설교를 통해 체험을 공유하는 하나의 사건(event)을 만들어야 한다. 이렇게 설

---

449 안오순, "포스트모던 시대의 청중에게 들리는 설교," 66.
450 Fred B. Craddock, *As One Without Authority*, 52.
451 Charles L. Campbell, *Preaching Jesus*, 133.
452 Fred B. Craddock, *As One Without Authority*, 19-20.

교해야 하는 이유는, 교리적 논쟁이나 단순한 인식을 향한 호소, 그리고 도덕적인 호소 등을 통해서 청중의 변화를 기대하기 어렵기 때문이다. 무엇보다도 인간이 죄인이라는 사실은 변할 수 없고, 죄인은 하나님의 말씀과의 만남의 사건을 통해서만 변화하기 때문이다. 그러므로 새 설교학자는 "인간의 체험을 강조하고 체험에 호소하는 설교를 추구한다. 그들은 구체적인 체험으로 설교를 시작하고, 체험적 요소를 강조함으로 설교를 마친다."[453]

청중의 능동성

새 설교학자는 청중이 설교를 듣는 위치에 관해 관심을 품었다. 청중은 설교를 들을 때 수동적인 위치에서 듣지 않았다. 새 설교학자는 이런 특성이 있는 청중을 이해하기 시작했다. 새 설교학의 또 다른 대표자인 유진 로우리(Eugene Lowry)는 청중이 설교 개념을 어떻게 받아들이는가에 대해 주목했다.[454] 그는 청중을 이해했기에 설교의 개요(outline)보다도 흐름(flow)을 중요하게 여겼다. 설교를 전달할 때 설교자 혼자 외로운 일방통행을 하지 않고, 청중을 설교 여정에 초청하여 함께 가는 '길동무'로 만들었다. 그를 비롯한 새 설교학자는 설교를 듣는 청중의 위치를, 설교를 일방적으로 듣기만 하는 위치가 아닌 설교에 참여하는 위치로 바꾸었다.

토마스 롱(Thomas G. Long)은 설교강단과 청중 사이에는 역동성으로 가득 차 있음을 발견하고, 이렇게 증언했다.

> 청중은 설교를 들으면서 설교자가 다음에 무슨 말을 할 줄 예상하고, 설교자가 이미 말한 내용으로 되돌아가서 설교자와 논쟁하고, 자료를 재정리하고, 메시지에 뭔가를 덧붙이고, 이리저리 방황하다가 제자리로 돌아온다. 요컨대 청중은 '설교를 함께 만드는 자(co-creator)'이다. 설교자가 달걀을 던지지만, 청중은 그것으로 오믈렛(omelets)을 만들고, 75

---

453 안오순, "포스트모던 시대의 청중에게 들리는 설교," 67.
454 Eugene L. Lowry, *The Sermon: Dancing the Edge of Mystery* (Nashvill: Abingdon Press, 1997), 59.

명에게 선포된 설교는 청중에 의해 대략 75개의 설교로 바뀐다.[455]

오늘의 청중은 설교자가 하는 말을 자기 방식대로 다시 해석하며 듣는다.[456] 이처럼 청중에 대한 새로운 이해는 설교의 목표에 대한 새로운 이해로 이어졌다. 설교자는 설교에서 청중을 적극적으로 초대하여 함께 가면서 결론에 이르도록 도와줘야 한다. 설교 목표에 대한 새로운 주장은 그것을 담아내는 설교형식에 대한 새로운 주장을 요구한다.

귀납적 설교

새 설교학자는 새 시대의 청중은 그들 나름의 청취 방식이 있음을 강조한다. 따라서 그들은 전통적 설교형식에서 벗어나 새로운 설교형식을 주장한다. 그것은 곧 이전 세대와는 다른 새로운 청취 방식이다.

프레드 크래독(Fred B. Craddock)은 "설교는 청중에게 현재 하나님의 계시를 적실하고 충분하게 알려 주는 일"[457]로 여겼다. 설교는 하나님의 말씀이 이 세상에 나타나는 방식이다. 또 청중이 하나님의 계시를 현재의 사건으로 체험하여 자신의 적절한 말씀으로 만나도록 하는 일이다. 새 설교학자는 그것을 가장 잘 표현하는 방법으로 귀납법적 설교[458]를 제안한다.

그 이유는 첫째로, 사람은 연역법적으로 살지 않고 귀납법적으로 산다고 전제하기 때문이다. 따라서 설교 기법으로 연역적 설교 대신 귀납적 설교를 강조한다. 연역적 설교는 일반적 진리에서 어떤 특별한 경험이나 적용으로 옮겨가는 형식이다. 반면 귀납적 설교는 구체적인

---

455 Thomas G. Long, *The Witness of Preaching*, 131.
456 Mark Allan Powell, 『목사가 보는 성경 교인이 보는 성경』, 10.
457 Fred B. Craddock, *Preaching*, 51.
458 데니스 캐일(Dennis M. Cahill)은 "귀납적 설교는 설교 시작 부분에서 주제를 밝히지 않는다. 오히려 주된 생각은 가능한 한 오랫동안 지연한다. 귀납적 설교에서는 설교자가 청중에게 결론을 말하는 대신 청중이 설교 여정에 함께 참여하도록 초대한다."라고 정의한다. *The Shape of Preaching: Theory and Practice in Sermon Design*, (Grand Rapids: Bakrer Books, 2007), 21.

사건으로부터 시작하여 일반적 진리로 결론을 이끌어 가는 형식이다. 예를 들어, 인간의 보편적 문제인 죽음을 다룰 때 "목사가, '모든 사람은 죽는다.'라고 하면, 청중은 졸면서 고개를 끄덕인다." 하지만 "목사가, '브라운 씨의 아들이 죽어가고 있다.'라고 선포하면, 청중은 교회가 된다."459 "모든 사람은 죽습니다."라는 일반적 원리는 사람의 가슴에 파고들지 못한다. 그 메시지가 비성경적이어서가 아니라, 그 표현 양식이 효과가 없기 때문이다.460

둘째로, 사람에게 권면할 때 직접적인 권면보다는 간접적인 방법이 더 효과가 있다고 전제하기 때문이다. 간접적인 방법은 소렌 키르케고르(Søren Aabye Kierkegaard)의 의사소통(communication)의 이론461에서 나왔다. 직접적인 방식은 역사와 과학과 같은 학문 분야에서 어떤 사실을 가르칠 때 유용한 방식이다. 반면 간접적인 방법은 청중 안에 변화의 가능성과 실제적 행동을 불러일으키는 데 유용한 방식이다.

프레드 크래독(Fred B. Craddock)은 "간접적인 방법을 '우연히 들음(overhearing)'이라는 말로 표현한다. 청중에게 설교는 우연히 들음에서 생기는 경험(experience of overhearing)"462으로 여겼다. 청중이 설교의 메시지를 우연히 들으면 자연스럽고 효과적이고 삶을 변화시킬 수 있는 역동성이 생긴다. 따라서 새로운 설교는 결론을 열어 놓는다. "이렇게 하기를 바란다."라고 말하기보다는 "사실이 이렇다."라고 끝을 맺는다.

그런데 이 주장에는 "청중이 성경을 잘 알고 있다."라는 전제가 있다. 청중은 이미 성경 내용에 익숙해 있기에 본문을 설명하는 설교는 성도를 물리게 한다. 이미 알고 있는 내용이기에 간접적으로 전할

---

459 idem, *As One Without Authority*, 50-51.

460 류응렬, "새 설교학: 최근 설교학의 이해와 분석," 152.

461 키르케고르(Søren Aabye Kierkegaard)는 직접적인 방법을 거부했다. 왜냐하면 그는 직접적인 방법은 비생산적(nonproductive)일 뿐만 아니라 역효과(counterproductive)를 낳는다고 여겼기 때문이다. Fred B. Craddock, *Overhearing the Gospel* (St. Louis: Chalice Press, 2002), 71.

462 Fred B. Craddock, *Overhearing the Gospel*, 103.

때 더 효과가 있다. 그래서 설교의 결론도 당연히 청중의 몫으로 남겨
둔다.

이야기식 설교

이야기식 설교는 귀납법적 설교와 함께 새 설교학이 주장하는 설
교형식의 핵심 중 하나이다. 이야기식 설교는 전통적인 '3대지 설교'를
거부하므로 시작한다. 그는 논리만을 세우는 설교는 사람의 관심을 끌
수 없다고 여겼다.

1980년대 이야기식 설교의 절정에 있었던 유진 로우리(Eugene L.
Lowry)는 "설교는 여러 재료를 짜깁기하거나 집을 짓는 일이 아니라,
연속성(continuity)과 움직임(movement)으로 발전하는 일이다."[463]라고
했다. 한 편의 영화에는 문제 해결을 향한 관심과 긴장이 이어지는 연
속성과 움직임이 있다. 이처럼 설교에도 이런 연속성과 움직임이 있어
야 한다. 유진 로우리(Eugene L. Lowry)는 "청중에게 들리는 설교는
가려움에서 시원하게 해주는 것(itch to scratch)으로 이동하는 흐름이
있어야 한다."[464]라고 했다. 설교는 청중이 처한 심각한 문제라는 가려
움에서 시작해서 그 가려움을 긁어주기 위해 움직여야 한다. 이렇게
흐름이 있으려면 내용 구성에서부터 극적인 전환과 절정을 향하여 나
가는 집중성이 있어야 한다.

그때 가장 중요한 요소는 '플롯'이다. 유진 로우리(Eugene L.
Lowry)는 그것을 "내러티브 플롯(narrative plot)으로서의 설교이다."[465]
라고, 한다. 그 설교는 모순이나 갈등으로 시작한다. 그리고 심화의 과

---

463 Eugene Lowry, *The Homiletics Plot: The Sermon as Narrative Art
Form*, 이연길 역, 『이야기식 설교 구성』 (서울: 한국장로교출판사,
1996), 14-25.

464 Eugene L. Lowry, *The Sermon: Dancing the Edge of Mystery*, 19.
'plot'은 소설 ·희곡 ·각본 등의 이야기를 형성하는 줄거리나 그 줄거리
에 나오는 여러 사건을 하나로 짜는 수법을 말한다. 설교에서는 설교
전체의 '구성' 또는 '줄거리'를 말한다. '기-승-전-결' 또는 '발단-전개-갈
등-해결-대단원'과 같은 형식을 빌려 설교를 구성하는 것을 말한다.

465 Eugene L. Lowry, *The Sermon: Dancing the Edge of Mystery*, 19.

정을 거쳐서 결정적인 전환을 경험한다. 마침내 해결을 향해서 긴장감 있게 움직인다. 그 설교는 한편의 이야기를 듣는 것처럼 움직임이 활발하다.

엘리사벳 악트마이어(Elizabeth Achtemeier)도 이야기의 중요성을 강조했다.

> 이야기에는 과거, 현재, 미래가 있다. 시작과 끝이 있다. 그런데 지금 우리의 이야기는 자기보존에 집착하면서 정체되고, 광적으로 되며, 숙명론적으로 되어 버린다. 우리는 밤마다 TV 드라마를 보면서 우리를 훔쳐보는 상상 속에서 이야깃거리를 만든다. 그리고 우리는 그 안에서 살아간다.466

이야기는 설교의 효과를 나타내는 데는 확실하다. 이야기라는 형식 자체가 감동을 주기 때문이다. 플롯을 강조하는 유진 로우리(Eugene L. Lowry)의 이야기식 설교는 성경의 문학적 특징을 이해한 데서 왔다. 성경 대부분은 내러티브 형식으로 기록되었다. 그리고 우리의 삶 역시 내러티브 성격으로 이루어졌다. 따라서 설교자가 청중과 공감하려면 이야기식 설교467를 살려야 한다.

현상학적 설교

많은 학자는 20세기 가장 영향력 있는 설교학자 가운데 한 사람으로 데이빗 버트릭(David Buttrick)을 주목하는 데 주저하지 않는다.

---

466 Elizabeth Achtemeier, *Preaching from the Old Testament*, 이우제 옮김, 『구약, 어떻게 설교할 것인가』 (서울: 이레서원, 2004), 24.

467 '이야기식 설교'는 성경의 내러티브(narrative) 성격을 강조하면서 성경 본문의 메시지를 전달하는 설교이다. 유진 로우리(Eugene L. Lowry)는 '스토리(story)'와 '내러티브(narrative)'의 차이를 '약(medicine)'이란 단어로 설명한다. "약은 일반 의약품(medicine)과 치료하는 약(medicine)으로 분류할 수 있다. '스토리'는 일반 의약품이고, '내러티브'는 치료하는 약이다." Eugene L. Lowry, *The Sermon: Dancing the Edge of Mystery*, 24.

그의 설교학도 전통적 설교학에 대한 비평에서 시작한다. 특히 그는 '3대지 설교'에 근거한 전통적 설교는 청중에게 조금도 전달되지 않은 '퇴락하는 설교(Worn-out Preaching)'[468]로 비판한다. '3대지 설교'는 설교의 흐름을 무시한 채 사람의 지성만을 자극하고, 사변적이어서 사람의 관심을 끌지 못한다는 점이다. 이런 방법은 설교자가 본문에서 객관적인 주제를 짜내는 자세이다. 이런 기법은 급변하는 시대와 사람의 의식 속에 설득의 효과가 없다.

그 대안으로 데이빗 버트릭(David Buttrick)은 현상학적 설교(Phenomenological Preaching)를 주장한다. 그는 설교에서 '흐름'이나 '움직임(movement)'을 강조한다.[469] '움직임'은 논리적으로 서로 연결된다. 설교자는 청중의 의식 속에서 의미가 어떻게 형성되는지 살피면서 설교를 '흘러가게' 만든다. 이러한 그의 접근은 설교형식의 또 다른 통합을 시도하기에 이르렀다. 설교는 간결할지라도 움직임으로 연결된 형식이다. 따라서 설교자의 의도는 마치 슬라이드의 개별그림들이 연결되어 영상을 보여주는 것같이 청중의 의식에 남는다.[470]

이처럼 현상학적 설교는 설교를 듣는 청중의 의식이 실제로 일어나는 일에 관심을 품는다. 현상학적 설교는 성경 언어의 형태와 구조를 살려내어 청중의 의식 속에 '이미지'가 맺히게 한다. 현상학적 설교는 설교에서 지루함을 없애고, 설교를 마칠 때까지 청중이 끝까지 집중하도록 한다. 현상학적 설교는 설교 전체가 하나의 주제를 위해서, 그리고 정해진 목표를 향하여 구조적인 움직임을 가진다. 그 움직임이 있는 설교형식이 청중의 귀를 사로잡고, 마음에 감동을 줄 수 있다.

이상에서 보듯이, 새 설교학자는 한목소리로 "전통적 설교형식이 청중의 삶을 변화시키지 못했다."라고 판단했다. 그에 대한 대안으로 새로운 설교형식을 제시했다. 그들의 새로운 설교형식은 '3대지'를 중심으로 한 전통적 설교형식에 도전과 함께 새로운 역동성을 주었다.

468 David Buttrick, *A Captive Voice*, 80.
469 David Buttrick, *Homiletic*, xii.
470 황종석, "효과적이며 의사소통적인 설교를 위한 다양한 설교형식(form)이해," 120.

설교란 내용만 전달하면 된다는 내용 중심에서 전달 자체를 효과적으로 하기 위한 의사소통으로 지각 변동을 일으켰다.

　　그와 함께 또 하나의 지각 변동은 설교에서 청중의 마음에 체험적인 말씀 사건을 불러일으킨 데 있다. 그리하여 설교에서 청중에 관한 관심을 높였다. 설교자는 변하지 않는 말씀을 끊임없이 변화하는 청중에게 적실하게 적용하려면 청중에게 관심을 품어야 한다. 청중은 일방적으로 설교를 듣는 자세에서 이제는 설교자와 함께 설교에 적극적으로 참여하는 능동적 존재여야 한다. 그 점에서 새로운 설교는 설교 사역은 물론이고, 하나님 나라 확장 사역에 크게 이바지했다. 설교가 사람의 귀에 들리고, 감동을 주었기 때문이다. 하지만 그런 기여에도 불구하고 새로운 설교가 남긴 한계에 관하여 평가할 때가 왔다.

(3) 새로운 설교의 한계

　　새로운 설교는 현대설교에 분명 커다란 영향을 주었다. 하지만 우리는 그들의 가르침을 신학적 해석학적으로 깊이 생각하여 살핌이 필요하다. 교회는 건강한 신학과 역동적인 설교를 통하여 세워져야 하기 때문이다. 이런 전제에 기초할 때 그들의 주장 가운데서 극복해야 할 몇 가지가 있다. 첫째로, 그들은 성경의 절대 권위에 대한 합당한 관심을 두지 않았다. 둘째로, 그들은 설교에서 청중의 체험을 지나치게 강조하여 해석학적 축이 본문보다도 청중에게로 기울고 말았다. 셋째로, 그들은 설교의 핵심인 그리스도의 정체성과 교회 공동체성을 약하게 했다. 이에 관해 좀 더 자세히 살펴본다.

성경의 절대 권위를 약화하는 위험
　　새로운 설교는 새로운 시대의 요청에 맞게 '들리는 설교', '보여주는 설교'를 통해서 청중의 귀를 사로잡았다.[471] 그런데 새로운 설교는 이런 기여에도 불구하고 성경의 절대 권위를 약화하고 말았다.[472] 권위

---

471 이우제, "성육신적 설교 신학 정립을 위한 고찰," 25.

의 약화에 대한 이유를 두 가지에서 찾을 수 있다. 하나는, 수직적 관계성보다 수평적 관계성을 강조했기 때문이다. 다른 하나는, 교회 공동체에 대한 전제를 잘못했기 때문이다.

새 설교학자들은 청중 중심의 수평적 관계성을 강조했다. 그 결과 그들은 본문이 주는 대안적 음성을 듣지 못했다. 그들의 메시지는 인간이 공통으로 체험한 이야기와 틀에 갇히는 인간론적 메시지로 전락했다.473

데이빗 버트릭(David Buttrick)은 "설교의 의미는 성경 본문에서 발견되는 것이 아니라, 청중의 의식에 형성되는 이미지에 있다."라고 보면서 "루돌프 불트만(Rudolf Karl Bultmann)의 해석학적 방법론에 따라 설교에서 탈신화화 과정(demythologizing in preaching)474이 모든 설교자에게 필수적 과제임"475을 강조한다. 이런 그의 설교학적 이론은 그의 성경관에 근거한다. 그의 성경에 대한 관점은 다음의 말에서 잘 나타나고 있다.

성경은 의미를 제공하지만, 모든 본문이 다 제공하는 것은 아니다. 어떤 본문은 기독교와 관련성이 없거나(largely irrelevant) 심지어 기독교의 가르침에 미치지 못한 것(sub-Christian)도 있다.476

우리는 성경을 말하지 않고도 하나님의 말씀을 설교할 수 있다고 담대

---

472 이우제, "성육신적 설교 신학 정립을 위한 고찰," 25.
473 이우제, "성육신적 설교 신학 정립을 위한 고찰," 26.
474 루돌프 불트만(Rudolf Karl Bultmann)은 "역사를 '객관적 역사(Historie)'와 '실존적 역사(Geschichte)'로 구분했다." 그런데 그는 "복음서의 내용은 역사적 자료가 아니라, 신앙 고백을 정리한 것이다. 성경을 기록한 시대에는 신화로 가득한 세계였기에 이를 사실과 구분해서 봐야 한다."라고 주장했다. 그는, "예수님이 물 위를 걸으신 사건을 사실이 아닌 고난에 처한 초대교회에 전하는 교훈으로 보았다." 데이빗 버트릭(David Buttrick)도 이런 영향으로 "물 위를 걸으시는 예수님의 그림은 '신앙의 그림(The picture was a picture of faith)'이다."라고 표현한다. David Buttrick, *Homiletic*, 90.
475 David Buttrick, *Homiletic*, 241.
476 David Buttrick, *A Captive Voice*, 17.

히 말해야 한다.… 반드시 성경에서 설교해야만 그 설교가 하나님의 말씀이 되는 것은 아니다.[477]

이런 모습 때문에 새 설교학자는 성경 본문의 권위를 거부한다고 비판받는다.[478] "성경을 하나님의 권위 있는 말씀으로 인정하지 않은 채 진정한 기독교 설교가 가능할 수 있는가?"라고 도전받는다. 성경의 권위를 인정하지 않으면 설교자는 설교할 이유가 사라진다. 왜냐하면 설교는 성경에 의존해야 하기 때문이다. 따라서 성경의 권위를 포기하면 설교자의 권위도, 설교의 권위도 함께 잃고 만다. 설교는 하나님 말씀으로서의 계시에 대한 정당한 시각에서 출발하기 때문이다.

새 설교학자들이 성경의 권위를 약하게 한 또 다른 이유는 기독교 공동체에 대한 잘못된 전제에 있다. 그들은 "기독교 공동체는 이미 기독교에 대한 정보를 가지고 있고, 청중은 성경을 아주 잘 알고 있다."라고 전제한다.

하지만 제임스 톰슨(James W. Thompson)은 그들의 전제를 이렇게 반박했다.

> 우리의 청중은 비기독교적 문화인 포스트모더니즘(Postmodernism) 시대에 살고 있다. 그들은 성경에 대한 정보를 가지고 있지 않고, 오히려 탈 기독교화의 가치관과 세계관에 물들어 있다. 그들은 전 기독교 시대(Pre-Christianity era)의 청중이 복음에 관해 무지했던 것처럼 무지하다. 그리고 기독교 메시지를 듣는 청중조차도 유행하는 심리학, 다양한 문화, 그리고 많은 다른 목소리를 듣고 있다.[479]

---

477 David Buttrick, *Homiletic*, 458.
478 물론 프레드 크래독(Fred B. Craddock)도 성경 본문의 중요성을 강조한다. "설교는 성경 본문을 회중에게 살아 있는 말씀으로 전하는 것이다. 성경 본문은 과거뿐만 아니라 미래도 가지고 있는데, 설교는 본문과의 지속적인 대화를 통해 그 미래가 현재가 되도록 노력하는 것이다." Fred B. Craddock, *Preaching*, 27. 그의 문제는 이론보다는 실제에서 성경 본문보다는 청중에 더 관심을 둔 데 있다.
479 James W. Thompson, *Preaching Like Paul: Homiletical Wisdom for Today*, 이우제 옮김, 『바울처럼 설교하라』(서울: 크리스챤, 2008), 143.

오늘의 청중은 종교 다원주의 내지는 혼합주의에 물들어 살고 있다. 따라서 그들에게는 성경 본문 그 자체, 하나님이 처음 청중에게 말씀하셨던 '그 메시지'를 가르치는 일이 더 중요하다. 왜냐하면 청중이 설교를 통하여 삶의 변화와 체험을 새롭게 하려면 하나님의 말씀을 들어야 하기 때문입니다. 하나님의 말씀을 통한 삶의 체험이야말로 가장 바람직하고 건강한 체험이기 때문이다. 따라서 제4차 산업혁명 시대의 거센 바람 앞에서 정체성의 혼란을 겪으며, 우울증에 시달리는 청중조차도 먼저 하나님의 대안적 음성을 듣도록 해야 한다. 설교자가 성경을 오늘의 청중에게 설교한다면 그것은 '새로운 소식(news)'[480]이면서 '좋은 소식(Good news)'이다.

신학적 상대주의를 초래할 위험

새 설교학에서 극복해야 할 두 번째 요소는 신학적 상대주의의 위험이다. 신학적 상대주의를 초래할 위험은 청중의 체험을 지나치게 강조하는 데서 왔다. 전통적 설교는 이성을 통한 청중의 설득을 강조했다. 반면 새로운 설교는 청중의 경험에 무게 중심을 두었다. 성경해석의 축이 본문에서 청중으로 이동했다. 설교에서 청중이 체험하는 일은 중요하다. 하나님께서 성경을 통해 우리에게 보이신 모습은 판화처럼 고정된 모습이 아니다. 청중의 삶에 실제로 오셔서 함께하시며 일하시는 인격적인 하나님이시다.

그러나 체험을 지나치게 강조하면 기독교 신앙을 개인적 영역에 머물게 할 위험이 나타난다. 찰스 캠벨(Charles L. Campbell)은 "새로운 설교학은 인간의 체험 없이는 결코 하나님을 인정하지 않는 신학적 상대주의(theological relationalism)를 초래할 수 있다."[481]라며 심각하게 말했다. 그는 계속해서 "새로운 설교는 심도 있는 신학적 고찰이 너무나 부족했다.… 신학적 그리고 해석학적 전제에 관해서 깊은 연구가 전혀 이루어지지 않았다."[482]라고, 평가했다. 인간의 체험이 말씀을

480 James W. Thompson, 『바울처럼 설교하라』, 131.
481 Charles L. Campbell, *Preaching Jesus*, 142.

해석할 수 없다. 말씀이 인간의 체험을 해석해야 한다.

그 점에서 토마스 롱(Thomas G. Long)의 비판은 대단히 중요하다.

> 종교적인 체험을 불러일으키는 능력으로만 설교를 평가하는 데는 신학적으로 큰 위험이 있다. 구약에서 이스라엘이 여호와를 계속해서 버리고 바알을 따른 이유 중 하나는 바알은 좀 더 이용 가치가 있고, 눈으로 쉽게 볼 수 있으며, 언제든지 기대하는 축복을 가져다준다고 생각했기 때문이다. 사람들은 종교적 체험을 위해서 바알을 항상 의지할 수 있었지만, 여호와는 그럴 수 없었다. 여호와는 많은 경우에 얼굴을 감추시는 경향이 있고, 사람들이 하나님을 좀 더 신속하게 이용하려고 하면 사라지는 경향이 있다. 하나님은 우리가 감동하기를 원할 때 우리를 감동하는 분도 아니고, 우리가 감동하는 모든 것이 언제나 하나님한테서 오는 것도 아니다.[483]

설교는 결국 신학의 문제이기에 찰스 캠벨(Charles L. Campbell)과 토마스 롱(Thomas G. Long)의 지적은 매우 적절하다. 사람의 체험이 설교의 핵심으로 자리 잡으면, 설교는 인격적인 하나님을 만나는 대신 자기 필요를 채우는 쪽으로 전락한다. 새로운 설교가 청중에게 복음을 새롭게 경험하도록 하는 시도 자체는 좋은 일이다. 하지만 문제는 그것을 이뤄내는 방식이 지나치게 청중의 흥미에 호소한다는 데 있다. '재미를 추구하는 설교'[484]는 '설교의 가벼움'[485]으로 나타난다. 설교의 가벼움이 교회 공동체에 미치는 문제는 하나님을 가볍게 생각할 수 있다. 그리스도의 정체성을 잊을 위험이 있다.

---

482 Charles L. Campbell, *Preaching Jesus*, 121.

483 Thomas G. Long, *The Witness of Preaching*, 40-41.

484 Neil Postman, *Amusing Ourselves to Death*, 홍윤선 역, 『죽도록 즐기기』 (서울: 굿인포메이션, 2009).

485 이우제, "'커뮤니케이션'의 이슈를 통해 바라본 본문과 청중의 관계," 『3인 3색 설교학 특강』, 69.

그리스도의 정체성을 잊을 위험

새 설교학에서 극복해야 할 세 번째 요소는 그리스도의 정체성을 잊을 위험이다. 설교의 목적 중 하나는 인류를 구원하기 위한 하나님의 사역과 그분이 이루시는 하나님 나라의 건설에 있다. 이우제는 "모든 설교의 핵심에는 예수님의 인격(personality)과 사역(ministry)에 관한 이야기가 있어야 한다."[486]라고, 강조한다.

조 스토웰(Joe Stowell)도 설교의 핵심은 그리스도를 증언해야 함을 강조한다.

> 설교는 그리스도 중심적이어야 한다. 예수님은 성경의 주된 이야기의 노선이시며, 우주의 창조자이시며, 하나님 최정점의 계시이다.… 그러나 종종 설교에서 예수님을 잃어버린다. 하지만 진정한 설교자는 청중의 마음과 생각을 그분에게로, 그분의 인격으로, 그분의 부르심으로, 삶을 변화시키는 그분의 거룩하신 아름다움으로 인도하기를 원한다. 설교와 사역의 마지막 날에 사람들이 나는 잊고 예수 그리스도만 알게 되기를 바란다.[487]

설교자는 '내 이야기'가 아닌 예수님과 그 사역에 관한 이야기를 전파해야 한다. 그런데 찰스 캠벨(Charles L. Campbell)은 프레드 크래독(Fred B. Craddock)의 귀납법적 설교 방법을 두고 비판적으로 지적한다.

> 귀납적 방법이 최종적으로 설교하는 것은 복음서 내러티브에 형성된 예수 그리스도의 정체성이 아니라, 오히려 인간 경험에 대한 자유주의 신학이다.[488]

---

486 이우제, "포스트모더니즘 시대의 말씀 사역이 직면한 도전과 가능성," 233.

487 Joe Stowell, "내 이야기가 아닌, 예수님 이야기를 전하는 설교," The Art and Craft of Biblical Preaching, 해돈 로빈슨 엮음, 전의우 외 4명 역, 『성경적인 설교와 설교자』 (서울: 두란노, 2006), 472-473.

488 Charles L. Campbell, *Preaching Jesus*, 156. 그의 평가를 직접 소개한

존 라이트(John W. Wright)도 새로운 설교의 문제를 비판한다.

> 새로운 설교자는 성경을 그 아들을 통해 죄와 죽음으로부터 모든 창조
> 물을 회복시키는 하나님 아버지의 이야기가 아닌, 개인의 영혼을 구원
> 하는 하나님의 이야기로 만들어버렸다.

그는 이것을 "성경적 내러티브의 상실(the eclipse of biblical narrative)"[489]로 부른다. 설교에서 하나님이 그리스도 안에서 이루신 구원의 사역과 새로운 삶을 말하지 않고 청중의 삶만을 강조하면, 다른 종교의 도덕과 차이가 없다. 예수 그리스도의 정체성을 강조하지 않은 설교는 도덕과 윤리 강의로 전락할 수 있다.

그런데 새로운 설교는 경험적 상대주의 기반 위에서 예수님을 선포했다. 그들은 성경의 거대 담론의 핵심인 그리스도의 유일하고 독특한 구속적 정체성에 관심을 두지 않았다. 심리학적인 관점에 근거한 인간론을 강조하다가 예수님의 고유한 정체성을 선포하는 기독론을 약하게 했다. "예수 그리스도는 우리의 실존에 종속하는 분이 아니라, 우리의 실존보다 크신 분이다."[490] 그러므로 설교가 내용보다 형식, 본문보다는 청중을 더 강조하면 설교의 핵심인 예수 그리스도의 정체성을 잃을 수밖에 없다. 그리고 예수 그리스도의 정체성 상실은 교회 공동체성을 잊을 위험으로 나타난다.

교회 공동체성을 잊을 위험

새 설교학에서 극복해야 할 네 번째 요소는 교회 공동체성을 잊을 위험이다. 설교의 또 다른 목적 중 하나는 교회 공동체 의식을 만들고

다. "What Craddock's inductive method finally preaches is not the identity of Jesus Christ rendered in the gospel narratives, but rather a liberal theology of human experience."

489 John W. Wright, *Telling God's Story: Narrative Preaching for Christian Formation*, 55, 47.

490 안오순, "포스트모던 시대의 청중에게 들리는 설교," 81.

지키는 일이다. 설교를 통하여 청중은 자기 정체성이 교회 공동체의 정체성과 분리할 수 없다는 사실을 인식한다.[491] 설교자는 "설교를 통하여 교회 공동체가 세상에 대하여 '대안 공동체', 즉 '대항 문화적 존재(countercultural existence)'로서 살아가도록 격려해야 한다."[492]

엘리사벳 악트마이어(Elizabeth Achtemeier)의 말처럼 "성경 역사 그 자체는 이 세상 안에 새로운 삶과 새로운 공동체를 창조한다."[493] 그 새로운 공동체는 이 세상에 대항하여 세워지는 대안 공동체이다. 그 대안 공동체는 예수 그리스도를 기초로 한 교회 공동체이다. 교회의 고유한 정체성은 오직 한 가지 토대, 즉 예수님의 독특한 정체성 위에 세워진다. 교회가 예수 그리스도의 독특성을 기반으로 세워진다는 사실은 교회의 존재 목적이 예수님의 대항문화로서 존재함을 뜻한다.

따라서 설교자가 설교를 통해 이루어야 할 목표도 그리스도가 살아 있는 예수님의 공동체를 세우는 일이다.[494] 스탠리 하우어워스(Stanley Hauerwas)와 윌리엄 윌리몬(William H. Willimon)도 "신학적 과제는 예수를 현대적인 범주로 번역하는(translate) 해석적 문제가 아니라, 세상이 그분을 향하도록 변혁하는(translate) 문제이다."[495]라고, 말한다. 그 일을 중점적으로 해야 할 곳이 교회 공동체이다. 따라서 나사렛 예수의 절대성과 중심성이 위기에 직면하면 교회의 공동체성이 무너지는 연쇄반응이 나타날 수밖에 없다.[496] 교회는 그리스도 안에서 그 생명력과 건강함을 유지하기 때문이다.

---

491 James W. Thompson, 『바울처럼 설교하라』, 87.

492 안오순, "포스트모던 시대의 청중에게 들리는 설교," 67.

493 Elizabeth Achtemeier, 『구약, 어떻게 설교할 것인가』, 15.

494 이우제, "포스트모더니즘 시대의 말씀 사역이 직면한 도전과 가능성," 236.

495 Stanley Hauerwas, William H. Willimon, *Resident Aliens*, 김기철 옮김, 『하나님의 나그네 된 백성』 (서울: 복 있는 사람, 2008), 31.

496 권성수는 이 점을 예리하게 지적한다. "이야기가 바른 신학적 내용을 공유하는 교회 공동체를 형성하는 데는 상당한 한계가 있다. 이 야기를 통해 나름대로 교훈을 받고 나름대로 결론을 내린 청중이 어떻게 통일된 신학적인 내용을 공유할 수 있겠는가?" 권성수, 『성령설교』, 37, 43.

그런데 새로운 설교는 설교학적 기교에만 관심을 한정하면서 설교의 커다란 배경인 교회 공동체의 상황에는 관심을 기울이지 않았다. 그들은 '개별적으로 체험하는 말씀- 사건(discrete experiential Word event)'만을 강조하면서 설교와 정치(polity), 그리고 제자도 사이의 친밀한 관계를 소홀히 했다.497 그들은 교회 공동체의 중요성을 간과했다. 이 점이 새로운 설교의 태생적 한계이다.

이상에서 필자는 새로운 설교가 이바지한 점과 한계에 대해서 살폈다. 새로운 설교는 청중의 체험을 통한 삶의 변화를 강조했다. 그들은 청중을 일방적으로 듣기만 하는 수동적 위치에서 설교에 적극적으로 참여하는 능동적 위치로 바꾸었다. 그리고 그들은 새 시대의 청중은 그들 나름의 청취 방식이 있음을 알았다. 그것은 이전 시대와는 다른 새로운 청취 방식인 귀납법적 설교였다. 그뿐만 아니라, 새로운 설교는 설교에서 지루함을 없애고 설교를 마칠 때까지 청중이 끝까지 집중하도록 설교의 움직임을 강조하는 현상학적 설교를 주장했다. 그런 설교가 청중의 귀를 사로잡고 마음을 움직일 수 있다고 여겼다. 새로운 설교가 '낡은 부대'를 '새로운 부대'로 바꾸려는 도전은 좋은 일이었다.

하지만 새로운 설교도 태생적 한계를 드러냈다. 그들은 탁월한 적용성을 확보했지만, 본문에 대한 정확한 이해나 하나님의 대안적 음성을 드러내지 못했다. 그들은 성경의 절대 권위의 약화를 초래했다. 또 그들은 청중의 지나친 체험을 강조하면서 청중이 본문을 지배하는 해석학적 오류에 빠졌다. 즉 신학적 상대주의의 위험을 나타냈다. 그뿐만 아니라, 그들은 설교의 핵심인 예수 그리스도의 정체성을 약화함으로써 도덕적 종교와의 차별성을 없앴다. 청중에 대한 지나친 개인의 체험만을 강조함으로써 교회 공동체적 실천을 무시했다.498 따라서 새 시대의 청중은 새로운 설교에 대해서도 새로운 설교 대안을 요구했다.

---

497 Charles L. Campbell, *Preaching Jesu*, 145.
498 안오순, "포스트모던 시대의 청중에게 들리는 설교," 84.

3) 탈 자유주의 설교

새로운 설교 운동은 설교강단을 새로운 물결로 채웠다. 그러나 1991년 로날드 알렌(Ronald Allen)이 북미 설교학회(the Academy of Homiletics)에서 발표한 글은 또 다른 반향을 일으켰다. 왜냐하면 그는 "설교는 본질에서 신학적 행위(a theological act)이지만, 우리의 문헌 (our literature)에는 거의 빠져(a near lacuna) 있다. 우리는 설교 사건 (the preaching event)에 대한 신학적 분석에 관심을 품지 않는다."[499] 라고 확신 있게 말했기 때문이다. 새로운 설교는 신학적이고 해석학적 전제에 큰 관심을 기울이지 못했다. 이런 배경에서 탈 자유주의 신학 과 설교가 나타났다. 이제 우리는 탈 자유주의 신학의 태동과 함께 탈 자유주의 설교의 출현을 살필 것이다. 그리고 탈 자유주의 설교의 기 여와 한계도 연구할 것이다.

(1) 탈 자유주의 설교의 이해

탈 자유주의 신학의 태동

1970년 말~1980년 초, 북미에서는 자유주의 신학의 한계를 극복 하기 위해 두 가지 흐름이 나타났다. 그것은 시카고 대학(Chicago University)을 중심으로 한 수정주의(revisionism) 신학[500]과 예일 대학 (Yale University)을 중심으로 한 탈 자유주의 신학(Postliberal Theology)이었다. 자유주의 신학은 19세기 독일 개신교에서 일어났다.

---

499 Charles L. Campbell, *Preaching Jesus*, xii.
500 "수정주의는 자유주의 신학의 전통을 수정하고 발전하여 계승한 다. 기독교 신앙을 인간의 보편적 관심과 경험과 연결하여 공적인 의미 를 밝히려고 한다. 대표적인 학자로는 데이빗 트레이시(David Tracy), 고든 카우프만(Gordon Kaufmann), 제임스 구스타프슨(James Gustafson) 등이 있다." William C. Placher, *Unapologetic Theology: A Christian Voice in a Pluralistic Conversation* (Louisville, Ky: Westminster/John Knox Press, 1989), 17-21.

자유주의 신학은 모더니즘의 정신에 기초한 현대의 지식, 과학, 그리고 윤리학을 통해 기독교를 해석했다. 자유주의 신학은 인간의 이성을 중시하여 성경의 완전성과 기독교의 우월성 등 기존의 전통적인 기독교 교리에 대해 회의적으로 접근했다.[501]

그런데 예일 대학에서는 자유주의 신학의 방법론에 대한 다른 사고방식을 전개했다. 신학적 자유주의는 전통적 신학을 '탈 신화화'하고 근대적 토대 위에서 신학을 새롭게 구성하려고 했다. 반면 탈 자유주의는 신학적 자유주의를 극복하려고 다른 사고방식을 전개했다. 탈 자유주의는 "근대주의가 전제했던 보편적 이성(universal reason)과 종교적 경험(religious experience)을 회의하면서 근대주의의 전체주의적 시도(totalizing projects)를 반대했다."[502] 알리스터 맥그래스(Alister McGrath)는 "탈 자유주의가 일어난 원인을 계몽주의적 세계관에 대한 신념, 즉 합리주의에 대한 붕괴이다."[503]라고, 설명했다.

자유주의 세계관의 붕괴 속에서 다른 사고방식을 시작한 학자는 조지 린드벡(George Arthur Lindbeck)이었다. 그는 1984년 출간한 *The Nature of Doctrine: Religion and Theology in a Postliberal Age,* 『교리의 본질: 탈 자유주의 시대에서의 종교와 신학』에서 자유주의와 다른 신학적 방법론을 새롭게 제시했다.[504] 그리고 그것을 '탈 자

---

501 박 만, 『최근신학연구: 해방신학에서 생태계 신학까지』 (서울: 나눔사, 2002), 175.

502 한상화, "탈 자유주의 신학과 탈 보수주의 신학에 대한 비판적 고찰 -George Lindbeck과 Stanley Grenz의 신학 방법론 중심으로-," 『조직신학연구』 3권 (한국복음주의조직신학회 2003. 09), 219.

503 Alister E. McGrath, *A Passion for Truth: the intellectual coherence of evangelicalism,* 『복음주의와 기독교적 지성』, 김선일 옮김 (서울: IVP, 2001), 141.

504 "종교와 교리에 관한 친숙한 이론에는 세 종류가 있다. 첫째는, 종교의 인지적인 측면(the cognitive aspects)을 강조한다. 교회의 교리가 객관적인 현실에 대한 정보적인 명제(informative propositions)나 진실 주장으로서 기능하는 방식이다. 둘째는, 종교의 경험적-표현적(the experiential-expressive) 차원에 초점을 맞춘다. 그것은 교리를 내적 감정이나 태도, 또는 실존적 지향에 대한 비정보적이고 모호하지 않은 상징(noninformative and nondicscursive symbols)으로 해석한다. 셋째는, 앞에

유주의 신학'이라고 불렀다.[505]

조지 린드벡(George Arthur Lindbeck)은 "종교에 대한 문화-언어 (cultural-linguistic) 이론을 발전시키고, 종교연합(ecumenism), 종교 간 대화(inter-religious dialogue), 교리와 신학에 몇 가지 시사점을 제안했다."[506] 그는 종교를 "삶과 사상 전체를 공유하는 일종의 문화적이고 언어적인 틀이나 매개체(cultural and linguistic framework or medium)로 보았다."[507] 다시 말하면 "종교는 문화나 언어처럼 개인의 주관성을 묘사하는 공동의 현상(communal phenomenon)이다."[508]라는 뜻이다. 그는 "기독교인으로 자란다."라는 말을 "특별한 문화-언어 (Particular cultural-linguistic) 공동체 안에서 사회화의 과정이나 문화화의 과정으로 설명했다."[509]

조지 린드벡(George Arthur Lindbeck)의 이런 사상을 이어받아 탈 자유주의 신학을 발전시킨 학자는 한스 프라이(Hans Frei)이다. 그는 칼 바르트(Karl Barth)의 신학 사상을 계승하여 탈 자유주의 신학의 체계를 세운 첫 번째 주자였다. 한스 프라이(Hans Frei)의 근본 관심은 기독론과 교회론에 있었다.

그의 기독론은 "공통의 종교 경험이나 일반이론으로 '대체할 수

서 말한 두 가지 강조점을 결합(combine)하려고 한다. 특별히 에큐메니컬 성향의 로마 가톨릭(ecumenically inclined Roman Catholics)이 선호하는 방법이다. 종교와 교리의 인지적 명제적(the cognitively propositional) 측면과 표현적 상징적(the expressively symbolic) 차원 모두를 본다." George A. Lindbeck, *The Nature of Doctrine: Religion and Theology in a Postliberal Age* (Philadelphia: The Westminster Press, 1984), 16.

505 William C. Placher, *Unapologetic Theology*, 25. 대표적인 탈 자유주의 신학자로는 한스 프라이(Hans Frei), 폴 홀머(Paul Holmer), 데이빗 켈시(David Kelsey), 조지 린드벡(George Lindbeck), 윌리엄 플라쳐 (William Placher), 스탠리 하우어와스(Stanley Hauerwas) 등이 있다. 하지만 필자는 Charles L. Campbell의 책 *Preaching Jesus*를 중심으로 탈 자유주의 설교와 관련 있는 몇 사람만 다루고자 한다.

506 Charles L. Campbell, *Preaching Jesus*, 65.

507 George A. Lindbeck, *The Nature of Doctrine*, 33.

508 Charles L. Campbell, *Preaching Jesus*, 66.

509 Charles L. Campbell, *Preaching Jesus*, 67.

없는 예수의 정체성(unsubstitutable identity of Jesus)'[510]을 정립하는
데 있다." 그의 교회론은 "교회의 전통 속에서 성경해석의 근거를 찾으
려는 데 있다."[511] 한스 프라이(Hans Frei)가 이런 주장을 하게 된 계
기는 자유주의 신학이 하나님보다도 믿음과 변증에 초점을 맞추기 때
문이다. 자유주의는 '예수님이 누구신가(Who Jesus is)?' 보다 '예수
그리스도는 어떻게 현존하시는가(How Jesus Christ is present)?'에 초
점을 맞추었다.[512] 그는 믿음을 인간의 경험과 연관(correlate)시키려고
하고, 인간의 조건이 어떻게 믿음을 의미 있게 만드는지 설명하려는
자유주의 신학에 반대했다.[513]

조지 린드벡(George Arthur Lindbeck)과 한스 프라이(Hans Frei)
의 사상을 이어받으면서도 자기만의 고유한 색채를 남기고 있는 데이
빗 켈시(David H. Kelsey)가 있다. 그는 "보편적 이성이 아니라, 신앙
공동체와 전통 안에서만 성경 내러티브를 이해하고 신앙을 논할 수 있
다."라고 말하는 탈 자유주의 흐름 속에서 "성경 해석 방법의 다양
성"[514]을 연구했다. 그는 여정 막바지에서 평생의 학문적 결실이라고
할 수 있는 새로운 신학적 인간론을 위한 새로운 접근법을 제시했
다.[515]

---

510 Charles L. Campbell, *Preaching Jesus*, 189.
511 오승성, "찰스 L. 켐벨의 탈자유주의적 설교학의 의의와 한계," 『신학과 실천』 제26호 1권 (2011년 봄), 291.
512 Paul Scoot Wilson, *Preaching and Homiletical Theory*, 112.
513 Paul Scoot Wilson, *Preaching and Homiletical Theory*, 112.
514 David H. Kelsey, *The Uses of Scripture in Recent Theology* (Philadelphia: Fortress Press, 1975), 4. 그는 성경 해석 방법이 다양하다는 점을 고찰한 후 신학을 새로운 관점에서 바라보았다. 성경해석은 성경 자료와도 반드시 연관되지만, 명시적이거나 암묵적인 조건들 또는 전제된 결론과도 동시에 맞물려 있다. 신학적 논증은 신앙 공동체의 삶이라는 특수한 맥락을 떠나 중립적인 공간에서 형성되지 않는다.
515 David H. Kelsey, *Eccentric Existence: A Theological Anthropology* (Louisville: Westminster John Knox Press, 2009). 이 책은 2권(Vol. one and two) '3 parts'로 구성되었는데, part 1. "Created: Living on Borrowed Breath(창조: 빌린 숨결로 살아가기)", part 2. "Consummated: Living on borrowed time(완성: 빌린 시간으로 살아가기)," part 3. "Reconciled:

이 세 사람이 강조하는 핵심 중 하나는 "성경해석의 주요한 범주를 내러티브에 우선성을 둔다."라는 데 있다. 따라서 탈 자유주의 신학은 "기독교의 독특한 정체성을 성경의 내러티브에서 찾고자 한다." 기독교의 독특한 정체성을 성경의 내러티브에서 찾고자 했던 탈 자유주의 신학은 설교에 관심을 품을 수밖에 없었다. 탈 자유주의 신학은 탈 자유주의 설교를 출현시켰다.

탈 자유주의 설교의 출현
탈 자유주의 설교의 출현에 앞장선 사람은 찰스 캠벨(Charles

---

living by another's death(화해: 다른 사람의 죽음을 통해 살아가기)."이다. 그는 기존 인간론 연구 방법인 '실체적(substantive) 접근법'과 '관계적(relational) 접근법'의 한계를 넘어서고자 한다. '실체적 접근법'은 고대의 교부로부터 이어져 내려온 '하나님의 형상(*imago Dei*)'에 대한 고전 그리스 철학의 이해 방식이다. 이 접근법은 모든 인간이 공유하고 있는 본질적 특성과 역량을 찾아서 인간과 비인간의 차이를 규정한다. 대표적인 예로 인간성의 본질을 인간 이성(rationality)에서 찾고자 하는 흐름이다. 반면, '관계적 접근법'은 20세기 후반에 일어난 인간 이해의 '관계적 전환(the relational turn)'에 기초한다. 이전까지는 '인간 됨(person)'을 이해할 때 실체적 접근법에 따라 어떤 본질을 발견하고자 했다. 하지만 20세기에 이르러 '인간 됨'을 관계적 개념으로 이해하려는 철학적 전환이 일어났다. 인간은 관계적 존재이며 인간 됨의 본질은 하나님과 인간 사이의 관계를 추구하려는 경향에 있다. 하나님과의 관계 속에 있는 인간은 자연스럽게 하나님께 책임을 다하는 존재가 된다. 자신에게 주어진 책임을 다할 때 인간은 비로소 인간이다. 그런데 데이빗 켈시(David H. Kelsey)는 이 두 접근법은 성경 텍스트와 신앙 공동체라는 특수한 맥락 외부에 있는 철학적 개념에 지나치게 의존하는 한계로 보고 이를 극복하기 위한 연구를 시도했다. 인간은 추상적 본성에 따라 규정하는 존재가 아니라, 창조, 종말론적 완성, 화해라는 세 가지 구체적인 일상의 맥락 속에 존재하면서 대체 불가능한 개인으로서 몸을 가지고 살아가는 존재이다. 이처럼 그의 접근법은 인간에게 존재하는 다양한 측면을 더 유연하고 역동적으로 신학이 포괄할 수 있게 돕는다. 그의 독특한 공헌은 탈 자유주의를 구체적으로 적용한 신학적 인간론을 제시했다는 데 있다. 이주일, "탈 자유주의를 통해 신학적 인간론의 새 지평을 연 신학자,"
뉴스엔조이(2020.12.03.). www.newsnjoy.or.kr/news/articleView.

Campbell)이다. 그는 한스 프라이(Hans Frei)의 탈 자유주의 신학을
바탕으로 새로운 설교의 한계를 지적했다. 왜냐하면 새 설교를 이끌었
던 찰스 라이스(Charles Rice), 프레드 크래독(Freed B. Craddock), 유
진 라우리(Eugene Lowry) 등이 "예수 그리스도의 정체성보다 '체험적
설교 목적(the experiential purpose of preaching)'을 강조했기"516 때
문이다. 새로운 설교는 플롯을 강조하면서 청중에 대한 새로운 이해를
바탕으로 청중이 설교에 참여하도록 시도했다. 그리하여 청중이 복음을
전인적으로 체험하도록 했다. 하지만 찰스 캠벨(Charles Campbell)은
새로운 설교학자를 비판하면서 대안적 설교를 제시한다. 그것은 기독교
강단을 강화하고 교회를 새롭게 하는 탈 자유주의 설교(Post-liberal
Preaching)이다.517

따라서 탈 자유주의 설교는 자유주의 신학의 틀은 물론이고 새로
운 설교의 틀도 뛰어넘는다. 탈 자유주의 설교는 변화하는 새 시대를
사는 청중의 요구를 채우려는 새로운 접근 방식이다. 탈 자유주의 설
교는 성경의 '그 메시지'를 전달하기 위한 강력한 도구로 내러티브를
사용하는 경우가 많다. 그것이 오늘의 청중에게 깊은 울림을 준다고
여기기 때문이다. 또 탈 자유주의 설교는 자유주의 설교가 편파적 청
중 중심의 설교로 떨어지면서 예수의 정체성과 공동체성을 잃어가고
있다고 전제한다. 그러므로 탈 자유주의 설교는 개인과 공동체의 변혁
을 신앙의 목표로 삼는다. 탈 자유주의 설교의 출현은 영적 담론에 대
한 청중의 설교 생태계에 대한 역동적 반응을 반영하는 새로운 설교
생태계를 제시한다. 이런 점들을 좀 더 자세히 살피고자 한다.

(2) 탈 자유주의 설교의 기여

성경 내러티브
한스 프라이(Hans Frei)는 "성경 내러티브 해석에서 '사실주의적

---

516 Charles L. Campbell, *Preaching Jesus*, 129.
517 Charles L. Campbell, *Preaching Jesus,* xiii.

내러티브(realistic narrative)' 장르에 근거한 일반적 문학적 방식에서 돌아섰다. 그는 '문자 그대로 읽기(literal reading)'라는 교회의 전통에 기초한 특별한 '공동체 해석학(communal hermeneutic)'에 초점을 맞춘다."518 그의 성경 해석학의 핵심은 성경과 공동체에 있다. 그는 본문과 해석자 사이의 상호관계에 관심을 두지 않았다. 성경해석에서 중요한 점은 교회가 역사적으로 지켰던 공동체성이다. 그는 "성경을 교회 공동체 안에서 그 공동체를 규정하고 인도하는 책으로"519 보았다.

또 한스 프라이(Hans Frei)는 성경해석에서 성경 본문 자체의 우선성을 강조했다. 그는 종교개혁자들이 교회적 정통주의(ecclesiastical orthodoxy)를 반대하고 성경적 정통주의(biblical orthodoxy)로 돌아갈 것을 주창했던 정신으로 복귀를 촉구한다.520 그는 "성경해석을 기독교 공동체의 삶에서 구체화하는 특별한 언어와 삶과 분리할 수 없다."521 라고, 이해했다. 그에게 교회는 단순한 공동체가 아니라, 성경을 해석하는 '해석의 공동체(community of interpretation)'였다.

따라서 내러티브는 탈 자유주의 신학의 초석이다. 한스 프라이(Hans Frei)의 책 *The Eclipse of Biblical Narrative: A Study in Eighteenth and Nineteenth Century Hermeneutics*, 『성경의 내러티브 상실: 18~19세기 유럽의 성경 해석학 연구』에서 내러티브 연구를 시작했다. 이 책은 성경 내러티브에 대한 사실적이고 비유적인 해석이 무너져서 해석에 반전이 일어난 점을 탐구한다. 한스 프라이(Hans Frei)는 18세기와 19세기 성경해석의 한계, 즉 '성경적 내러티브 상실'을 비판했다.

---

518 Charles L. Campbell, *Preaching Jesus*, 77.

519 김동건, "한스 프라이 신학의 특징: 서사와 언어(Several features of Hans Frei's Theology: Narrative and Language)," 162.

520 석종준, "한스 프라이의 내러티브 이론(An attempt to Overcome Hermeneutics of Modern Orthodoxy through Hans Frei's Narrative Theory)," 320.

521 Charles L. Campbell, *Preaching Jesus*, 80.

근대주의 성경해석은 성경보다 보편적인 인간의 경험이나 윤리적 원리 또는 초월적 진리를 찾고자 하여 성경 외적인 세계에 끼워서 맞추는 해석을 했다. 그래서 성경 본문의 우선성과 독특성은 사라지고 성경은 이상한 책이 되었다.[522]

이 말은 "내레티브가 성경의 독특한 세계를 형성하는 데, 그 세계로 들어가야 한다."라는 뜻이다. 하나님은 성경 내러티브를 통해서 당신을 알리신다. 사람들은 성경 내러티브에 초대받아 그 안으로 들어갈 때 그곳에서 그 내러티브가 가리키는 분인 예수 그리스도를 만난다. 따라서 내러티브는 성경 계시의 중심적 형태이다. 탈 자유주의 신학을 '내러티브 신학(Narrative Theology)'[523]으로 부르는 이유도 여기에 있다.

기독교가 오랫동안 지켜왔던 성경 내러티브에 관한 관심은 오늘의 설교자가 회복해야 할 중요한 과제 중 하나이다. 한스 프라이(Hans Frei)가 관찰했던 성경 내러티브 해석은 성경을 이해하는 가장 기초적인 작업이다. 기독교 정체성을 배우는 과정이기도 하다.[524] 성경 내러티브에서 가장 강조하는 사상은 예수 그리스도이시다. 예수 그리스도는 기독교의 정체성이다. 신앙의 절대적이고 유일한 대상은 예수 그리스도이다.

대체할 수 없는 예수의 정체성

한스 프라이(Hans Frei) 신학의 근본적 관심은 '역사의 예수(Jesus of History)'와 '믿음의 그리스도(Christ of Faith)'라는 오래된 이분법(old dichotomy)을 극복하는 데 있다.[525] 그는 "복음서 내러티브 기능

---

522 Hans W. Frei, *The Eclipse of Biblical Narrative* (New Haven: Yale University Press, 1974), 22.

523 박 만, 『최근신학연구: 해방신학에서 생태계 신학까지』, 179.

524 전창희, "한스 프라이의 초기 내러티브 신학에 대한 연구(A Study on the Early Theology of Hans Frei's Narrative Approach)," 『한국조직신학논총』 vol., no. 43 (2015), 133.

525 Charles L. Campbell, *Preaching Jesus,* 15.

을 인물과 사건의 축적된 상호작용을 통해서 독특하고 '대체할 수 없
는 예수의 정체성(unsubstitutable identity of Jesus)'을 나타낸다."526라
고 보았다. 새로운 설교는 플롯이라는 관점에서 내러티브 설교를 규정
했다. 하지만 한스 프라이(Hans Frei)는 내러티브 자체보다도 나사렛
예수의 정체성을 나타내는 특정한 복음서 내러티브에 관심을 두었
다.527 성경을 내러티브로 읽으면 다른 요소보다 등장인물에 집중할 수
있다. 청중은 등장인물의 이야기를 통해 자연스럽게 감정이입을 하고
그 주인공의 이야기에 공감한다. 때로는 실제 세계에 사는 실존 인물
과 자기를 동일시하기도 한다.

따라서 설교는 플롯이라는 형식 문제보다는 등장인물(character)과
기독론(Christology)에 집중해야 한다.528 왜냐하면 이야기를 구성하는
플롯이 우리를 구원하지 않고, 신앙의 대상도 아니기 때문이다. 성경의
중심인 예수 그리스도만이 대체 불가능한 신앙의 대상이다. 예수 그리
스도는 절대적이며 유일한 교회의 정체성이며, 우리 신앙의 정체성이다.
따라서 성경의 다양한 비유와 이야기는 모두 예수님을 드러내는 데 초
점을 맞추고 있다.

그러므로 한스 프라이(Hans Frei)가 "예수 그리스도께서 복음서의
내러티브에서 보이는 행동과 겪어가는 과정을 통해서 그리스도의 정체
성이 드러나기에 내러티브에 흥미를 품는"529 일은 당연하다. 그의 관
심은 공통의 종교적인 경험이나 일반이론으로 대체할 수 없는 예수 그
리스도의 정체성에 있다. 그는 복음서 내러티브를 '귀속하는 논리
(ascriptive logic)'530로 접근한다. '귀속하는 논리'는 내러티브 설교를

---

526 Charles L. Campbell, *Preaching Jesus*, 189.
527 Charles L. Campbell, *Preaching Jesus*, 189.
528 Charles L. Campbell, *Preaching Jesus*, 171.
529 Charles L. Campbell, *Preaching Jesus*, 171. 그는 "성경의 의미를
리꾀르(P. Ricoeur)처럼 성경 내러티브 앞에서 전개되는 세계-내-존재
(Being-in-the-world)라는 실존론적 경험을 발견한 것은 아니었다." 트레
이시(D. Tracy)처럼 내러티브 배후에 있는 공통의 인간 경험을 밝히는
것도 아니었다. 오승성, "찰스 L. 켐벨의 탈자유주의적 설교학의 의의와
한계," 『신학과 실천』, 292.

포함한 모든 설교에서 설교 형태보다 신학적 특성으로 나타난다. 설교 핵심의 주제는 어떤 일반적 경험으로 대체할 수 없는 예수의 정체성, 즉 귀속하는 주체로서의 예수 그리스도의 독특한 정체성이다. 따라서 설교에서 대체할 수 없는 예수 그리스도의 정체성을 증언해야 한다. 설교에서 예수 그리스도의 정체성을 드러낸다면 청중의 관심을 높일 수 있다.

찰스 캠벨(Charles Campbell)은 한스 프라이(Hans Frei)의 이 사상을 이어받았다. 그는 "예수님은 형식과 내용 사이, 복음서 내러티브와 설교 사이의 피할 수 없는 연결 고리(the inescapable link)이다."[531]라고, 강조했다. 따라서 내러티브를 떠나 예수의 정체성을 규정하려는 시도는 잘못이다. 왜냐하면 그런 시도는 예수의 정체성을 일반화하여 기독교의 특수성을 없애는 일이기 때문이다. 복음서 내러티브 플롯은 예수의 정체성을 나타내고 있다. 그러므로 설교에서 가장 중요한 점은 대체할 수 없는 예수 그리스도의 정체성을 선포하는 일이다. 설교에서 중요한 점은 형식이 아니라 내용이다. 성경을 통해 드러나는 그리스도의 독특한 정체성을 우선 선포해야 한다. 예수의 정체성은 "그는 누구인가(Who is he)?", "그는 어떤 사람인가(What is he like)?"라는 물음에 대한 답을 통해서 얻는다. 그리고 대체할 수 없는 예수의 정체성은 교회의 정체성으로 이어진다.

교회 공동체성

교회는 그 자체로 공동체이다. "공동체성은 인간 본연의 특성이며, 교회 역사가 증명하는 교회의 성장과 쇠퇴의 원인이다."[532] 한스 프라

---

530 Charles L. Campbell, *Preaching Jesus*, 191.

531 Charles L. Campbell, *Preaching Jesus*, 173.

532 교회 대학청년부의 이상적인 모습을 꼽으라는 질문에 50.8%가 '공동체적'이라는 모습을 첫 번째로 선정했다. 그들은 삶의 문제를 털어놓을 수 있는 공동체를 바라고 있다. 대학생은 '공동체적', '예배 중심적', '기도 중심적' 교회를 이상적인 교회로 생각하고 있다. 학원복음화협의회, "1부 2022 대학생활과 의식 조사 분석,"

이(Hans Frei)의 관심은 공통의 종교 경험이나 일반이론으로 대체할 수 없는 예수 그리스도의 특수한 정체성을 세우려는 기독론에 있었다. 그리고 기독론을 바탕으로 공동체적 성격에 주목하여 교회 공동체를 세우려는 교회론에 있었다. 기독론과 교회론은 언제나 함께한다.

기독론 위에 교회론을 세우는 일은 설교 사역에서도 중요하다. 탈 자유주의 설교에서 말하는 설교의 기능은 "청중 개인의 문제를 해결하여 변화하도록 하기보다는 오히려 예수님의 정체성에서 '교회 세우기 (upbuilding of the church)'로 이동하는 데 있다."[533] 그 사역을 주도적으로 하는 분은 하나님이시다. 하나님은 예수 그리스도를 통해서 당신의 백성을 부르시고, 그 백성이 모인 교회를 세워가신다.

교회의 공적인 의무는 세상으로 들어가 하나님의 말씀을 선포하고 실천하는 데 있다. 교회는 예수 그리스도가 성육신(Incarnation)[534]하신 것처럼 성스러운 것을 벗어나 육신의 옷을 입어야 한다.[535] 그렇다고 해서 교회가 세상의 다른 공동체와 같은 단체로 전락해서는 안 된다. 교회의 정체성은 예수의 정체성으로부터 나온다. 예수의 정체성이 세상에서 공적으로 구현되는 것처럼 교회의 정체성 역시 세상에서 공적인

『2022 청년 트렌드 리포트, 우리 시대 청년들은 무엇으로 사는가』, 234.

533 한스 프라이(Hans Frei)는 '기초(foundation)'라는 단어 대신에 '세우기(upbuilding)'라는 단어를 사용한다. 이 단어에는 공동체(communal), 메시아(messianic), 종말론(eschatological), 그리고 묵시적(apocalyptic) 차원이 있기 때문이다. Charles L. Campbell, *Preaching Jesus,* 221-222.

534 성육신(Incarnation)은 하나님이신 그 말씀이 육신이 되어 우리 가운데 찾아오신 사건이다(요한 1:14). "성육신의 신비 가운데 신적 요소와 인간적 요소가 함께 만난다. 성육신 안에 초월성과 내재성이 결합한다." 안오순, "포스트모던 시대의 청중에게 들리는 설교," 116. 따라서 '성육신'을 강조한다고 해서 지나치게 육신의 모습만을 말하면 성육신의 개념을 벗어난다. 성육신의 참 개념은 "예수님은 하나님이시면서 사람이 되셨다. 예수님은 사람이 되셨지만, 하나님이시다. 예수님은 하나님이시면서 사람이시다."라는 사실에 있다.

535 Michael Frost, *Incarnate,* 최형근 옮김, 『성육신적 교회: 탈육신 시대에 교회의 역사성과 공공성 회복하기』 (서울: 새물결 플러스, 2016), 288-293.

모습으로 나타나야 한다.

이런 모습은 새 설교학자가 주장하는 개인의 체험이나 보편적인 경험의 영역이 아니라, 공적으로 구현된 교회 공동체로의 영역이다. 새로운 설교는 설교에서 이야기의 중요성을 발견했지만, 어떤 이야기를 사용해야 하는지에 대해 논의하지 않았다. 하지만 찰스 캠벨(Charles L. Campbell)은 내러티브의 핵심인 예수의 정체성을 강조했다. 그 정체성에 기초하여 교회 공동체성을 강조했다. 새로운 설교는 설교의 기교에만 집중했다면, 탈 자유주의 설교는 설교의 대상인 교회 공동체를 포괄적으로 바라보았다. 특히 해석공동체로서의 교회가 천상의 영적 실체가 아닌 구체적인 실천적 사역을 구현하는 공동체임을 강조했다.536 그 점에서 새로운 설교와 탈 자유주의 설교는 분명한 차이를 보인다.

폴 윌슨(Paul S. Wilson)은 그 차이를 이렇게 표현했다. "탈 자유주의 설교학은 새로운 설교학을 넘어서거나(beyond the New Homiletic), 혹은 그것과 애써 연대하지 않은(not necessarily an ally of the New Homiletic) 또 다른 흐름의 등장이다."537

그러나 이런 탈 자유주의 설교에도 한계는 있다. 그것은 설교 내용에서 한계를 나타냈다. 또 다른 하나는 설교 전달에서 한계를 드러냈다. 이제 그 한계를 비평적으로 살필 것이다.

(3) 탈 자유주의 설교의 한계

설교 내용의 한계

첫째로, 탈 자유주의 설교 내용은 지나치게 인물 중심이다. 새 설교학이 설교의 형태와 전달 방법에 관심을 보인 것에 비해서 탈 자유주의 설교 방법론은 형식이 아닌 신학적인 문제에 중점을 둔다. 새 설교학이 '플롯'을 선호하는 반면에 탈 자유주의 설교학은 '인물'을 선호

---

536 석종준, "한스 프라이의 내러티브 이론(An attempt to Overcome Hermeneutics of Modern Orthodoxy through Hans Frei`s Narrative Theory)," 308.

537 Paul Scoot Wilson, *Preaching and Homiletical Theory*, 137.

한다. 그런데 리차드 에스링거(Richard L. Eslinger)가 지적하듯이 "플롯과 인물의 구분을 과도하게 하지 말아야 한다. 왜냐하면 내러티브는 플롯과 인물 모두를 가지고 있어서 어느 한쪽을 배제하면 그 핵심을 잃어버릴 수 있기 때문이다."[538]

둘째로, 탈 자유주의 설교 내용은 언어에 함축된 경험 구조를 소홀히 여겼다. 탈 자유주의 설교학자는 세계의 경험보다는 언어의 선재성이나 본문의 내재성을 우위에 둬서 언어가 세계를 형성하는 것으로 본다.[539] 즉 언어가 경험보다 중요하다고 강조한다. 그런데 언어가 경험으로 영향을 받고, 세계의 경험은 언어로 영향을 받는다면, 세계가 드러나는 방식은 언어를 통해서도 가능하다. 따라서 언어가 세계를 결정한다고 고집할 수 없다. 해석의 주체인 교회 공동체는 그 해석에서 공동체에 유리하게 해석할 수 있기 때문이다. 언어 안에 신앙인의 경험적인 구조와 의미가 이미 들어 있다. 그러므로 하나님의 자기 계시나 성경 본문의 온전한 해석을 위해서는 언어와 경험의 이중적인 조건을 모두 다 받아야 한다.

셋째로, 탈 자유주의 설교 내용의 한계는 "성경 본문의 의미보다도 교회를 세우는 데(build up)만 관심을 둔 데"[540]서 나타난다. 설교가 교회 공동체를 세워야 한다는 커다란 흐름은 맞지만, 모든 성경 본문을 그렇게 해석하는 데는 무리가 있다. 시편은 개인의 간구와 탄원의 시로 가득 차 있기 때문이다.

따라서 탈 자유주의 설교 내용의 한계는 개인의 구원과 복음의 경험에 관해서는 무관심할 수 있다는 데 있다. 교회 공동체의 구성은 개인으로 이루어진다. 개인의 신앙 성장에 집중하지 않으면 공동체를 세울 수 없다. 개인 구원과 성장에 대한 대안이 필요하다.

---

538 Richard L. Eslinger, 『설교 그물짜기』, 134-135.
539 정승태, "후기자유주의 신학의 해석학적 한계," 『한국기독교 신학논총』 20 (2001. 4), 94.
540 Charles L. Campbell, *Preaching Jesus*, 230.

설교 전달의 한계

찰스 캠벨(Charles L. Campbell)은 예수 그리스도를 선포함으로써 교회를 세우는 역할을 해야 한다는 방향성을 제시했다. 그는 설교자 전해야 할 것(what)을 정확히 말했다. 하지만 그는 설교의 전개 과정과 전달의 방법(how)에 관해서는 관심이 부족했다. 그는 설교의 다른 부분, 즉 하나님의 말씀과 청중 간의 의사소통적인 측면에는 소홀히 했다.[541] 따라서 설교자가 강단에서 찰스 캠벨(Charles L. Campbell)의 설교 신학을 실천하는 일이 쉽지 않다.

그 점에서 윌리엄 윌리몬(William Willimon)은 설교 전달의 중요성을 강조하는데, 매우 적실하다.

> 설교는 하나의 사건(an event)이고, 볼 수 있고, 들을 수 있고, 인간 의사 전달(human communication)의 독특한 형태인 공동체의 순간(communal moment)이다. 설교 준비와 전달은 대화이고 대화에 참여하는 일(dialogical affair)이다. 목사는 성경 본문을 듣고, 그 본문에 질문하고, 본문이 말하도록 허용한 다음 청중의 상황을 듣는다.[542]

설교가 의사소통이라면 그것이 이루어지는 과정과 전달하는 방법도 중요하다. 따라서 하나님의 말씀을 효과적으로 전달하려고 했던 새 설교학자의 열심은 중요한 사안이다. 그 점에서 기독교 공동체의 전통적인 자율성을 해치지 않는 범위 내에서 신앙과 이성을 상호협력하여 '상관 신학의 장점(theology of correlation)'[543]을 받아들일 필요가 있다. "신앙(what)이 없는 이성(how)은 공허하고 이성이 없는 신앙은 맹목이다."라는 사실은 설교에서도 타당하다.

설교는 하나님의 '신비(mystery)'를 '언어'로 증언하는 일이다. 하

---

541 오승성, "찰스 L. 캠벨의 탈자유주의적 설교학의 의의와 한계," 316.

542 William H. Willimon, *Preaching and Leading Worship* (Louisville: The Westminster Press, 1984), 77.

543 '상관 신학(theology of correlation)'은 복음과 청중과의 접촉점을 제공하여 복음을 설득력 있는 것으로 만든다.

나님의 신비는 인간의 이성적인 언어로는 완전하게 파악할 수 없어서 초월적(transcendental)이다. 하지만 그 신비를 청중에게 이성적인 언어를 통해 전달한다는 점에서 내재적(immanent)이다. 설교는 신앙과 이성을 통합하는 작업이다.544 양극단으로 나가서는 안 된다. 설교는 초월과 내재의 변증법적 종합을 보여주는 성육신의 신비에 가까운 일이다. 탈 자유주의 설교는 설교의 초월적인 측면을 잘 보여주고 있다. 따라서 그의 설교에 내재적인 측면을 보충한다면, 하나님의 신비를 드러내는데 더욱 적절할 것이다.

이상에서 볼 때, 탈 자유주의 설교는 설교자에게 놓쳐서는 안 될 중요한 핵심을 강조했다. 그들이 가장 먼저 강조한 성경 내러티브를 모든 설교자는 귀 기울이어야 한다. 왜냐하면 성경 내러티브에서 강조하는 사상은 예수 그리스도이기 때문이다. 예수 그리스도는 대체할 수 없는 신앙의 절대 대상이다. 더 나아가 교회 공동체성을 세우는 토대이다. 교회론은 기독론 위에 세워진다. 탈 자유주의 설교는 새로운 설교에서 간과했던 대체할 수 없는 예수 그리스도의 정체성과 교회 공동체성을 깨우쳐 주었다.

하지만 그들에게도 몇 가지 한계가 나타났다. 필자는 먼저 설교 내용의 한계를 지적하지 않을 수 없었다. 왜냐하면 탈 자유주의 설교 내용은 지나치게 인물 중심이기 때문이다. 어느 한쪽을 배제하면 그 핵심을 잃어버릴 수 있기 때문이다. 다음으로 설교 전달의 한계를 지적했다. 하나님의 말씀과 청중 간의 의사소통적 측면을 소홀히 했기 때문이다.

지금까지 필자는 5에서 "어떻게 설교의 영광을 재현할 수 있는가?"라는 전제로 설교의 변화 과정을 살폈다. 즉 전통적 설교와 새로운 설교, 그리고 탈 자유주의 설교의 흐름을 통해 각각의 설교 장점과 함께 한계를 보았다. 각각의 설교는 그 시대의 청중을 구원하고 교회를 세우는 일에 쓰임을 받았다. 하지만 변화하는 새 시대는 그에 걸맞은

---

544 오승성, "찰스 L. 캠벨의 탈자유주의적 설교학의 의의와 한계," 319.

설교의 틀을 요청했다. 그 요청은 설교의 '근본적 변화(paradigm shift)'[545]이다. 이런 시대적 요청에 따라서 설교는 변화했다. 그리고 그 시대마다 교회를 살리고, 세상을 살리는 일에 이바지했다.

이제 우리는 제4차 산업혁명 시대의 청중에게 적실한 설교의 요청 앞에 서 있다. 필자는 제4차 산업혁명 시대의 대안적 설교로 지금까지 살폈던 각 설교의 장점을 살리면서 조심스럽게 균형을 이루는 상호협력적 설교를 제안한다. 하나의 이론만을 주장하는 극단주의적 선택이 아닌 통합을 강조한다. 필자는 이 점을 실현하기 위해서 상호협력적 설교와 그에 기초한 설교 실제를 제안하고자 한다.

---

545 김운용, 『설교의 새로운 패러다임』, 113.

6. 제4차 산업혁명 시대의 청중에게
적실한 상호협력적 설교와 설교 실제

필자는 5에서 "어떻게 설교의 영광을 재현할 수 있는가?"라는 전제로 설교의 변화 과정을 살폈다. 즉 전통적 설교와 새로운 설교, 그리고 탈 자유주의 설교의 흐름을 통해 각각의 설교 장점과 함께 한계를 보았다. 필자가 지금까지의 설교 흐름을 살핀 목적은 제4차 산업혁명 시대의 청중에게 적실한 설교 대안을 모색하는 데 있다. 그리고 필자는 그 설교 대안으로 상호협력적 설교를 제안한다. 그러면 이제 우리는 '상호협력적 설교는 무엇이며?' '왜 제4차 산업혁명 시대의 청중에게 상호협력적 설교가 필요한가?' '상호협력적 설교의 내용은 무엇인가?' 그리고 '상호협력적 설교형식'에 관해 살피고자 한다.

1) 상호협력적 설교의 이해

(1) 상호협력적 설교의 정의

상호협력적 설교는 전통적 설교와 새로운 설교, 그리고 탈 자유주의 설교의 장점을 조화롭게 통합하고, 성경 본문 중심성과 청중의 필요에 주목하여, 예수님의 정체성과 교회 공동체성을 강조하는 동시에 성령님의 인도하심을 전제로 하는 설교 방식이다.

상호협력적 설교는 다음과 같은 특징을 가진다. 첫째로, 통합과 상호협력의 원리이다. 상호협력적 설교는 극단적인 선택, 즉 '이것이냐, 저것이냐?'라는 이원론적 사고를 피하고, 서로 다른 설교 방식의 장점을 결합하는 원리이다. 그 원리는 기존의 가치를 유지하면서 새로운 접근 방식을 통합하는 것을 목표로 한다.

둘째로, 절충주의(折衷主義, eclecticism)와의 차별화이다. 상호협력적 설교는 절충주의와는 다르다. 절충주의는 다양한 사상을 혼합하고 조화롭게 만드는 것을 의미한다. 하지만 상호협력적 설교는 서로 다른 이론이나 방법을 단순히 혼합하는 것이 아니라, 각 접근법의 장점을 보다 통합적이고 조화롭게 만들려는 노력에 중점을 둔다.

셋째로, 설교의 한 장르가 아니다. 전통적으로 설교는 형식에 있어서 본문 설교(textual sermon), 주제 설교(topical sermon), 강해 설교(expository sermon), 내러티브 설교(narrative sermon) 등으로 나눈다. 최근에는 이야기체 설교를 포함하기도 한다. 각 설교의 특징은 본문과 주제의 내용과 성격에 따라서 적절한 형식을 도입하고 메시지를 보다 효과적으로 엮어가는 형태이다.[546] 하지만 상호협력적 설교는 각각의 설교에서 장점을 찾아서 통합하고 균형을 유지하는 원리를 기초로 한다.

넷째로, 성경 본문 중심성에 기초하여 성령님의 인도하심을 전제한다. 상호협력적 설교는 성경 본문을 중심으로 하고, 청중의 필요를

---

546 정장복, 『한국교회의 설교학개론』, 158; '본문 설교'는 본문의 접근에서 엄격하다. 메시지의 내용과 성격에서 본문을 중심으로 제한한다. '주제 설교'는 어떤 주제를 설명하고 설득하여 증명하는 설교이다. '강해설교'는 "문맥에 대한 역사적, 문법적, 문예적 연구를 통해 깨달은 성경의 개념(a biblical concept)을 성령님께서 먼저 설교자의 인격과 체험에 적용하고, 그 후에 청중에게 적용하는 것이다." 해돈 로빈슨(Haddon W. Robinson)의 말을 직접 들을 수 있다. "Expository preaching is the communication of a biblical concept, derived from and transmitted through a historical, grammatical, and literary study of a passage in its context, which the Holy Spirit first applies to the personality and experience of the preacher, then through him to his hearers." Haddon W. Robinson, *Biblical Preaching: The Development and Delivery of Expository Message*, 21.

연구한다. 이 원리는 성경 본문의 중요성에 뿌리를 두고 청중의 현실과 필요에 부응하려는 노력의 반영이다. 모든 설교에서 성경 본문을 분모로 삼고, 청중을 분자로 삼는다. 이어서 대체할 수 없는 예수님의 정체성과 교회 공동체성을 강조한다. 이 모든 일의 시작과 끝에는 성령님의 인도하심을 전제한다.

이러한 특징을 종합하면, 상호협력적 설교는 기존의 가치와 새로운 방법론을 통합하고 조화롭게 만들어, 제4차 산업혁명 시대의 도전에 교회가 효과적으로 응전할 수 있는 설교 대안으로 정의할 수 있다.

우리는 이 정의 앞에서 '과연 제4차 산업혁명 시대의 청중에게 상호협력적 설교가 필요한가?'라는 질문 앞에 서 있다. 필자는 그 필요성을 앞에서 언급했던 제4차 산업혁명 시대 청중의 현실에서 찾고자 한다.

(2) 상호협력적 설교의 필요성

앞에서 살폈듯이 제4차 산업혁명은 청중의 외적인 환경은 물론이고, 내면과 가치관까지 공격적으로 도전하고 있다. 그 핵심에는 '데이터 교'가 있다. '데이터 교'는 기독교의 근본 진리를 공격한다. 데이터교는 얽매이기 싫어하는 '플로팅 크리스천'을 증가하도록 했다. 더 나아가, 인간 정체성의 혼란까지 일으키고 있다. 현대인은 초연결 사회에 살면서도 실제 삶에서 개인 중심으로 산다. 개인 중심 사회는 확장된 관계성에도 불구하고 철저한 소외를 느낀다. 한병철은 "역설적으로 우리를 고립시키는 것은 늘어가는 연결성이다. 여기에 바로 파멸적인 네트워킹의 변증법이 존재한다. '네트워킹되어 있다(Vernetzrsein).'라는 말은 '연결되어 있다(Verbundensein).'라는 뜻이 아니다."[547]라고, 말한다. 왜냐하면 "내 생각과 느낌과 감정을 말하지 못하고 입력한 정보를 앵무새처럼 내뱉는 사회의 끝은 서사 없는 텅 빈 삶"[548]이기 때문이다.

---

547 Byung-Chul Han, *Die Krise der Narration*, 최지수 옮김, 『서사의 위기』 (서울: 다산북스, 2023), 121.

6. 상호협력적 설교와 설교 실제, 1) 상호협력적 설교의 이해

그러나 이런 중에 다행스러운 점은 탈종교화 현상이 아닌, 종교로의 회귀 현상이 나타난다는 점이다. 왜냐하면 제4차 산업혁명 시대에서 사람은 더 절실히 인생의 목적과 추구해야 할 가치를 종교로부터 찾고자 하기 때문이다. 오늘의 청중도 하나님의 형상대로 지음을 받은 영혼의 소유자이다. 그러므로 오늘의 설교자는 그들의 영혼을 채워줄 수 있는 설교 사명을 감당해야 한다.

그 설교 사명의 핵심에는 상호협력적 설교가 있어야 한다. 왜냐하면 첫째로, 데이터의 도전 앞에서 응전해야 할 설교는 성경 본문을 살리는 설교여야 하기 때문이다. '텍스트 상실 시대'에 성경 본문은 인간을 돌아볼 수 있는 거울과 같다. 둘째로, 성경 본문과 청중 삶의 주파수를 맞추려면 청중을 살리는 설교여야 하기 때문이다. 셋째로, 데이터를 숭배하면서도 삶의 문제를 해결하지 못하여 소외를 체험하는 청중에게 가장 적실한 설교는 대체할 수 없는 예수의 정체성을 증언하는 설교이기 때문이다. 마지막으로, 개인 중심 사회를 이길 힘은 교회 공동체성이기 때문이다. 다양한 '커뮤니티(community)'는 있을지라도 '참 공동체'를 잃어버린 그들에게 교회 공동체성만이 대안이다.

이런 점에서 볼 때, 제4차 산업혁명 시대의 청중에게 상호협력적 설교가 필요함을 강조한다. 어떤 하나의 이론만을 절대적으로 주장해서는 오늘 청중의 필요성을 채울 수 없다. 극단적 이원론적 설교만으로 그들에게 참 말씀을 전할 수 없다. 설교자는 청중 앞에 여러 가지 음식과 함께 영양가 높은 잔칫상을 차릴 수 있어야 한다. 그때 청중은 편식하지 않고 건강하게 자랄 수 있다. 그리하여 오늘의 청중이 그리스도의 완전하신 충만에까지 이르도록 해야 한다(엡 4:13). 더 나아가, 교회 공동체를 대안 공동체로 자라도록 해야 한다. 따라서 상호협력적 설교는 더 풍부하고 다양한 관점을 설교에 반영하여 제4차 산업혁명 시대를 사는 청중에게 하나님의 대안적 음성을 선포할 수 있는 설교 대안이다. 필자는 이제 상호협력적 설교의 내용이 무엇인지를 자세히 살피고자 한다.

---

548 Byung-Chul Han, 『서사의 위기』, 7-8.

172

(3) 상호협력적 설교의 내용

현재 우리는 주관주의와 상대주의에 휩쓸린 문화적 분위기에 살고 있다. 극단적 이념 프레임에 갇혀서 객관성을 잃고, 균형을 잃고 극단으로 치우치는 경향이 강하다. 조엘 비키(Joel R. Beeke)는 "그리스도인조차도 역사적인 기독교 신앙 대신에 자기중심적인 신비주의를 좇으려는 중대한 위험에 직면해 있다."[549]라며 극단주의 경향을 경계한다. 우리는 이런 시대에서 오히려 설교의 균형을 유지해야 한다. 그것이 곧 상호협력적 설교이다. 이미 앞에서 살폈듯이, 상호협력적 설교는 전통적 설교의 장점과 새로운 설교의 장점, 그리고 탈 자유주의 설교의 장점 중에서 대표적인 장점을 택하여 조화를 이루는 데 있다. 이제 필자는 이미 살폈던 각 설교의 장점 중 하나를 택하여 상호협력적 설교의 내용을 좀 더 자세히 알아보고자 한다.

전통적 설교의 장점

① 본문을 살리는 설교 : 전통적 설교의 핵심은 "설교는 성경에서부터 나와야 한다."라는 데 있다. 다시 말하면, '성경 본문에 관하여' 설교하지 않고, '성경 본문을' 설교했다. 전통적 설교는 성경의 메시지를 전달하는 일을 가장 중요하게 여겼다. 전통적 설교는 본문의 우선성과 본문의 권위를 더욱 확고하게 했다. 따라서 전통적 설교의 장점은 "본문으로부터 설교를(text-to-sermon)"이라고 할 수 있다.[550]

종교개혁자들은 설교에서 본문 중심을 강조했다.[551] 장 칼뱅(Jean

---

549 Joel R. Beeke, 『설교에 관하여: 설교자의 마음에서 회중의 마음으로 이어지는 개혁주의 설교』, 525.

550 전통적 설교의 장점을 '본문을 살리는 설교'라고 한데 이의를 제기할 수 있다. 전통적 설교가 본문을 살리지 못한 경우가 많기 때문이다. 하지만 그들은 끊임없이 본문을 강조했다는 점에서 전통적 설교의 장점으로 제시한다.

551 종교개혁이 발견한 것은 성경 읽기와 설교하기였다. 마틴 루터 (Martin Luther)는 교회를 가리켜 '입의 집(mouth's house)'이라고 했고, 바울처럼 "믿음은 들음에서 난다."(롬 10:17)라고 강조했다. 개혁자들의

Calvin)은 성경을 설교의 시작으로 삼았다.552 해돈 로빈슨(Haddon Robinson)은 "설교에서 우선순위가 청중보다 본문에 있다."553라고 했다. 성경은 하나님께서 오늘날 모든 사람과 더불어 의사소통하시는 방편이기 때문이다.554 하나님은 성경을 통해서 우리를 구원으로 이끌고(딤후 3:15), 풍성하고 성숙한 모습으로 인도하신다(딤후 3:16-17). 청중을 변화시키고 교회를 양육하는 자양분은 성경 본문이다.

따라서 설교자가 가장 먼저 해야 할 일은 본문의 세계를 청중에게 적용하려는 노력보다는 본문의 세계 속으로 청중을 초대하는 일이어야 한다.555 어떤 경우에도 설교자는 상황과의 연관성을 위해 본문을 희생해서는 안 된다. 본문을 희생하지 않기 위해서 설교자는 성경을 사랑하고 연구하는 자세를 가져야 한다. 그 점에서 모든 설교자는 장 칼뱅(Jean Calvin)의 말을 가슴에 품어야 한다. "설교자는 성경을 사랑하기

눈에는 구원은 하나님의 말씀과 신앙에 뿌리를 두었지, 개인의 선행이나 교회의 직임에 뿌리박고 있지 않았다. William H. Willimon, *Pastor: The Theology and Practice of Ordained Ministry*, 최종수 옮김, 『21세기형 목회자』 (서울: 한국기독교연구소, 2008), 212.

552 파커(T. H. L. Parker)는 종교개혁자들에게서 이 원리를 찾았다. 그들은 성경이 가르치는 것을 이의 없이 축소하지 않고 받아들였고, 성경이 침묵하는 곳에서는 반드시 하나님의 신비스러운 지혜 앞에서 겸손히 잠잠했다. 따라서 설교자는 전혀 새로운 어떤 것을 선포할 수 없다. T. H. L. Parker, 『하나님의 대언자』, 65.

553 해돈 로빈슨(Haddon Robinson)은 현대의 설교가 생명력을 잃게 된 원인에 대해서 다음과 같이 지적했다: "강단에 서는 사람은, 성경 내용이 아닌 다른 메시지, 즉 정치 체제(우익이나 좌익), 경제 이론, 새로운 종교철학, 오래된 종교적 표어, 심리학적 경향 등과 같은 것들을 전하고 싶은 유혹을 계속해서 받는다. 설교자는 주일 11시 30분에 성가대의 합창이 끝난 후에 꾸며진 음성으로(a stained-glass voice) 자기가 원하는 대로 설교할 수 있다. 그러나 설교자가 성경 본문을 설교하는 데 실패한다면 권위를 버리는 것이다. 그는 더는 하나님의 말씀으로 청중을 만나지 못한다. 이것이 현대의 많은 설교들이 청중에게 하품 이상을 주지 못하는 이유이다. 그 속에 하나님이 계시지 않기 때문이다." Haddon W. Robinson, *Biblical Preaching*, 20.

554 Scott M. Gibson, *Making a Difference in Preaching*, 63-64.

555 Scott M. Gibson, *Making a Difference in Preaching*, 65.

에 연구하고, 성경을 연구하기에 그것을 사랑하는 사람이다."556

여기에 덧붙여서 찰스 스펄전(Charles Haddon Spurgeon)이 학생
들에게 했던 말씀도 들어야 한다.

> 성경에 정통해라. 다른 책들은 제대로 연구하지 못해도 예언자들과 사
> 도들의 글에는 정통해야 한다. 하나님의 말씀이 네 안에 풍성하게 거하
> 도록 해라.… 성경을 이해하는 것이 우리의 야망이 되어야 한다. 우리
> 는 성경과 친숙해야 하는데, 가정주부들이 바늘과 친숙한 것처럼, 상인
> 들이 장부와 친숙하듯이, 선원들이 배와 친숙하듯이 해야 한다.557

성경에 정통하려면 성경을 바르게 연구해야 한다. 그 연구가 석의
이다. 설교자는 석의를 통해서 본문에서 '중심사상'을 찾고, 그 중심사
상을 청중에게 전달해야 한다. 해돈 로빈슨(Haddon Robinson)은 이 사
실을 이렇게 강조한다. "설교는 산탄(buckshot)을 쏘지 않고 하나의 명
중탄(bullet)을 쏴야 한다." 왜냐하면 모든 설교는 다양한 성경 본문이
나 혹은 하나의 본문으로부터 나오는 다른 사상들(ideas)에 기초한 하
나의 지배적인 사상(a single dominant idea)에 대한 설명과 해석과 적
용이기 때문이다."558 성경의 능력이 설교자의 능력으로 나타나고, 설교
자의 능력은 설교의 능력으로 나타난다. 설교자는 어떤 상황에서도 설

---

556 idem, *Calvin's Preaching*, 김남준 옮김, 『칼빈과 설교』 (서울: 솔
로몬, 2003), 64.

557 Charles Haddon Spurgeon, *Lecture To My Students*, 249, 184.

558 Haddon Robinson, *Biblical Preaching*, 35; 이에 대한 좀 더 자세
한 설명은 Keith Willhite, "총탄 vs 산탄," *The Big Idea of Biblical
Preaching*, 이용주 옮김, 『빅 아이디어 설교』 (서울: 디모데, 2002), 13-26
을 보라; 라메쉬 리차드(Ramesh Richard)는 '중심사상'을 '중심 명제'라
고 표현한다. "성경 본문의 각 단락에는 하나의 주된, 지배적인 또한
두드러지게 나타나는 내용이 있다. 단락은 하나의 주제를 가지고 있는
본문의 단위라고 정의할 수 있다. 이러한 주된 내용을 '본문의 중심 명
제(CPT, Central Proposition of the Text)'라고 부른다. 이 중심 명제는 본
문의 심장과 같다." Ramesh Richard, *Scripture Sculpture*, 『삶을 변화시키
는 7단계 강해설교준비』, 89-90.

교 '내용(what)'을 설교 '방법(how)'보다 더 중요하게 여겨야 한다.[559]

새로운 설교의 장점

① 청중을 살리는 설교 : 오늘의 청중에게 가장 바람직한 설교는 올바른 석의 작업을 통해 본문에서 처음 청중에게 전했던 '그 메시지', '중심사상'을 찾아서 전하는 데 있다. 그리고 청중의 필요를 채워주며 이 시대를 뚫고 들어가는 메시지이어야 한다. 그것이 청중의 삶을 살리는 설교이다.

이우제는 청중을 살리는 설교를 '성육신적 설교'[560]로 부른다. 하늘의 이야기가 하늘의 이야기로만 남아 있거나 땅의 이야기가 땅의 이야기로만 남아 있으면 아무런 역사가 일어나지 않는다. 하늘의 이야기가 땅의 이야기가 되고, 영원한 진리가 죄 많은 세상으로 침투할 때 비로소 세상에 구원의 장이 열린다.

이것은 '성경의 본문(text of Scripture)'과 '삶의 본문(text of life)'이라는 '두 지평의 융합(fusion of the two horizons)'[561]을 이루는 작업이기도 하다. 이것은 또 존 스토트(John R. W. Stott)의 '두 세계의 다리를 놓는 작업'[562]과 같은 개념이다. 설교자가 '다리 놓는 작업'

---

559 Graham Johnston, *Preaching to a Postmodern World: A Guide to Preaching Twenty-first-Century Listeners* (Grand Rapids: Baker Books, 2001), 106.

560 이우제, "성육신적 설교 신학 정립을 위한 고찰," 27.

561 '지평의 융합'이란 용어는 한스 가다머(Hans Georg Gadamer, 1900-2002)로부터 시작했다. 그는 "텍스트의 의미는 그 텍스트를 쓴 기록자의 주관적 의도에 의해 정의되지 않고, 그 기록자가 글을 쓸 당시의 사회문화적 배경에 의해 형성된 의미의 '지평(horizon)'에 의해 규정된다."라고 했다. 따라서 텍스트를 이해하는 과정은 일종의 '지평의 융합(fusion for horizon)' 과정이다. 성경의 지평과 해석자의 지평의 융합이 필요하다. Anthony C. Thiselton, 『두 지평』, 23, 485-490.

562 존 스토트(John R. W. Stott)는 '다리 놓는 일'에 대해서 이렇게 설명했다. "설교는 단순한 주해가 아니라 전달하는 일이며, 본문의 석의가 아니라 하나님께서 삶의 현장에 있는 사람에게 주신 메시지를 전달하는 일이다. 다리는 두 세계를 이어주는 수단인데, 성경의 세계와 현대의 세계를 연결한다. 따라서 설교자의 임무는 성경을 통하여 계시

을 하려면 본문을 이해한 것처럼 세상도 이해해야 한다.

　데이빗 헨더슨(Daivd W. Henderson)은 "세상을 이해하기 위해서는 손에 닿는 대로 모든 것을 읽어라."563라고, 권면한다. 설교자는 청중의 주파수를 정확하게 파악하여 성경의 중심 명제를 그들의 상황에 적실하게 적용해야 한다. 왜냐하면 청중은 참여하지 않으면 싫증을 내고, 메시지의 의미와 중요성을 보지 못하면 들으려 하지 않기 때문이다. 따라서 두 세계에 다리를 놓으려면 석의된 적용, 적용된 해석(applicatory explication)의 길로 나가야 한다.564 본문에 충실하여 성경

─────────────

한 하나님의 진리를 오늘의 청중에게 전달하는 일이다." John R. W. Stott, *Between Two Worlds: The Art of Preaching in the Twentieth Century*, 194; 존 스토트(John R. W. Stott)는 성경의 세계와 현대의 세계(contemporary)를 결합해야 할 필요성을 요약하기 위해서 네 사람의 최종적인 증인을 제시한다. 독일 신학자 톨룩(Tholuck): "설교는 하늘을 그 아버지로 땅을 그 어머니로 삼아야 한다." 마틴 로이드 존스(David Martyn Lloyd-Jones): "설교의 직무는 성경의 가르침을 우리 시대에 일어나고 있는 일들과 연결하는 것이다." 이얀 피트 와트슨(Ian Pitt-Watson): "모든 설교는 이쪽에 있는 성경 본문과 다른 쪽에 있는 현대인의 삶의 문제를 향해 쏜 활시위(bowstring)처럼 뻗어있다. 만약 줄이 어느 한쪽 끝에만 묶여 있다면 그 활은 쓸모가 없다." 스티븐 네일(Stephen Neill): "설교란 직물(weaving)과 같다. 거기에는 날실(warp)과 씨줄(woof)이라는 두 요소가 있다. 거기에는 우리를 위해서 고정되고 변경할 수 없는 요소로서 하나님의 말씀이 있다. 베 짜는 사람이 그의 의지대로 그 모양을 바꾸고 변화를 줄 수 있는 다양한 요소가 있다. 다양한 요소란 사람과 상황의 형태가 계속해서 변화하는 것이다." John R. W. Stott, *Between Two World: The Art of Preaching in the Twentieth Centurys*, 150; 해돈 로빈슨(Haddon Robinson)도 "설교자는 기록된 하나님의 말씀과 사람의 마음 사이의 큰 간격을 연결하는 다리를 놓아야 한다. 그는 성경 본문을 정확하고 쉽게 해석해야 하며, 그 내용을 진실하게 적용해서 그 진리가 이 다리를 건너도록 해야 한다."라고 역설했다. Scott M. Gibson, *Making a Difference in Preaching*, 83.

　563 Daivd W. Henderson, 『세상을 따라잡는 복음』, 53-56; 해돈 로빈슨(Haddon Robinson)은 "눈에 보이지 않는 회중에게 귀를 기울이라."라고 한다. 이를 위해서 설교자가 책상에서 설교를 준비할 때 여섯 명이나 일곱 명 정도의 때 묻지 않은(flesh-and blood) 교인을 앉히도록 하라고 한다. Scott M. Gibson, *Making a Difference in Preaching*, 32.

　564 이우제, "성육신적 설교 신학 정립을 위한 고찰," 8; 그레이엄

의 지평만 소개하여 성경의 메시지를 은하수 세계에 매달기만 해서는 안 된다. 본문의 메시지를 오늘을 사는 청중의 삶에 뿌리를 내리도록 해야 한다. 이것이 바로 청중의 삶을 살리는 설교이다.

탈 자유주의 설교의 장점

① 예수의 정체성 : 새로운 설교는 개인 문제에 집중하여 예수 그리스도를 증언하는 일에 한계를 나타냈다. 새 설교학자는 "현대 청중은 그리스도에 대하여 잘 알고 있다."라고 전제했기 때문이다. 하지만 제4차 산업혁명 시대를 사는 청중은 성경을 바르게 알지 못한다. 그들은 성경을 상대주의적 가치로 여긴다. 따라서 오늘의 설교자는 오늘의 청중에 대한 적확한 인식이 필요하다.

설교자는 설교의 중심에 예수 그리스도를 세워야 한다. 번영 신학이나 이념을 설교 중심에 세우는 일을 지양해야 한다. 대신에 성경과 복음서의 핵심 인물인 예수님의 정체성을 드러내는 일을 지향해야 한다. 예수 그리스도는 대체할 수 없는 우리 신앙의 대상이기 때문이다. 또 예수 그리스도는 대체할 수 없는 교회 공동체성의 토대이기 때문이다.

② 교회 공동체성 : 제4차 산업혁명 시대를 사는 사람은 '우리'라는 집단보다는 '나'라는 개인을 중요하게 여긴다. 오늘의 청중은 개인마다 개성 자체가 다르고 각자 나름의 문제를 안고 있다. 따라서 그들이 안고 있는 문제를 획일적인 방법으로 해결할 수 없다. 교회는 한 영혼이 예수 그리스도 앞에서 자립적인 사람으로 설 수 있을 때까지 말씀으로 도와야 한다.[565] 그렇다고 해서 설교가 한 개인을 세우는 데

존스톤(Graham Johnston)은 "청중은 자기들의 삶 가운데 설교자가 개입하고 있다는 사실을 느낄 때 설교에 개입한다."라며 설교자가 청중에게 관심을 기울이도록 당부한다. Graham Johnston, *Preaching to a Postmodern World*, 118.

565 최윤식, 『2020·2040 한국교회 미래지도』 (서울: 생명의말씀사, 2015), 309.

집중할 수 없다. 설교의 목적 중 하나는 개인을 살릴 뿐만 아니라, 교회 공동체를 세우는 데 있기 때문이다. 물론 그 공동체는 사람 중심이 아닌 예수 그리스도를 중심으로 한 공동체이다.

교회 공동체성을 어떻게 세워야 하는가? 그것은 한 영혼을 사랑하는 일로부터 시작해야 한다. 한 영혼은 천하보다 귀하기 때문이다. 그리고 한 영혼을 사랑하는 일은 다음 세대를 돕는 일로 나타나야 한다. '다음 세대'는 교회의 미래는 물론이고 나라의 미래를 결정짓는 존재이다. '다음 세대'는 오늘은 물론이고 내일의 나라와 역사의 주인공이며 소망이다. 그들이 어떻게 자라느냐에 따라서 교회와 나라의 미래를 결정한다. 다음 세대가 없는 나라는 희망이 없고, 다음 세대가 없는 교회도 희망이 없다.566 다음 세대의 실종은 사랑하는 아들딸을 잃어버리는 그것과 같다. 교회 공동체를 세우는 일의 핵심 중 하나는 다음 세대를 세우는 일에 집중하는 데 있다.567 그것이 한 영혼을 사랑하는 일이다.

어떻게 한 영혼을 사랑해야 하는가? 따뜻한 사랑으로 사랑해야 한다. 세상은 메말라가고 개인중심 사회를 가속화하고 있다. 하지만 그럴 때일수록 사람은 따뜻한 사랑을 그리워한다. 사랑이 영혼을 살린다. 존 나이스비트(John Naisbitt)는 *Megatrends 2000*, 『메가트렌드 2000』에서 '하이테크(High Tech)'와 대조하는 말로 '하이터치(High Touch)'라는 말을 사용했다.568 기술이 발전할수록 인간적인 따뜻한 감성이 필요하다.

이런 사랑의 실천할 수 있는 곳이 어디인가? 바로 교회 공동체이다. 교회 공동체의 존재와 사명은 사랑으로 서로를 돌보는 일이다(히 10:24). 설교자는 설교를 통하여 서로를 돌보는 공동체로서의 교회로 만들어야 한다. 성경은 어떤 사람들처럼 예배에 빠지지 말고, 서로 격려하여 더욱 힘써서 모여야 함을 강조한다. 더구나 주님 오실 날이 가

---

566 이원규, 『힘내라, 한국교회』 (서울: 동연, 2009), 30.

567 최경식, "다음 세대 키우려면 문화 감성 공유·공공성 강화가 해답." (2022. 10. 05). www.themission.co.kr/news/articleView.

568 John Naisbitt, *Megatrends 2000*, 『메가트렌드 2000』, 김홍기 옮김 (서울: 한국경제신문사, 1997), 5.

까이 오는 것을 아는 이상 더욱 열심히 모여야 한다(히 10:25). 초대교
회는 박해 앞에서도 날마다 마음을 같이 하여 모이기를 힘썼다. 그랬
을 때 주님께서는 구원받는 사람을 날마다 더하여 주셨다(행 2:46). 교
회 공동체는 로마 사회 변혁의 주체로 우뚝 섰다. 이런 모습이 오늘의
설교자가 설교를 통해서 꿈꾸고 실천해야 할 교회 공동체성이다.

필자는 지금까지 상호협력적 설교의 내용에 대해 살폈다. 그런데
내용을 청중에게 좀 더 효과적이고 설득력 있게 전달하려면 형식이 중
요하다. 이제 우리는 설교형식에 대해 알아봐야 한다.

(4) 상호협력적 설교의 형식

각각의 설교 장점을 주의 깊게 받아서 균형을 유지하려고 할 때
빼놓을 수 없는 일 중 하나는 다양한 설교형식에 대한 조화이다. 왜냐
하면 전통적 설교와 새로운 설교, 그리고 탈 자유주의 설교가 지향하
는 설교형식이 다르기 때문이다. 전통적 설교에서 설교형식은 연역법적
형태였다. 그리고 그 핵심은 3대지 설교였다. 반면 새로운 설교에서 설
교형식은 귀납법적 형태였다. 그 후 이야기식 설교형식으로 발전했다.
그 핵심은 청중의 삶에서 시작하여 삶으로 끝나는 삶의 풍성함이 있었
다. 한편 탈 자유주의 설교에서는 내러티브 설교형식이 발전했다. 설교
자가 실제 설교사역에서 이 설교형식을 모두 통합하여 구현하는 일은
쉽지 않다.

하지만 설교자가 설교 본문을 대할 때마다 설교형식의 다양화를
꾀하는 일은 대단히 중요하다. 왜냐하면 모든 설교는 형식을 지니기
때문이다.[569] 그리고 설교형식은 설교의 중심 주제를 청중에게 분명하

---

[569] 데니스 캐힐(Dennis M. Cahill)은 "모든 수영장에 구조가 있는 그
것처럼 모든 설교에도 형식이 있다. 모든 설교자는 사용할 콘텐츠
(content)의 종류와 콘텐츠를 전달하는 순서에 관해 결정해야 한다. 그
결정이 바로 설교의 형태나 디자인을 구성한다."라면서 설교형식의 중
요성을 말한다. Dennis M. Cahill, *The Shape of Preaching: Theory and Practice in Sermon Design*, 19.

고 확실하게 전달할 수 있기 때문이다. 따라서 설교자는 이 세 설교의 장점을 조화롭게 하면서 동시에 설교형식도 조화롭게 해야 한다. 설교 본문에 상관없이 언제나 같은 형식으로 획일화하는 일은 심각한 문제이다. 물론 그 형식의 조화로움과 다양화는 필자가 이미 앞에서 언급했듯이 설교 본문에 기초해야 한다. 상호협력적 설교형식의 원리는 설교학이 아닌 설교 본문이다. 이 원리에 기초하면 다양한 설교형식을 담아낼 수 있다.

　하지만 그 모든 일의 뿌리에는 언제나 성령님을 절대적으로 의존하며 기도하는 일이 있어야 한다. 인간의 열심은 태생적 한계가 있기 때문이다. 성령님을 의존하면서 세 종류의 설교 장점을 통합하는 상호협력적 설교가 필요하다. 그리하여 제4차 산업혁명 시대의 청중에게 풍성하고 영양가 높은 먹거리를 제공해야 한다. 상호협력적 설교가 설교 홍수 시대이지만 정작 마실 물이 없어서 영적 기갈을 느끼는 청중에게 '맑은 물', 즉 '참 말씀'으로서 역할을 하기를 기대한다. 이제 우리에게는 각각의 장점을 살리는 상호협력적 설교 실제가 필요하다.

2) 상호협력적 설교 실제

　필자는 지금까지 상호협력적 설교의 정의와 필요성, 그 내용, 그리고 설교형식에 대해 살폈다. 이제 필자는 그 원리에 기초한 대안적 설교 실제 3편, "운명인가, 섭리인가"(창 45:1-15), "새 성전"(요 2:12-22), "삶이 곧 예배"(롬 12:1-21)를 제시할 것이다.

　앞에서 살폈듯이, 상호협력적 설교의 핵심은 '본문을 살리고', '청중을 살리고', 그리고 '예수의 정체성과 교회 공동체성을 살리는' 데 있다. 따라서 설교 실제에서 이 내용을 살리고자 한다. 물론 모든 성경 본문에서 이 네 가지를 다 살리는 일은 쉽지 않다. 왜냐하면 모든 본문이 이 내용을 도식적으로 가르치지 않기 때문이다. 하지만 설교자는 어떤 본문이든지 상호협력적 설교의 핵심인 네 가지 요소를 설교 원칙이나 설교 철학으로 삼아야 한다. 그렇게 할 때 설교자는 실제 설교

사역 현장에서도 상호협력적 설교를 마음껏 펼칠 수 있다. 필자도 오늘 본문을 통해서 네 가지 요소를 설교 원칙으로 삼고 설교를 착상하고자 한다. 그리고 설교 전문에서 이 내용 모두를 살리려고 애를 쓸 것이다.

필자는 설교문을 작성하기 전에 먼저, 본문을 선택적으로 석의할 것이다. 그리고 본문에 나타난 동사를 중심으로 묻고 답하는 문제를 만들 것이다. 둘째로, 석의에서 찾은 중심사상을 설교 착상으로 이어갈 것이다. 셋째로, 설교 착상을 좀 더 발전시켜서 설교 개요를 만들 것이다. 마지막으로, 설교문 전체를 제시할 것이다. 설교문에서는 필자가 강조했던 네 가지 부분을 다음과 같이 구분하여 표현한다. '본문을 살리는 부분'을 '본문(Text)'의 약자인 'T'로 표시하고, '청중을 살리는 부분'을 '청중(Audience)'의 약자인 'A'로 표시한다. 그리고 '예수님의 정체성을 살리는 부분'을 '예수님(Jesus)'의 약자인 'J'로 표시하고, '교회 공동체성을 살리는 부분'을 '교회(Church)'의 약자인 'C'로 표시한다.

구분	표시
본문(Text)	T:
청중(Audience)	A:
예수의 정체성(Jesus)	J:
교회의 공동체성(Christ)	C:

(1) 성경 본문과 설교 제목 : 창세기 45:1-15 / 운명인가, 섭리인가

본문의 선택적 석의[570]

① 요셉은 어느 정도 크게 웁니까(1-2)? 요셉은 형들에게 자기를 어떻게 드러냅니까(3-4)?

1절, "그 정을 억제하지 못하여" - 요셉은 그동안 두 번이나 형제

---

570 안오순, 『창세기 연구, 창조와 축복』 (안양: 도서출판 사무엘, 2020), 530-539.

들을 만났을 때 울었다. 그는 그 사실을 그들에게 가까스로 숨겼다
(42:24; 43:30). 그러나 이제는 그 북받치는 감정을 억누를 수가 없다.
그는 더는 그 감정을 통제할 수 없었다. 형들에 대한 감정이 너무나
강했기 때문이다. "자기를 알리니" - 요셉은 마침내 형제들에게 자기의
정체를 밝힌다.

　　2절, "바로의 궁중에 들리더라" - 요셉의 정체가 바로의 궁중에까
지 전달된다. 그의 정체는 가족뿐만 아니라 애굽 사람과 왕궁에까지
전해진다. 형제들의 반응은 어떠했는가?

　　3절, "놀라서" - 이 말은 '전쟁에서 무력감에 사로잡혀 두려워하는
것'을 뜻한다(출 15:15, 삿 20:41). 그만큼 형들이 받은 충격이 크다.
그들은 갑작스러운 동생의 출현에 일이 어떻게 진행될지 몰라 혼란스
러웠고 겁이 났다. 요셉은 그런 형들에게 어떻게 다가가는가?

　　4절, "당신들의 아우 요셉" - 그는 자기 신분을 두 번째로 밝힌
다. 이번에는 형들과 자신의 관계를 강조한다. "당신들이 애굽에 판 자
라" - 형들의 아픈 과거를 들춰낸다. 요셉은 은 이십 세겔에 종으로 팔
렸다(37:28). 그는 자기가 누구인가를 정확하게 말한다. 특히 "형들이
자기를 팔았다."라는 사실을 강조한다. 그렇다고 해서 형들에게 복수하
려는 것은 아니다. 이 사실을 강조한 이유에 대해서 5절 이하에서 말
한다.

　　② 요셉은 자기를 알아보고 놀라는 형들에게 무엇을 말합니까
(5a)? 왜 형들은 근심하고 한탄했습니까? 하지만 요셉은 무엇을 근거로
그들을 안심시켰습니까(5b-7)?

　　5절, "근심하지" - '몹시 슬퍼한다.' '가슴 아파한다.'라는 뜻이다.
형들은 과거에 요셉에게 행한 일 때문에 몹시 슬퍼할 수 있다. 요셉의
세상 위치가 형들이 상대할 수준이 아니라는 점도 근심하게 한다. "한
탄하지" - '분노로 후끈 달아오른다.'라는 뜻이다. "마소서" - 요셉은
그들을 급히 안심시킨다. 요셉은 자신이 누구인가를 알리면서 형들의
옛 행동에 대해 사과를 강요하지 않는다. 요셉은 자기가 예전에 받았
던 상처를 복수하려는 마음이 없다.

왜 요셉은 복수하지 않을까? 형들이 예전의 형들과는 달라졌기 때문이다. 하지만 더 중요한 점이 있다. 그것은 요셉 자신이 변화한 점이다. 그는 하나님께서 자기 삶에서 일하고 계심을 알았다. 그는 자기 삶을 새롭게 해석하고 있다.

어떻게 해석하는가? "생명을 구원하시려고" - '생명을 보존한다.' '생명을 유지한다.'라는 뜻이다. 하나님께서 요셉에게 일하려고 하는 것은 생명 구원 사역이다. 요셉은 이 사실을 알았다. 그래서 형들에게 복수하지 않는다. 오히려 형들의 두려움을 달랠 수 있다. "나를 당신들보다 먼저 보내셨나이다" - 하나님은 요셉을 구원자로 사용하려고 이곳으로 먼저 보내셨다. 그는 무엇으로부터, 누구를 구원하는가?

7절, "하나님이 큰 구원으로" - 하나님께서 야곱의 가족을 굶주림으로부터 구원하신다. 하나님은 자기 백성과 온 세상을 구원할 구원자를 준비하신다. "후손" - '남은 자'를 뜻한다. 요셉은 형제들이 큰 민족을 이룰 때까지 살아남을 확신에서 '남은 자'라고 부른다.

③ 요셉을 애굽으로 보내신 누구입니까(8)? 요셉은 자기 삶을 어떤 '렌즈'로 보았습니까? 이 말씀에 근거할 때 왜 오늘 나는 이곳에 있습니까?

8절, "보낸 이는" - 여기서 핵심 단어는 '보낸다'이다. 보내고 보냄을 받는 과정에서 누가 주체인가? 요셉을 이곳으로 보낸 형들인가? 보냄을 받아 애굽에 온 요셉인가? 하나님이시다. 요셉은 자신을 이곳으로 '보낸 사람'은 형들이 아니라 하나님이심을 강조한다. 형들은 요셉을 미워하여 팔았다. 하지만 하나님은 그런 악을 사용하셔서 요셉을 이곳으로 보내셨다. 물론 악을 행하는 그 사람은 자기가 저지른 악에 관해서 책임을 져야 한다. 그러나 하나님은 그 악한 행동까지도 당신의 일을 위하여 사용하신다. 이것을 우리는 '섭리'라고 부른다.

"하나님이" - 요셉을 이곳에 보낸 분도 하나님이고, 요셉을 통치자가 되게 하신 분도 하나님이시다. 요셉의 생애에서 요셉이 주어가 아니라 하나님이 주어이다. 표면적으로는 요셉을 보낸 사람은 형들이고, 총리가 되게 한 사람은 바로이다. 그러나 요셉은 하나님께서 그렇게 하셨다고 믿고 있다. 그는 하나님의 섭리를 믿는다.

④ 어떻게 요셉은 아버지와 형들의 생명을 구원하고자 합니까 (9-10)? 왜 그들에게 그 일이 시급합니까(11)? 어떻게 형들은 이 사실을 아버지에게 전해야 합니까(12-13)? 어떻게 요셉은 형제들과 화해합니까(14-15)? 어디에서 화해의 힘은 왔습니까?

11절, "봉양하리이다" - '제공한다.' '감당한다.'라는 뜻이다. 요셉은 아버지가 이곳으로 옮기는 것을 꺼린다고 생각하여 '봉양'을 강조한다. "부족함이 없도록" - 흉년이 들면 가나안 사람은 자기 땅을 저당 잡히거나 가족을 팔았다. 심지어 그들은 노예로 전락하기도 했다. 그러나 요셉은 그 가족을 잘 섬길 수 있다.

13절, "내 아버지" - 이 담화에서 요셉의 주된 관심사는 아버지이다. "속히 모시고 내려오소서" - 요셉은 늙은 아버지를 모셔 오도록 거듭 당부하고 있다. 야곱을 설득할 방법까지 알려 주었다. "당신들이 본 모든 것을 다 내 아버지께 아뢰고" - 형들이 애굽에서 직접 본 모든 일을 말하라는 것이다. 요셉은 어떻게 형들과 화해하는가?

14절, "목을 안고 우니라" - 요셉이 자기 아우 베냐민의 목을 얼싸안고 울었다. 베냐민도 울면서 요셉의 목에 매달렸다. 마침내 동생과 감동적인 포옹을 한다.

15절, "입 맞추며" - 요셉은 형들과도 화해한다. '입맞춤'은 요셉의 적극적인 화해와 용서의 표시이다. "요셉과 말하니라" - 그들은 서로 말하면서 20년 동안 서로 말할 수 없었던 관계를 끝낸다. 요셉이 어렸을 때는 형들과 요셉 사이에 진정한 대화가 불가능했다(37:4). 이제 그들 사이의 불화로 막혔던 대화의 문이 화해로 열린다. 형제들 간에, 즉 야곱의 가정에 오랜 시간 동안 머물렀던 어긋난 관계가 아름답게 회복되는 순간이다.

어떻게 요셉은 형들을 용서할 수 있는가? 자기 삶을 하나님의 섭리로 해석하는 데서 온다. 진정한 용서, 깊은 사랑은 섭리를 믿는 믿음에서 나온다. 믿음이 없이는 오직 쓰라림과 비난만이 존재할 것이다.

하나님의 섭리를 믿는 사람은 복수하지 않는다. 화해는 용서를 통해 오며, 용서는 하나님의 섭리를 믿는 믿음에서 온다.

설교 착상에 대한 간략한 설명

지금까지 간략한 석의를 살펴보았다. 석의는 본문의 동사를 중심으로 질문하고 대답하는 형식을 취했다. 이제 석의로부터 찾은 중심사상을 오늘의 청중에게 적용하고, 그것을 설교 형태로 나타내야 할 시간이다. 본문에서 두 번의 극적인 전환점을 찾을 수 있다.

첫째, "나를 보내신 이는 당신들이 아니요 하나님이시라"(1-8). 마침내 요셉은 형들의 마음이 변화되었음을 확신한다. 그 변화에 감동하고, 북받치는 감정을 억제하지 못하고 큰 소리로 운다. 형들에게 자신의 정체를 드러낸다. 그때 형들은 두려워한다. 형들이 요셉을 팔았기 때문이다. 그러나 요셉은 자신의 삶을 전혀 다르게 해석한다. "나를 이리로 보낸 이는 당신들이 아니요 하나님이시라"(8a). 요셉은 하나님께서 자기를 애굽으로 보내셨다고 믿는다. 그리고 하나님께서 이곳에 보내신 목적을 설명한다. "하나님이 나를 바로에게 아버지로 삼으시고 그 온 집의 주로 삼으시며 애굽 온 땅의 통치자로 삼으셨나이다"(8b).

둘째, "요셉이 형들과 입 맞추며"(9-15). 요셉은 사랑하는 동생 베냐민의 목을 안고 기쁨의 눈물을 흘린다. 그리고 요셉은 형들 모두에게 입을 맞추며 운다. 비로소 형들도 요셉과 말을 합니다(14-15). 그는 하나님 섭리의 손길을 깨닫고 형들을 용서할 힘을 얻었다.

본문의 중심사상은 무엇인가? 하나님의 섭리를 믿는 믿음이다. 요셉과 자기를 팔았던 형들과 화해할 수 있었던 힘은 하나님의 섭리를 믿는 믿음에서 왔다. 석의에서 찾은 중심사상을 중심으로 설교 착상을 제시한다.

중심사상	중심사상은 "하나님의 섭리를 믿는 믿음"이다. - 하나님의 섭리를 믿는 믿음은 무엇인가? - 어떻게 그 믿음을 품을 수 있는가?

① 서론

청중의 관심을 끌기 위해서 삶에서 만날 수 있는 예화를 가지고 귀납법적으로 시작할 것이다. '왜 나는 현재 이곳에 있는가?' '왜 나는 이곳에서 이 일을 하는가?'

② 본론

전반적인 본론 구성은 2대지 형식을 취하면서 내러티브로 전개할 것이다. 특히 묻고 답하는 형식으로 설교문을 진행할 것이다. 그 형식을 통해서 지루하지 않고, 청중이 스스로 생각하고 답하는 과정을 통해 설교자와 청중이 함께 하는 설교, '움직이는 설교'를 지향할 것이다. 석의를 토대로 한 강해 설교를 중심으로 삼으면서 귀납법적 형식의 조화를 이루는 설교문을 만들고자 한다. 그리고 오늘의 청중에게 적실한 적용을 제시할 것이다.

③ 결론

오늘 내가 겪는 모든 일은 '운명'이 아닌 '섭리'이며, 다른 사람의 생명을 살리는 일에 쓰임 받는 기회임을 역설한다. 그러므로 우리는 현재 나의 위치와 신분에 관해 불평과 원망보다는 감사함으로 역동적인 삶을 살도록 할 것이다.

설교 개요

오늘 내 삶을 어떤 렌즈로 볼 것인가? '운명의 렌즈'인가? 아니면 '섭리의 렌즈인가?'

첫째, 자기 정체와 함께 하나님의 섭리를 밝히는 요셉(1-8)

요셉이 정을 억제하지 못하고 방성대곡한다. 요셉은 마침내 자신이 요셉임을 밝힌다. 요셉은 자신이 누구인가를 알리면서 형제들의 옛 행동에 대해 변명을 요구하지 않는다. 또 '요셉으로서' 자신에게 무릎 꿇고 절하게 하지도 않았다. 요셉은 즉각 자기 삶이 하나님으로부터 이루어졌음을 말한다. 창세기는 요셉의 입을 통해 이제까지 이루어진 일에 대하여 신학적인 목적을 분명히 언급한다.

"하나님이 생명을 구원하시려고 나를 당신들보다 먼저 보내셨나이다"(5b). "하나님이 큰 구원으로 당신들의 생명을 보존하고 당신들의 후손을 세상에 두시려고 나를 당신들보다 먼저 보내셨나니"(7). "나를 이리로 보낸 이는 당신들이 아니요 하나님이시라"(8a). "하나님이 나를 바로에게 아버지로 삼으시고 그 온 집의 주로 삼으시며 애굽 온 땅의 통치자로 삼으셨나이다"(8b). 이 말은 하나님의 섭리에 대한 고전적 진술이다. 네 구절 속에 하나님의 행위에 대한 4번의 언급은 언약 백성을 위한 하나님의 행동을 강조하고 있다. 특히 7절은 하나님 행동의 목적을 분명하게 밝혀준다. 요셉이 성공하여 '바로의 아버지,' '온 집의 주,' '애굽 온 땅의 통치자'가 된 것은 '하나님이 큰 구원으로 당신들의 생명을 보존하고,' '당신들의 후손을 세상에 두시기' 위함이다.

여기의 핵심 단어는 '보낸다.'이다. 그러면 보내고 보냄을 받은 과정에서 누가 이 기사의 주연 배우인가? 보냄을 받아 애굽의 통치자가 된 요셉이 주연 배우인가? 아니다. "나를 이리로 보낸 이는 당신들이 아니요 하나님이시라"(8a). 창세기는 요셉의 말을 통하여 언약 백성을 보전하게 하시는 하나님의 섭리를 말하고 있다.

둘째, 형들을 용서하는 요셉(9-15)

형제들이 요셉과의 세 번째 만남은 기근으로 위기에 처한 야곱의 가족을 애굽으로 초청하는 계기가 된다. 요셉은 형제들에게 아버지를 모시고 속히 올 것을 말한다. 또 그는 그들에게 이 땅에 이미 흉년이 2년이나 지속되었는데, 아직도 5년 동안 흉년이 지속될 터이니 온 가족과 짐승들을 데리고 고센 땅으로 올라오라고 한다. 그런데도 형제들은 요셉의 말을 믿지 못한다. 그때 요셉은 베냐민과 형제들의 목을 끌어안고 울고 나서야 형제들과 화해하면서 말을 건넨다.

전체 설교문[571]

운명인가, 섭리인가

	서론에서 청중의 관심을 끌기 위해서 삶에서 만날 수 있는 실제 예화를 들어 귀납법적으로 시작한다.
A: 사랑하는 여러분, 이런 생각을 해 본 적이 있는지요? '왜 나는 그 많은 대학 중에서 이 대학을 다니고 있는가?' '왜 나는 그 많은 일 중에서 이 일을 할까?' 우연히 여기까지 왔을까요? 아니면 누군가의 강력한 힘에 이끌린 걸까요? 누군가의 힘이라면 그 목적은 무엇일까요?	
첫째, 삶의 주어를 하나님으로 영접하십시오(1-8). 야곱과 그 아들들, 즉 요셉의 형들은 가나안에서 먹을거리가 바닥이 나서 삶과 죽음의 갈림길에 섰습니다. 형들은 식량 조달을 위해 애굽으로 와서 총리 요셉의 발아래 엎드렸습니다. 하지만 요셉은 형들을 알아보고는 그들을 스파이로 몰았습니다(창 44:15). 동생 베냐민을 데려오기 위한 공작이었습니다. 베냐민을 데려오자 이번에는 그를 도둑으로 몰아 볼모로 잡았습니다(창 44:17). 형들은 요셉이 파놓은 함정에 고스란히 걸려들어 빠져나갈 구멍을 찾지 못했습니다. **T:** 그때 누가 등장했습니까? 유다가 등장했습니다. 그는 자기 목숨을 희생하면서까지 동생을 살리고자 했습니다(창 44:33). 그런 유다는 확실히 변했습니다. 유다의 희생정신은 책임감에서 나왔습니다. 그는 아버지와 했던 약속을 반드시 지키고자 합니다(창 43:9). 왜냐하면 그는 그만큼 아버지의	본론은 2대지 설교형식으로 한다. 본문의 구조를 따라가면서 묻고 답하는 형식을 취한다. 그 안에서 본문의

---

571 설교의 기본 개념을 안오순, 『창세기 설교, 창조와 축복』(안양: 도서출판 사무엘, 2020), 299-305에서 가져왔다.

마음을 깊이 이해했기 때문입니다. 아버지에 대한 이해는 희생정신과 책임감으로 꽃을 피웠습니다. 그 꽃송이는 보는 모든 이에게 감동을 주고도 남습니다. 　요셉은 얼마나 감동했습니까? 그는 북받치는 감정을 억누르지 못하고, 드디어 자기가 누구인지를 형제들에게 밝힙니다(45:1). 그는 한참 동안 울었습니다. 그 소리가 어찌나 큰지 애굽 사람도 들었고 바로의 궁중도 들었습니다(2). 　그때 요셉은 형들에게 자기 정체를 어떻게 밝혔습니까? "나는 요셉입니다"(3). 형들은 맑은 하늘에 날벼락이 친 것 같은 놀라움에 빠져 입이 얼어붙었습니다. 그는 계속해서 자기를 밝혔습니다. "내가, 형님들이 애굽으로 팔아넘긴 그 아우입니다"(4).	가르침을 찾고자 한다.
T: 그런데 요셉은 그 파란만장한 삶을 어떤 눈으로 봅니까? 5절을 봅시다. "당신들이 나를 이곳에 팔았으므로 근심하지 마소서 한탄하지 마소서 하나님이 생명을 구원하시려고 나를 당신들 앞서 보내셨나이다." '근심한다.'라는 말은 '몹시 가슴 아파한다.'라는 뜻입니다. '한탄한다.'라는 말은 '분노로 후끈 달아오른다.'라는 뜻입니다. 형들은 요셉을 팔았던 일을 생각하면 몹시 가슴이 아프고 화가 나서 견딜 수가 없었습니다. 하지만 요셉은 그런 형들을 적극적으로 위로했습니다. 　어떻게 요셉은 이런 일을 할 수 있을까요? 형들이 달라졌기 때문일까요? 요셉은 형들이 자기를 이곳에 보낸 것이 아니라, '하나님께서' 보내셨음을 알았기 때문입니다. '하나님께서' 아버지를 비롯한 가족을	본문을 정확하게 이해하도록 본문을 석의에 기초해서 설명한다.

흉년으로부터 생명을 구원하기 위해서 이곳으로 요셉을 먼저 보내셨습니다(6-7).	
T: 그러므로 요셉은 무엇을 강조합니까? 8절을 읽읍시다. "그런즉 나를 이리로 보낸 이는 당신들이 아니요 하나님이시라 하나님이 나를 바로에게 아버지로 삼으시고 그 온 집의 주로 삼으시며 애굽 온 땅의 통치자로 삼으셨나이다." 요셉은 계속해서 '하나님께서' 자기를 이곳에 보내셨음을 강조합니다. 우리가 겉만 보면 요셉을 이곳으로 보낸 사람은 형들입니다. 요셉이 애굽의 총리가 된 것도 바로가 그렇게 한 겁니다. 하지만 그는 형들이나 바로가 아닌 "하나님께서 그렇게 하셨다."라고 강조합니다.	설교자는 물론이고 청중도 본문에 귀를 기울이도록 한다. 전통적 설교의 장점이라고 할 수 있는 본문의 중심성을 살린다. 하지만 청중이 지루하지 않도록 묻고 답하는 형식을 취한다.
A: 어떻게 요셉은 이렇게 말할 수 있을까요? 자기 삶을 보는 '렌즈'가 달라졌기 때문입니다. 어떤 사건과 삶을 해석하는 데는 두 가지 렌즈가 있습니다. 하나는 '인간적인 렌즈'이고, 다른 하나는 '하나님의 렌즈'입니다. '하나님의 렌즈'를 '신학적 해석', 혹은 '하나님의 섭리'라고 부릅니다. '섭리'란 세상과 우주 만물을 다스리시는 하나님의 뜻입니다. 만일 우리가 요셉의 삶을 인간적인 렌즈로 보면 어떻게 보입니까? 그가 아무리 애굽의 총리일지라도 노예 출신이라는 '딱지'로 또 다른 쓴맛을 볼 겁니다. 그러면 자기 의지와는 상관없이 '꼬인 삶'을 살 수 있습니다. 하지만 요셉은 '하나님의 섭리'로 자기	석의를 기초로 한 중심사상을 요셉의 삶에 적용하면서 자연스럽게 오늘 청중의 삶에 적실하게 적용한다.

191

삶을 해석합니다. 　'인간적 렌즈'와 '하나님의 렌즈'의 가장 큰 차이가 뭘까요? 주어가 다릅니다. '인간적 렌즈'에서는 주어가 자신이거나 다른 사람입니다. "형들이 날 팔았다." "보디발 아줌마가 내 인생을 망쳤다." "바로가 날 살렸다." "내가 잘 나서 여기까지 왔다." 하지만 '하나님의 렌즈'는 언제나 하나님이 주어입니다. "하나님이 날 보내셨다." "하나님이 나 같은 사람을 키우시고, 쓰신다."	
A: 이 사실이 오늘 우리에게 주는 의미는 무엇입니까? 불과 몇 년 전까지만 해도 우리 사회는 학연이나 지연의 영향을 강하게 받았습니다. 한편 이런 일그러진 현실의 혜택을 상대적으로 덜 받는 'MZ세대'는 오히려 인간관계를 오히려 느슨하게 유지 합니다. 왜냐하면 그들은 과거 세대처럼 서로 같은 '생애주기'를 살지 않기 때문입니다. 과거 세대는 비슷한 나이의 친구는 학교생활, 사회생활, 그리고 결혼과 출산 등을 같은 시기에 했습니다. 하지만 지금은 같은 또래조차도 생애주기가 다릅니다. 그들은 개인 중심의 생활을 할 수밖에 없습니다. 하지만 그들은 내일의 삶에 대한 불안감, 우울감, 소외감 등 각종 정신적 질환에 시달립니다. 과학기술은 인간의 윤리와 영혼 문제에 가치 중립적이기 때문입니다. 　이런 현실 문제 앞에서 상처받은 청년 대학인이 늘고 있습니다. 그들은 현실은 열정과 패기로만 도전할 수 없음을 압니다. 한 형제는 취업 전선에서 뼈저린 실패를 맛보았습니다. 그는 열 번쯤 떨어졌을 때 온몸에서 힘이 빠졌습니다. 서른 번쯤 떨어지니 운명으로 다가왔다. "내 운명이야!" 　하지만 성경은 우리에게 하나님의 렌즈로 내 삶	새로운 설교에서 강조하는 청중의 중심성을 살린다. 우리의 청중은 좀 더 확실한 메시지를 받을 수 있다.

을 보도록 깨우칩니다. 성경은 우리에게 언제나, 어떤 상황에서나 "하나님께서 그렇게 하셨다."라고 말하도록 가르칩니다. 설사 지금의 결과가 감당하기에 어렵고 힘들더라도, 아픔이 있을지라도 하나님을 주어로 생각하고 말하기를 바랍니다. 그러면 하나님께서 그런 아픔을 쓰셔서 생명 사역을 이루십니다. 내 삶 속에서 하나님이 주어라는 영적 사건을 체험합니다. 　우리 시대와 캠퍼스 학우에게 정말 필요한 것은 하나님의 섭리로 우리의 현실을 볼 수 있는 눈입니다. 즉 하나님의 섭리로 오늘의 우리가 처한 현실을 해석하는 일입니다. "울 밑에선 봉선화야 네 모양이 처량하다."라는 노래가 있습니다. 일본 식민지 시대에서 민족의 한을 노래했습니다. 그런데 식민지에서 벗어났는데도 그 '처량함'은 여전히 우리 백성을 지배하고 있었습니다.	
J: 어떻게 우리는 이 '처량함'의 운명에서 벗어날 수 있습니까? 섭리의 렌즈로 내 삶을 봐야 합니다. 어떻게 우리는 '섭리의 렌즈'로 나를 볼 수 있습니까? 인간적 의지나 노력만으로는 태생적 한계가 있습니다. 예수 그리스도 십자가의 은혜를 체험해야 합니다. 예수 그리스도의 십자가 은총을 체험할 때 내 운명을 치료할 수 있습니다. 그러면 어떤 어두운 인생조차도 밝고 힘찬 역동적인 삶을 삽니다. 더 나아가, 생명 구원 사역에 쓰임 받습니다.	석의를 기초하면서 예수님의 정체성을 강조한다. 탈 자유주의 설교에서 강조한 예수님의 정체성을 살리는 설교를 시도한다.
C: 조국교회는 슬픈 운명을 이기기 위해 주님께 매달려 기도했습니다. 세상을 향해 열심히 전도했습니다. 다시 말하면, 우리 백성의 현실을 '운명의 렌	예수님의 정체성을 교회 공동체성과

193

즈'가_아닌_'하나님_섭리의_렌즈'로_보려고_애썼습니다._그랬을_우리 교회는_나_한_사람의_삶은_물론이고,_우리_백성을_보는_렌즈가_달라졌습니다._많은 대학 청년이 운명을 딛고 일어섰습니다. 한국 사회에서 빛과 소금으로 사는 일은 오히려 작은 일이고, 세계 선교의 주역으로까지 쓰임 받았습니다. 　　물론 지금도 슬픈 현실로 눈물 흘리는 사람이 있습니다. 자신의 처량한 신세로, 상대적 비교 의식으로 시달리는 사람이 있습니다. 또 그 문제를 해결하기 위해서 뭔가를 끊임없이 찾습니다. 하지만 오늘의 청년 대학인은 물론이고 슬픈 운명에 사로잡힌 사람을 무엇이 살립니까? 하나님의 섭리를 믿는 믿음입니다. 그 믿음은 예수님을 믿는 믿음에서 옵니다. 누구든지 예수님을 그리스도로 믿으면 운명의 렌즈에서 섭리의 렌즈로 바뀝니다.	연결한다.
A: 오늘 우리가 세상과 또는 다른 교회 공동체와 산술적으로 비교하면 열등의식이나 패배의식을 느낄 수 있습니다. 소극적으로 살 수 있습니다. 기가 꺾인 삶을 살 수 있습니다. 하지만 우리가 '하나님께서' 왜 우리를 이곳에 보내셨는가를 믿으면, 나 같은 사람도, 우리 교회 같은 공동체도 생명 구원 사역에 쓰신다고 믿습니다. 나를 통해서 우리 가족은 물론이고, 우리의 캠퍼스와 이웃, 그리고 이 나라와 세계영혼을 살리는 성경 교사로 쓰실 줄 믿습니다. 　　하나님의 섭리로 자기 삶을 해석한 요셉은 구체적으로 무엇을 합니까?	요셉의 삶을 통해 조명했던 하나님의 섭리를 오늘 우리의 청중에게 적실하게 적용한다. 새로운 설교에서 강조하는 청중의 중심성을 살린다. 전환문을

	통하여 '첫째 부분'과 '둘째 부분'을 자연스럽게 이어지도록 한다.
둘째, 삶의 현장에서부터 사랑을 실천하십시오(9-15). 요셉은 하나님께서 자기에게 두신 생명 살리는 그 일을 구체적으로 실천합니다. 그 일의 시작은 가나안에 있는 아버지를 애굽으로 내려오도록 하는 겁니다(9-10). 가나안에 계속 있어서는 소망이 없습니다. 흉년이 아직 5년이나 남았기 때문입니다(11). 형들이 직접 봐서 알지만, 애굽은 풍요롭습니다(12-13). 요셉은 형들에게 아버지를 빨리 데려오도록 부탁합니다. T: 그리고 요셉은 먼저 사랑하는 동생 베냐민과 목을 안고 기쁨의 회포를 나눕니다(14). 이어서 형들과 입 맞춥니다(15). '입맞춤'은 화해와 용서의 표현입니다. 요셉과 형들은 지난 20여 년 동안 불화 가운데서 지냈습니다. 불화의 핵심은 말을 하지 않는 겁니다. 요셉이 어렸을 때는 형들과 진솔한 대화를 나눌 수가 없었습니다. 하지만 이제 그들 사이의 불화로 막혔던 대화의 문이 열립니다. 요셉이 형들을 용서했기 때문입니다.	본문의 흐름을 따라 본문 자체를 설명한다. 본문의 중심성을 강조한다.
요셉은 어떻게 형들을 이렇게 뜨겁게 용서할 수 있을까요? 하나님 섭리의 손길을 깨달았기 때문입니다. 섭리를 깨달으면 다른 사람을 용서하는 힘이 생깁니다. 왜냐하면 하나님께서 모든 일을 당신의 주권적인 계획안에 포함하면 복수나 고통에 빠질 여지가 전혀 없기 때문입니다. 그러므로 요셉이 지금까지 형	

195

들을 스파이로 몰아간 데는 복수가 아니었습니다. 용서를 위한 사랑의 표현이었습니다. 　보통 사람은, '사랑이란 무조건 덮어주고 감싸주는 것'으로 생각합니다. 이런 사랑을 '담요 사랑'이라고 불러요. 옛적의 시골에서 할머니는 손자 녀석이 춥다고 하면 어떻게 했을까요? 안방 아랫목에 눕히고 담요를 덮어주며 말했습니다. "아가, 춥지, 여기에 가만히 있어라." '담요 사랑'은 일단은 좋아 보이지만 멀리 보면 아이를 약하게 할 수 있습니다. 마음이 좀 아파도 밖으로 내보며 강한 훈련을 시키면, 그 아이는 건강한 아이로 자랍니다. 이런 점에서 '좋은 게 좋은 거야'라는 식으로 사람을 사랑하는 일은 겉모양은 사랑일지 몰라도 속은 아닙니다. 아프지만 곪은 상처를 찢어서 고름을 없애주는 그것이 참사랑입니다.	
얼마 동안 형들은 요셉의 훈련이 큰 시련이었고, 삶과 죽음의 자리를 오르락내리락했습니다. 하지만 이런 과정을 통해서 과거의 죄악을 씻어낼 수 있었습니다. 그들은 아픈 만큼 성숙해졌습니다. 이런 점에서 요셉의 사랑은 '사람을 살리는 사랑'이요, '속 깊은 사랑'입니다. 　**J:** 그 사랑의 뿌리는 예수 그리스도의 십자가 사랑입니다. 예수님은 우리 죄를 위해서 십자가에서 죽으셨습니다. 예수님의 죽으심은 우리 죄에 대한 용서의 표현이었습니다. 예수님은 십자가에서 죽으시면서 이렇게 기도하셨습니다. "아버지, 저들을 용서하여 주십시오"(눅 23:34). 이 예수님 용서의 사랑을 영접하면 용서할 수 있습니다. 예수님의 사랑으로 사랑할 수 있습니다.	대체할 수 없는 예수님의 정체성을 강조한다.
C: 교회 공동체의 중요한 덕목 중 하나는 사랑	교회의

<u>입니다.</u> 그런데 어떤 이는 마음속의 체험을 제일 중요한 줄로 알고 늘 체험만 강조합니다. 어떤 이는 뜨거운 찬양만 있으면 신앙이 부흥한다고 말합니다. 어떤 이는 성경에 대한 지식을 최고로 여깁니다. 물론 그것이 중요합니다. 하지만 사랑이 없다면, 그것은 아무것도 아닙니다. 사람의 방언과 천사의 말을 하더라도 사랑이 없다면, 그것은 울리는 종과 시끄러운 꽹과리와 다를 게 없습니다. 또 산을 옮길만한 믿음이 있어도 사랑이 없다면, 아무것도 아닙니다(고전 13:1-2). 그런즉 믿음, 소망, 사랑, 이 세 가지는 항상 있을 것인데 그 중의 제일은 사랑입니다(고전 13:13).	공동체성을 강조한다. 교회 공동체성의 핵심 가치는 사랑이다.
A, C: 나는 왜 이곳에 있습니까? 가난 때문입니까? 아니면, 공부를 못했기 때문입니까? 운명의 굴레입니까? 하나님께서 나를 이곳에 보내셨기 때문입니다. 왜 보내셨습니까? 생명을 구원하시려고 보내셨습니다. 우리의 가정은 물론이고, 우리의 캠퍼스와 이웃의 생명을 구원하려고 보내셨습니다. 나는 물론이고, 우리 교회가 하나님의 섭리를 믿음으로 슬픈 운명을 극복하고, 조국은 물론이고 세계에서도 생명 사역을 이루는 일에 역동적으로 쓰임 받기를 기도합니다.	오늘 우리의 삶의 자세로 끝을 맺는다. 이것은 전통적 설교의 형태이기도 하다. 새로운 설교는 결론을 열지만, 전통적 설교는 결론에서 구체적 적용으로 끝맺기

	때문이다. 청중의 삶에서 시작하여 청중의 삶으로 끝을 맺는다. 그 안에 교회론과 함께 기독론이 담겨 있다. 이런 과정을 통해서 각각의 장점을 조화롭게 하는 상호협력적 설교를 제시한다.

(2) 성경 본문과 설교 제목 : 요한복음 2:12-22 / 새 성전

본문의 선택적 석의[572]

① 언제 예수님은 예루살렘으로 올라가셨습니까(12-13)? '유월절'은 어떤 날입니까(출 12:15-27)?

13절, "유월절" - 유월절은 니산월 14일부터 15일 밤에 행하는 축제이다. 니산월 15일부터 21일까지를 무교절이라고 부른다(출 12:15-27). 나중에 두 절기가 하나의 용어로 결합하여 '유월절'이라고 부른다.

② 예수님은 성전 뜰 안에서 어떤 사람들을 보셨습니까(14)? 예수

---

572 안오순, 『요한복음 연구, 믿음과 생명』(안양: 도서출판 사무엘, 2020), 78-84.

님은 그들을 보시고 무엇을 하십니까(15-16a)? 왜 예수님은 그렇게 하셨습니까(16b)? '아버지의 집'은 어떤 곳입니까?

14절, "보시고" - '보시고'는 '찾았다.'라는 뜻이다. 예수님은 그들을 찾으셨다. "소, 양, 비둘기" - 성전에서 드리는 희생제물들이다. "돈바꾸는 사람들" - 유대인은 자체적으로 동전을 만들 수 없었다. 그들은 로마 동전을 사용했다. 그 동전에는 로마 황제의 화상이 새겨져 있었다. 제사장은 성전세와 희생제물에 대한 값을 두로인(Tyrian)의 화폐로 지급하도록 했다. 그래서 돈 바꾸는 사람이 필요했다.

15절, "내쫓으시고", "쏟으시며", "엎으시고" - 예수님은 합법적인 상행위를 '내쫓으시고(drove)', '쏟아 버리시고(poured out)', '엎으셨다(overturned).'

16절, "여기서 가져가라" - 예수님은 비둘기를 파는 사람도 쫓아내셨다. "내 아버지의 집으로 장사하는 집을 만들지 말라" - 그들은 '아버지의 집', 즉 성전을 장사하는 집으로 만들었기 때문이다.

"아버지의 집"은 어떤 곳인가? 하나님이 계신 곳, 즉 예루살렘 성전이다. 그 백성이 제물을 드리고, 죄를 용서받고, 하나님의 음성을 듣는 곳이다.

③ 그때 제자들은 무엇을 기억합니까(17)? 유대인들은 예수님께 무엇을 요구합니까(18)? 예수님의 대답은 무엇입니까(19)? '사흘 동안에 일으킨다.'라는 말은 무슨 뜻입니까?

17절, "기억하더라" - 제자들은 그 말씀을 기억했다. 제자들은 그 사건을 보면서 예수님이 유대인 앞에서 박해받으실 것을 알았다. 제자들은 예수님께서 성전에서 보이신 과격한 행동이 하나님의 성전에 대한 열심으로 이해했다. 제자들은 예수님이 그 열심 때문에 죽임당하셨음을 당시에는 깨닫지 못했다. 하지만 예수님께서 죽으셨다가 다시 살아나신 후에는 깨달았다.

18절, "무슨 표적을 우리에게 보이겠느냐" - 그들은 예수님께서 이런 일을 행하는 표적을 요구한다. 그들은 이런 일을 할 수 있는 영적 권위를 요구한다.

19절, "이 성전을 헐라" - 그들이 예루살렘 성전을 헐면 예수님께서 다시 일으키신다. 그들에게 있어서 성전은 삶의 모든 것이다. 그런데 그 성전을 헐라는 말은 엄청난 충격이다. "내가 사흘 동안에 일으키리라" - 예수님은 성전을 사흘 만에 다시 세우신다.

④ 유대인들은 어떻게 반문합니까(20)? 예수님은 무엇을 말씀하십니까(21)? '예수님의 육체가 성전'이라는 말은 무슨 뜻입니까? 이 말씀이 오늘 우리에게 주는 의미는 무엇입니까? 제자들은 예수님의 말씀을 언제 믿었습니까(22)?

20절, "사십육 년 동안에" - 헤롯 대왕은 주전 20년경에 성전을 짓기 시작했다. 성전 자체는 완공했지만, 성전이 무너지기 직전 주후 70년까지 성전 뜰과 부속건물을 지었다. 그 성전을 "사흘 만에 짓는다."라고 하니 받아들일 수 없었다.

21절, "성전 된 자기 육체를" - 예수님께서 성전이라고 말씀하신 것은 당신의 육체를 두고 하신 말씀이었다.

이 말씀은 무슨 뜻인가? 건물 성전이 무너지면 예수님께서 다시 새로운 성전을 세우신다. 건물 성전은 더는 의미가 없다. 건물 성전 대신에 예수님의 성전이 등장한다. 그 성전은 십자가에서 죽으시고 사흘 만에 다시 살아나시는 예수님을 말한다. 따라서 건물 성전은 더는 예배의 핵심이 아니다. 십자가와 부활을 통한 예수님이 새 성전이다. 예수님께서는 효능이 없는 유대교 성전의 진정한 의미를 완성하고 대치하여 하나님의 구원을 가져왔다.

우리는 무엇을 배울 수 있는가? 이제부터 아버지 집은 건물이 아니라 예수님의 몸이다. 십자가에서 죽으시고 살아나신 예수님이시다. 우리는 그분을 '인격 성전'이라고 부른다. 그리고 인격 성전은 예수님을 믿는 모든 사람으로 확장한다. 예수님을 믿는 사람이 성전이다. 왜냐하면 하나님의 성령이 그 안에 계시기 때문이다(고전 3:16). 그리고 예수님을 믿는 사람은 산 돌같이 신령한 집으로 세워진다(벧전 2:5).

우리는 그 '신령한 집'을 '교회 공동체'라고 부른다. 이제 인격 성전은 교회 공동체로 나타난다.

　22절, "믿었더라" - 그들은 성경과 예수님의 말씀을 동등하게 믿었다. 제자들은 예수님께서 살아나신 후에야 예수께서 당신에 대해서 인용하신 성경 구절을 깨달았으며, 또 그 말씀이 다 이루어진 것을 믿었다.

설교 착상에 대한 간략한 설명

　지금까지 간략한 석의를 살펴보았다. 석의는 본문의 동사를 중심으로 질문하고 대답하는 형식을 취했다. 성경 본문에서 동사가 중요하기 때문이다. 이제 석의로부터 찾은 중심사상을 오늘의 청중에게 적용하고, 그것을 설교 형태로 나타내야 할 시간이다. 석의에서 찾은 중심사상을 중심으로 설교 착상을 제시할 것이다.

　본문의 중심사상은 무엇인가? '아버지의 집에 대한 청결인가?' 아니면 '아버지의 집에 대한 새로운 대체인가?' 이런 질문과 대답을 찾는 과정으로 석의를 진행했고, 설교문도 전개할 것이다. 많은 설교자는 본문의 중심사상을 '성전 청결'로 생각한다. 하지만 본문의 중심사상은 "건물 성전을 대체하는 인격 성전"이다.

중심사상	중심사상은 "건물 성전은 무너지고 인격 성전을 새로 짓는다."이다. - 아버지의 집에 관한 청결인가? - 아버지의 집에 대한 새로운 대체인가?

　① 서론
　청중의 관심을 끌기 위해서 삶에서 만날 수 있는 예화를 가지고 귀납법적으로 시작할 것이다. 서론에서부터 청중의 관심을 끌고자 실제적 예화를 통하여 청중에게 문제의식을 제시할 것이다.
　② 본론

전반적인 본론 구성은 '2대지' 질문 형식을 취했다. 그 질문을 통해서 '아버지의 집'에 대한 바른 성경적인 가르침이 무엇인지를 찾고자 한다. 특히 우리의 선입견과 고정관념을 버리고 요한복음이 증언하는 '아버지의 집'에 대한 분명함을 깨닫고자 한다.

이를 위해서 연역적이고 논증적인 설교 형태를 지양할 것이다. 그런 설교 형태는 청중과 접촉을 찾지 못하여 지루함을 줄 수 있기 때문이다. 따라서 필자는 대지의 표현을 서술문이 아닌 질문 형식으로 한다. 문제를 제기하고, 그 문제에 답을 찾는 형식을 취할 것이다. 석의를 토대로 한 강해 설교를 중심으로 삼으면서 귀납법적 형식의 조화를 이루는 설교문을 만들고자 한다. 그리고 오늘의 청중에게 적실한 적용을 제시할 것이다.

③ 결론

'아버지의 집'은 막연한 건물이 아닌 인격 성전임을 밝힌다. 그리고 그 성전이 곧 오늘 우리이면서, 교회 공동체임을 제시할 것이다. 즉 기독론과 함께 교회론을 제시할 것이다. 마지막으로 오늘 우리는 어떻게 죄를 용서받으며, 어떻게 살아야 하는가로 끝을 맺을 것이다.

설교 개요

오늘 우리는 '아버지의 집'을 어떻게 생각하는가? 참 성전은 무엇인가? 건물인가? 인격 성전인가?

첫째, 아버지의 집은 어떤 곳인가(13-17)?

'아버지의 집'은 건물 성전이었다. 건물 성전인 아버지의 집은 하나님과 그 백성이 잔치하고 교제하는 곳이다. 제사라는 잔치를 통해서 하나님과 그의 백성이 교제한다. 그 교제를 통해서 죄를 용서받고 영생을 얻는다. 그것이 아버지의 집, 즉 건물 성전의 존재 목적이었다.

둘째, 몸의 성전은 무엇을 말하는가(18-22)?

예수님은 성전에서 제물용 짐승을 내쫓으셨다. 헌금할 돈 바꾸는 사람의 상을 엎으셨다. 겉으로는 성전 뜰의 상행위로 더러워진 성전을 깨끗하게 청소하는 것처럼 보인다. 하지만 속으로는 기존 성전과 그 기능의 회복 이상의 의미가 있다. 옛 성전을 파괴하고 새 성전을 지으시기 때문이다.

　예수님은 건물 성전을 허무시고 몸의 성전을 새로 지으신다. 그 성전은 십자가에서 죽으시고 사흘 만에 다시 살아나시는 예수님을 말한다. 따라서 건물 성전은 더는 예배의 핵심이 아니다. 십자가와 부활을 통한 예수님이 새 성전이시다. 예수님께서는 효능이 없는 유대교 성전의 진정한 의미를 완성하고 대치하여 하나님의 구원을 가져왔다. '아버지의 집'은 성전인데, 그 성전은 다시 예수님의 육체로 나타났다. 예수님의 몸이 성전이다. 건물 성전 시대는 가고, 인격 성전 시대가 왔다. 누구든지 그분을 믿으면 하나님의 성령이 함께하는 성전이 된다. 그곳이 곧 교회 공동체이다.

　그러면 오늘 우리는 어디에서 죄를 용서받고 하나님과 사귐을 누릴 수 있는가? 우리는 어떻게 살아야 하는가?

전체 설교문[573]

새 성전

A: 한밤중에 목사의 전화벨이 울리며 다급한 목소리가 들립니다. "목사님, 성전이 불타고 있어요." 목사는 어떻게 반응할까요? "아니요. 우리 성전은 모두 잠자고 있어요." 왜 이런 대화가 이루어진 겁니까? '성전'이라는 말은 같지만, 그 내용이 다르기 때문입니다. 성전의 참된 의미는 무엇입니까?	서론은 청중의 관심을 끌기 위해서 삶에서 만날 수 있는 실제 예화를 가지고 귀납법적으로 시작한다. 이 방법은 새로운

---

573 설교의 기본 개념을 안오순, 『요한복음 설교, 믿음과 생명』(안양: 도서출판 사무엘, 2020), 39-45에서 가져왔다.

	설교에서 강조하는 형식이기도 하다.
첫째, 아버지의 집은 어떤 곳입니까(13-17)? 　유대인의 명절인 유월절이 가까울 때입니다 (12-13). 유월절의 핵심은 어린양을 잡아서 제물로 드리는 데 있습니다. 하나님께서 어린양의 피를 보시고 그 죄를 용서하신다고 믿었기 때문입니다. 많은 사람이 성전으로 모여들었고, 예수님도 오셨습니다. 성전 뜰 안에는 소, 양, 그리고 비둘기를 파는 사람, 또 돈을 바꿔주는 사람도 있어요(14). 좀 사는 사람은 소를, 그냥 밥이나 먹는 사람은 양을, 살기가 버거운 사람은 비둘기를 제물로 드렸습니다. 　그런데 그것들을 고향이나 해외에서부터 가지고 올 수 없어서 성전 뜰 안에서 팔았습니다. 또 물건을 살 때는 로마 화폐를 사용하지만, 성전에서 헌금할 때는 '두로인(Tyrian)'의 화폐를 사용했어요. 종교 지도자들은 백성을 위해서 법이 정한 범위 내에서 시장을 열어서 편의를 제공한 겁니다.	본론은 2대지 설교형식으로 한다. 전통적으로 3대지 형식이지만, 본문의 흐름이 2대지이기에 2대지 형식으로 한다.
T: 그러나 예수님은 그 모습을 보시고 무엇을 하십니까? 끈으로 채찍을 만들어 양과 소를 성전 뜰에서 쫓아내십니다. 돈 바꾸는 사람들의 상을 뒤엎으십니다. 그리고 비둘기를 파는 사람들에게 명령하십니다. "이것들을 여기서 치워라. 내 아버지의 집을 시장터로 만들지 말라"(15-16). 　'아버지의 집'은 '성전'을 말하는데, 성전은 어떤 곳입니까? 성전은 하나님이 계신 곳이요, 하나님을 만나는 곳입니다. 즉 죄를 용서받아 생명을 얻는 곳입니다. 하나님을 만나서 죄를 용서받아 생명을 얻는	본문을 정확하게 이해하도록 본문을 석의에 기초해서 설명한다. 다음 주제로 이어가기 위해 전환문을

곳이 돈 버는 곳으로 전락했어요. 예수님은 그런 일을 더는 하지 못하도록 하신 겁니다. 　　그러면 이를 본 제자들은 어떻게 반응합니까?	사용한다.
둘째, 몸의 성전은 무엇을 말합니까(18-22)? 　　제자들은 성전을 사모하는 예수님의 열심을 보았습니다. 하지만 유대인은 전혀 다르게 반응합니다 (18).	설교자는 물론이고 청중도 본문에 대한 고정관념에서 벗어나도록 본문 자체를 설명한다. 전통적 설교의 장점이라고 할 수 있는 본문 중심성을 살린다.
T: 예수님은 무엇이라고 대답하십니까? 19절을 읽읍시다. "예수께서 대답하여 이르시되 너희가 이 성전을 헐라 내가 사흘 동안에 일으키리라." '성전을 헐라.'라는 말은 '건물 자체를 헐라.'라는 뜻이면서 동시에 '성전의 기능을 없애라.'라는 뜻이기도 합니다. 예수님이 보실 때 성전은 더는 의미가 없어졌습니다.	
성전이 없어지면 어떻게 됩니까? 어디서 하나님을 만나고, 죄를 용서받아 생명을 얻을 수 있는 겁니까? 예수님께서 성전을 다시 지으십니다. 그러자 유대인들이 항의합니다. "이 성전을 짓는 데 46년이나 걸렸는데, 사흘 만에 세우겠다고요"(20)?	
J: 예수님은 어떻게 사흘 만에 다시 세울 수 있나요? 21을 읽읍시다. "그러나 예수는 성전 된 자기 육체를 가리켜 말씀하신 것이라." 예수님께서 다시 세우시는 성전은 건물이 아닙니다. 당신의 육체입니다. 이제부터는 건물 성전 시대는 가고 육체 성전 시대가 온 겁니다. 예수님께서 우리를 대신해서 십자가에서 어린양으로 죽으시고 죽은 자 가운데서 사흘 만에 다시 살아나셨기 때문입니다. 지금까지는 건물	본문 석의에 기초해서 예수님의 정체성을 강조한다. 탈 자유주의 설교에서 강조한

<u>에서 어린양을 희생제물로 드림으로써 죄를 용서받고 생명을 얻었습니다.</u>	
하지만 이제는 그런 기능은 사라졌어요. 어린양의 실체이신 예수님께서 오셨기 때문입니다. 이제부터는 예수님을 믿음으로 죄를 용서받고 생명을 얻습니다. 예수님께서 성전에서 짐승들을 쫓아내신 이유가 바로 여기에 있습니다. 겉으로는 그들이 성전을 시장으로 만들어서 채찍질하신 것처럼 보입니다. 하지만 본질로는 짐승의 제물이 더는 필요하지 않기 때문에 쫓아내신 겁니다. 이제는 더는 옛 방식대로 제물을 드림으로써는 생명을 얻지 못합니다. 이제는 새 방식인 예수님을 믿음으로만 생명을 얻습니다.	예수님의 정체성을 살리는 설교를 시도한다. 결론에서 맺을 기독론의 시작이다.
A: 이 사실이 요한의 공동체에 주는 메시지는 무엇일까요? 이 성전은 주후 70년 로마에 의해서 무너졌습니다. 이 메시지를 듣고 있는 요한의 공동체에는 건물 성전은 없었습니다. 그런데 옛 방식에 길든 사람에게는 새로운 방식에 회의가 들 수 있었습니다. '성전에서 제물도 바치지 않는데 죄를 용서받고 생명을 얻을 수 있을까?' 그런 그들에게 사도 요한은 말합니다. "건물 성전 시대는 끝났다. 더는 양을 잡아서 제물로 드리는 시대는 끝났다. 이제는 십자가에서 죽으시고 사흘 만에 다시 살아나신 예수님을 믿음으로만 생명을 얻는 시대가 왔다."	새로운 설교에서 강조하는 청중의 중심성을 살린다. 본문의 중심사상을 제1차 청중에게 적용한다. 제1차 청중에 대한 적용을 통해서 오늘 우리의 청중은 좀 더 확실한 메시지를 받을 수 있다.
<u>**C:** 따라서 그때부터는 성전 건물을 짓지 않았습</u>	탈 자유주의

	설교가 강조하는 교회 공동체성을 살리는 부분이다. 교회론의 시작이기도 하다.
니다. 대신 '교회'라는 이름이 등장했습니다. '교회'란 예수님을 그리스도로 믿고 고백하는 사람의 신앙 공동체를 말합니다. 그들이 모인 공간을 '예배당'이라고 부릅니다. 편의상 '교회'라고 부르는 겁니다. 건물이 성전이 아닌 것처럼 교회도 건물이 아닙니다.	설교가 강조하는 교회 공동체성을 살리는 부분이다. 교회론의 시작이기도 하다.
A: 오늘 우리가 지어야 할 성전은 무엇입니까? 그것은 사람의 손으로 지은 '돌 성전'이 아닌 '사람 자체인 산돌 성전'(벧전 2:5)입니다. 그러므로 오늘 우리가 '성전을 짓는다.'라는 말은 우리는 주위에 있는 사람이 예수님을 믿고 새 생명을 얻도록 돕는 일입니다. 한 사람이 예수님을 믿고 새 생명을 얻으면 그 사람이 곧 새 성전입니다. 성전 개념이 물질에서 영적으로 바뀐 겁니다. 　　이제는 예수님을 믿는 그 사람이 성전입니다. 그 사람 안에 성령님이 계시기 때문입니다(고전 3:16). 이것을 건물로 비유하자면, 예수님께서 친히 건물의 머릿돌이 되시고 그를 믿는 자들은 서로를 연결하는 한 장의 벽돌이 되어 성전을 아름답게 지어가는 겁니다(엡 2:20-22). 한 사람이 예수님을 믿으면 그 사람이 성전이 되니, 그 성전은 온 세상으로 점점 커집니다.	앞에서 살폈던 구원론과 교회론, 즉 예수님의 정체성과 교회 공동체성을 오늘 우리의 삶에 적용한다.
A: 그러므로 오늘 우리는 어떻게 살아야 합니까? 첫째로, 세상에서 무슨 말을 듣든지 오직 예수님만이 생명을 주시는 새 성전이심을 믿어야 합니다. 죽음 앞에서 가장 소중한 것은 생명입니다. 그 생명을 누가 줍니까? 오직 예수님만이 주십니다. 다른 종교가 주지 못합니다. 그것들은 그림자에 불과합니다. 우리는 세상에서 어떤 말들이 오고 가든지 이 사실	제4차 산업혁명 시대 청중의 삶에 적실하게 적용한다.

을 굳게 붙들어야 합니다. 예수님은 그 무엇으로도 대체할 수 없는 절대적 생명의 주님이십니다.

오늘 우리 사회의 미래인 'MZ세대'는 단군 이래 가장 똑똑하고 '스펙'이 좋은 세대입니다. 하지만 그들은 태어날 때부터 디지털 세상을 접해서 중독을 모른 채 중독의 위험에 노출되어 있습니다. 그들은 현실 세계와 가상 세계를 엄격하게 구분하지 못합니다. 그들은 조직에 무한 헌신하던 이전 아버지 세대와는 달리 '워라벨(wolabel)'을 추구합니다. 그런데 그런 그들은 역설적으로 단군 이래 부모보다 가난한 첫 세대입니다.

이런 그들에게 '데이터 교'는 인본주의의 탯줄을 아예 끊고, '트랜스휴머니즘'을 이루려고 합니다. 기독교의 핵심 진리는 인간은 죄인이고 그 죄를 예수 그리스도를 통해서만 구원받는 겁니다. 그런데 '데이터 교'는 이 진리에 도전합니다.

하지만 우리는 그런 것들에 속으면 안 됩니다. 그들의 유혹에 말려들면 안 됩니다. 우리는 영혼을 소유한 하나님의 아들딸입니다. 동시에 우리는 죄인입니다. 죄는 오직 예수님을 믿음으로만 용서받습니다. 예수님은 그 무엇으로도 대체할 수 없는 절대적 구원자입니다.

A: 둘째로, 새로운 성전 건축 사역에 힘써야 합니다. 중국과 몽골의 내륙지역에서 일어나고 있는 사막화의 피해를 우리가 받고 있어요. 사막에는 오아시스가 있는데, 그곳 주변에는 큰 나무들이 자랍니다. 하지만 사막화의 심각성은 큰 나무가 없는 데 있는 것이 아니라, 풀뿌리가 없는 데 있습니다. 한국교회도 일부 대형교회는 오아시스 옆에서 자라고 있는

큰 나무처럼 아주 잘 자랍니다. 문제는 풀뿌리 교회가 점점 사라지고 있는 겁니다.	
C: 그러므로 우리는 풀뿌리 교회를 가꾸어야 합니다. 한 사람에게 성경을 가르치고 예수님을 믿도록 돕는 일에 힘써야 합니다. 캠퍼스와 이웃에게 성경을 증언하는 일이야말로 풀뿌리를 심는 일입니다. 영적으로 사막화하는 일을 막을 수 있는 유일한 대안입니다.	청중의 삶에서 시작하여 청중의 삶으로 끝을 맺는다. 그 안에서 교회론과 함께 기독론이 담겨 있다.
J, C 누구든지 예수님만이 생명을 주시는 새 성전임을 믿으면 생명을 얻습니다. 성전이 됩니다. 이제 우리 모두 영적으로 사막화하는 이 땅에서 성전 건축 사역의 핵심인 '풀뿌리 교회'를 가꾸는 일에 힘쓸 수 있기를 바랍니다.	이런 과정을 통해서 각각의 장점을 조화롭게 살리는 상호협력적 설교를 제시한다.

(3) 성경 본문과 설교 제목 : 로마서 12:1-21 / 삶이 곧 예배

본문의 선택적 석의[574]

① 바울이 로마 성도에게 첫 번째 권하는 바는 무엇입니까(1a)? '몸들을 살아 있는 제물로 드리라.'라는 말은 무슨 뜻입니까? 이것을 무엇이라고 부릅니까(1b)? '산 제물로 드리는 삶'이 '영적 예배'라는 사실을 통해 무엇을 배웁니까?

1절, "그러므로" - 1:1~11:36에서 사도는 지금까지 '로마교회가

---

574 안오순, 『로마서 연구, 복음과 삶』 (안양: 도서출판 사무엘, 2021), 239-246.

어떻게 구원받았는가?'에 관해 가르쳤다. 그들은 믿음으로 의롭다 하심을 받았고, 성령님의 사람이고, 그 시대의 남은 사람이었다. 그러므로 이제부터는 '구원받은 사람은 어떻게 살아야 하는가?'에 관해 가르친다. "권하노니" - 12:1~13:14은 삶의 권면이고, 14:1~15:13은 로마교회의 특정한 문제를 해결하기 위한 권면이다. 여기에는 명령법(imperative), 즉 "해야 한다."라는 표현을 쓴다.

"몸" - '몸들'을 말한다. 즉 개인을 말한 것이 아니라 교회 공동체를 말한다. "산 제물" - '살아 있는 제물(a living sacrifice)'을 뜻한다. '몸들을 살아 있는 제물로 드리라.'라는 말은 '로마교회 공동체를 제물로 드리라.'라는 뜻이다. 구약 시대 때는 살아 있는 짐승을 죽여서 제물로 드렸다. 그러나 여기서는 '살아 있는'을 강조한다. 공동체 구성원을 살아 있는 그대로 제물로 드려야 한다. "영적 예배" - '살아 있는 제물'은 '영적 예배(spiritual worship)', '합리적인 예배(reasonable service)'이다.

'산 제물로 드리는 삶'이 '영적 예배'라는 사실을 통해 무엇을 배울 수 있는가? 예배 개념을 바꿔준다. 구약 시대의 죽은 제물을 드리는 데서 살아 있는 제물, 즉 삶의 헌신을 가르친다. 예배의 개념을 '제한된 공간의 예배'에서 '공간의 제한이 없는 예배', 즉 '삶의 예배'로 바꾼다.

② 우리가 '우리 몸을 산 제물로 드리려면' 무엇을 해야 합니까(2a)? 우리가 변화를 받으려면 어떻게 해야 합니까? 왜 우리는 변화를 받아야 합니까(2b)? '산 제물로 드리는 것'과 '하나님의 뜻을 분별하는 것'은 무슨 관계가 있습니까?

2절, "본받지" - '같은 모양으로 빚는다.' '유행한다.'라는 뜻이다. "본받지 말고" - '같은 모양으로 맞추지 말라.'(명령형)라는 뜻이다. 로마교회는 이 세상 풍조에 맞추지 말아야 한다. "변화를 받아" - '변해야 한다.'(명령형)라는 뜻이다. 그들은 세상을 본받지 말고, 변해야 한다. '본받지 않는 것'은 부정적이고, '변해야 하는 것'은 긍정적이다.

"분별하도록" - '시험하여 분별한다.'라는 뜻이다. 로마교회는 분별하기 위해서 변해야 한다.

산 제물로 드리는 것과 하나님의 뜻을 분별하는 것은 무슨 관계가 있는가? 하나님의 뜻을 바르게 알아야 바르게 예배할 수 있다. 영적 예배는 하나님의 뜻을 바르게 아는 데서 시작한다.

③ 사도가 두 번째로 하는 말은 무엇입니까(3a)? '지혜롭게 생각한다.'라는 말은 무슨 뜻입니까? 어떻게 해야 지혜롭게 생각할 수 있습니까(3b)? 이것이 산 제물을 드리는 것과 어떤 관계가 있습니까?

3절, "지혜롭게 생각하라" - 성도는 공동체에서 자기가 생각해야 할 그 이상을 생각해서는 안 된다. 공동체에서 분수에 맞게 생각해야 한다.

이것이 산 제물을 드리는 것과 어떤 관계가 있는가? 삶의 현장에서 삶의 예배를 하려면 공동체 안에서 자신을 바르게 평가해야 한다. 자기에 대한 평가를 바르게 하지 않으면 교만할 수 있다. 성도는 하나님께서 주신 그 믿음을 기준으로 자신의 실존을 생각해야 한다. 그러면 하나님 앞에서 겸손할 수 있고, 동역자 앞에서 교만하지 않을 수 있다. 산 제물로 주님께 드릴 수 있다.

④ 왜 우리는 공동체에서 지혜롭게 생각해야 합니까(4-5)? 하나님께서 각 사람에게 주신 은사는 어떠합니까(6a)? 어떻게 그 은사를 사용해야 합니까(6b-8)?

5절, "서로 지체가 되었느니라" - 우리 몸에 여러 지체가 있듯이 교회 안에도 서로 다른 지체가 있다. 서로 다른 지체가 모여서 한 몸을 이루듯이, 서로 다른 성도가 모여 교회를 이룬다. 공동체 구성원은 모두 상호의존적 존재이다.

⑤ 공동체에서 동역자를 어떻게 대해야 합니까(9-10)? 우리는 어느 수준까지 이르러야 합니까(11-16)?

16절, "스스로 지혜 있는 체하지 말라" - 잘난 체하지 않아야 한다. 잘난 체하면 다른 사람과 한마음을 품을 수 없다.

⑥ 우리는 교회 밖의 사람을 어떻게 대해야 합니까(17-21)? 왜 교회는 교회 밖의 사람에게도 이렇게 대해야 합니까? '산 제물로 드리라.'라는 말과 '교회의 삶'의 관계가 어떠합니까?

21절, "선으로 악을 이기라" - 이것은 사랑을 베푸는 삶이다. 하나님은 인간의 반역과 불순종을 사랑으로 정복하셨다. 교회는 이 하나님을 본받아야 한다.

'산 제물로 드리라.'라는 말과 '교회의 삶'의 관계가 어떠한가? '산 제물을 드리는 삶', 즉 영적 예배는 형식이 아니다. 의식이 아니다. 구체적인 삶이다. 수직적으로는 하나님께 헌신하는 삶이고, 수평적으로는 교회 공동체에서 서로 한 마음을 품는 삶이다. 그리고 교회 밖에서의 사람에게는 선으로 악을 이기는 삶이다.

설교 착상에 대한 간략한 설명

설교의 기본이라고 할 수 있는 석의를 간략하게 살폈다. 이곳에서도 석의는 본문의 동사를 중심으로 묻고 답하는 형식으로 진행했다. 그 핵심은 본문이 말하는 '그 메시지', 즉 처음 청중에게 주신 중심사상을 찾는 데 있다. 석의에서 찾은 중심사상을 오늘의 청중에게 적실하게 적용하는 설교 형태를 만들 것이다.

석의를 통해 찾은 본문의 중심사상은 무엇인가? 거룩한 산 제물로 드리는 삶이다. 그것은 무엇을 말하는가? 하나님과의 관계성만으로 나타나는 삶인가? 아니면 교회 공동체와 세상에서 나타나는 삶인가? 많은 설교자는 '거룩한 산 제물로 드리는 삶'을 하나님과의 수직적 관계성으로만 이해한다. 그러면 막연하고 추상적 신앙생활을 제시할 수밖에 없다. 그러나 본문은 대단히 구체적으로 설명한다. 즉 교회 공동체 안에서는 지체 의식으로 한마음을 품도록 가르친다. 교회 밖에서는 선으로 악을 이기는 삶을 살도록 가르친다. 따라서 본문의 중심사상을 "예배는 삶이다." 즉 "삶이 예배이다."라고 할 수 있다.

중심사상	중심사상은 "거룩한 산 제물로 드리는 삶은 교회 공동체 안에서는 지체 의식으로, 교회 밖에서는 선으로 악을 이기는 삶으로 나타나야 한다."이다. - 하나님과의 관계성으로만 나타나야 하는가? - 교회 공동체와 세상에서 삶으로 나타나야 하는가?

① 서론

이 설교에서도 청중의 관심을 끌기 위한 예화로 서론을 시작한다. 그 예화의 중심사상은 '구원받은 우리가 하나님과 교회 공동체, 그리고 세상에서 어떻게 살아야 하는가?'에 관한 내용이다. 연역적이고 명제적인 서론이 아닌 질문으로 서론을 시작한다. 그에 대한 답은 본론에서 찾을 것이다.

② 본론

본론은 전통적 설교에서 빌어온 '3대지' 형식을 따를 것이다. '3대지'의 형식은 명제적이다. 그렇다고 해서 본론 전체를 명제적으로 진행하지는 않는다. 질문과 대답을 통해서 청중이 설교에 참여하도록 유도한다. 그리고 '3대지' 형식의 약점인 설교가 세 편으로 나눠지는 점을 보완하고자 전환문을 사용한다. '세 편'의 설교가 아닌 움직임이 있는 한편의 설교문을 만들고자 한다. 그리하여 본문을 살리고, 청중을 살리면서, 예수님의 정체성과 교회 공동체성을 살릴 것이다.

③ 결론

'거룩한 산 제물로 드린다.'라는 말은 수직적으로 하나님과의 관계성만을 뜻하지 않는다. 교회 공동체 안에서 서로 한 마음을 품고, 교회 밖에서는 선으로 악을 이기는 삶이다. 그리하여 교회의 공동체성과 교회의 대사회적 책임을 지는 대안 공동체의 역할을 하는 일이다. 이 사상으로 끝맺을 것이다.

설교 개요

'구원받은 사람은 어떻게 살아야 하는가?' '구원받은 교회 공동체는 어떻게 살아야 하는가?' 교회 공동체는 살아 있는 제물을 드려야 한다. 그것은 교회 공동체에서 여러 지체 중 하나로 사는 모습이다. 더 나아가, 공동체 밖의 사람에게도 좋은 영향력을 끼치며 사는 모습이다. 성도의 삶을 세상과 분리할 수 없다.

첫째, 하나님께 산 제물로 드려야 한다(1-8).

사도 바울은 로마교회를 향해 "산 제물로 드리라."라고 권면한다. 그것이 영적 예배이다. 영적 예배는 합리적인 예배이다. 그 예배를 위해서 로마교회는 이 세상 풍조를 본받지 말아야 한다. 로마교회는 세상을 본받지 않고 변해서 하나님의 뜻을 분별해야 한다. 하나님께서 어떤 예배를 원하시는지를 알아야 한다. 그래야 산 제물로 드릴 수 있다. 합리적인 예배를 할 수 있다. 로마교회는 자신에 대해 마땅히 생각해야 할 생각보다 더 높이 생각해서는 안 된다. 대신 그들은 분수에 맞게 생각해야 한다.

둘째, 서로 한 마음을 품어야 한다(9-16).

공동체에서 은사를 사용할 때 그 기초는 사랑이어야 한다. 형제자매의 헌신이나 은사를 의심하지 않고 먼저 인정해야 한다. 성도는 교회 안에서 기뻐하는 사람과 함께 기뻐하고, 우는 사람과 함께 울어야 한다. 서로 한 마음을 품어야 한다. 교만한 마음을 품지 않아야 한다.

셋째, 선으로 악을 이겨야 한다(17-21).

교회는 아무에게도 악을 악으로 갚지 않아야 한다. 할 수 있는 대로 모든 사람과 더불어 평화롭게 지내야 한다. 교회는 원수가 배고파하면 먹을 것을 주고, 목말라하면 마실 것을 줘야 한다. 교회는 악에 지지 말고, 선으로 악을 이겨야 한다.

오늘 우리가 드리는 살아 있는 제물은 무엇인가? 그것은 형식이 아니다. 이론이나 의식이 아니다. 구체적인 삶이다. 수직적으로는 하나님께 헌신하는 삶이고, 수평적으로는 교회 공동체에서는 동역자와 한마음을 품고, 교회 밖에서는 선으로 악을 이기는 삶이다. 그것이 우리 몸을 산 제물로 드리는 것이며, 영적 예배이다.

전체 설교문[575]

삶이 곧 예배

A: 1세기 스토아 철학자 에피크테토스 (Epictetus)가 이런 말을 했다고 합니다. "내가 만일 나이팅게일(Nightingale)이라면 나이팅게일에 합당한 일을 할 것이다. 내가 만일 백조라면 백조에 합당한 일을 할 것이다." 여기서 '나이팅게일'은 사람이 아닌 '밤꾀꼬리' 새입니다. 그 새는 옥타브가 높아 다른 새가 도저히 흉내 낼 수 없는 아름다운 소리를 가졌습니다. 백조의 우리말은 '고니'인데, 물 위에 떠다니는 자태가 우아합니다. 고니는 평생 울지 않는데, 죽기 전에 딱 한 번 아름다운 소리로 낸다는 전설이 있습니다. 이렇게 같은 새라도 그 정체성이 달라서 우는 소리가 다릅니다.	청중의 관심 끌기로서 귀납법적으로 서론을 시작한다.
그러면 구원받은 우리는 하나님과 교회 공동체 동역자, 그리고 세상 사람 앞에서 어떻게 살아야 합니까? **첫째, 하나님께 살아 있는 제물로 드려야 합니다 (1-8).**	석의를 통한 본문의 정확한 의미를 나타내는 일에 집중한다.
T: 사도는 지금까지 '로마교회가 어떻게 구원받았는가?' 즉 '구원의 원리'를 가르쳤습니다. 그들은 믿음으로 의롭다 하심을 받았고, 성령님의 사람이고, 그 시대의 남은 사람입니다. 그러므로 사도는 이제부	사전적 의미와 함께 문맥적 의미를 함께

---

575 설교의 기본 개념을 안오순, 『로마서 설교, 복음과 삶』 (안양: 도서출판 사무엘, 2021), 146-151에서 가져왔다.

터 '구원받은 사람은 어떻게 살아야 하는가?' 즉 '삶의 자세'에 관해 권고합니다. 그는 하나님의 모든 자비하심으로 로마교회에 권고합니다.	
1절을 읽읍시다. "그러므로 형제들아 내가 하나님의 모든 자비하심으로 너희를 권하노니 너희 몸을 하나님이 기뻐하시는 거룩한 산 제물로 드리라 이는 너희가 드릴 영적 예배니라."	
첫 번째 권고는 무엇입니까? "너희 몸을 하나님이 기뻐하시는 거룩한 산 제물로 드리라." T: '몸'은 한 개인보다는 교회 공동체를 말하고, '산 제물'은 '살아 있는 제물'을 말합니다. 구약 시대 때는 살아 있는 짐승을 죽여서 제물로 드렸습니다. 그러나 이제 그들은 살아 있는 제물을 드려야 합니다. 교회를 짐승처럼 죽여서 제물로 드릴 수 없고, 살아 있는 그대로 드려야 합니다. 이것은 성전 제사가 필요하지 않은 하나님의 새 백성에게 요구하는 삶의 모습입니다. 그것은 교회가 삶의 현장에서 하나님과 그분의 사역에 헌신하는 것을 말합니다. 그것은 교회가 삶의 현장에서 말씀대로 사는 것을 말합니다.	살핀다.
하나님은 그것을 어떻게 하십니까? 하나님은 그것을 거룩하게 여기고 받으십니다. 교회가 삶의 현장에서 헌신하는 모습은 거룩하고 하나님께서 받으시는 제물입니다. T: 그것을 다른 말로는 '영적 예배'라고 부릅니다. '영적 예배'란 '육적 예배'와 반대하는 '영적 예배', 즉 '합리적인 예배'라는 뜻입니다. 구약 시대의 죽은 제물을 드리는 데서 이제는 살아 있는 제물, 즉 삶의 예배를 말합니다.	본문에 대한 정확한 해석에 집중한다. 본문의 의미를 정확하게 해야 중심사상을 찾고, 그 사상을 청중에게 적실하게

	적용할 수 있기 때문이다.
우리가 삶 속에서 이렇게 예배하려면 무엇을 해야 합니까? 2절도 읽읍시다. "너희는 이 세대를 본받지 말고 오직 마음을 새롭게 함으로 변화를 받아 하나님의 선하시고 기뻐하시고 온전하신 뜻이 무엇인지 분별하도록 하라." 로마교회는 이 세상 풍조를 본받지 말아야 합니다. 사람에게는 모방하는 본성이 있는데, 본받으려는 모델이 둘 있습니다. 하나는 세상이고, 다른 하나는 그리스도입니다. 이 두 모델은 완전히 반대입니다. 세상 사람은 세상을 본받습니다. 그러나 성도는 세상이 아닌 그리스도를 본받아야 합니다.	본문을 청중에게 정확하게 알리기 위해 일방적 선포 형식보다는 묻고 답하는 형식을 취한다. 설교자가 청중과 함께하는 설교를 지향한다.
세상을 본받지 않으려면 어떻게 해야 합니까? 변화를 받아야 합니다. 변화는 마음을 새롭게 함으로 가능합니다. 그들이 변해야 하는 이유는 하나님의 뜻을 분별하기 위함입니다. 하나님께서 어떤 예배를 원하시는지를 알아야 합니다. 그래야 삶을 하나님께 드릴 수 있다. 합리적인 예배를 할 수 있습니다. 따라서 삶의 예배는 하나님의 뜻을 바르게 아는 데서부터 시작합니다.	
이사야 때 그 백성은 하나님께 많은 제물을 가져왔지만, 하나님은 기뻐하지 않으셨습니다. 그들의 기도를 듣지 않으셨습니다. 왜냐하면, 그들이 삶의 현장에서 악한 행실을 버리지 않았고, 정의를 구하지 않았기 때문입니다(사 1:11-17). 그들은 하나님의 뜻을 모르고 자기중심적으로 제물만 드렸습니다. 따라	

서 그분의 뜻을 분별할 때 그분이 받으시는 영적 예배를 할 수 있습니다.	
A: 오늘 우리는 무엇을 배웁니까? 우리도 예배하면 주일 예배만을 생각하기 쉽습니다. 물론 주일 예배는 아무리 강조해도 지나치지 않습니다. 하지만 더 중요한 예배는 삶의 예배입니다.	석의를 통해서 찾은 중심사상을 청중의 삶에 적용한다.
삶의 예배를 기준으로 세 종류의 신자로 나눕니다. 삶의 예배는 없고 신상명세서에만 '기독교'라고 쓰는 '명목상 신자(Nominal Christian)'가 있습니다. 주일에만 예배하는 '주일 신자(Sunday Christian)'가 있고, 삶의 현장에서 말씀대로 사는 '매일 신자(Everyday Christian)'가 있습니다. 하나님이 기뻐하시는 예배는 삶의 예배입니다. 삶의 예배가 없으면 주일 예배도 의미가 없습니다.	
A: 하나님이 원하시는 예배는 주일 예배는 물론이고 가정과 캠퍼스, 그리고 직장에서도 말씀대로 사는 삶의 예배라고 믿습니다. 우리는 주일만 예배하는 '주일 신자'가 아니라 매일 예배하는 '매일 신자'로 자라야 합니다. 그것이 산 제물을 드리는 것이고, 영적 예배입니다.	오늘 청중 삶의 현장에 구체적으로 적용한다. 본문을 통해서 "그래서 무엇을"에 대한 답을 준다. 적용은 청중을 움직이게 한다.
사도가 두 번째로 말하는 내용은 무엇입니까?	

로마교회는 자신에 대해 마땅히 생각해야 할 생각보다 더 높이 생각해서는 안 됩니다(3). 대신 그들은 분수에 맞게 생각해야 합니다. 분수에 맞게 생각하려면 믿음의 분량대로 하면 됩니다. 하나님은 각 사람에게 맞는 믿음을 주셨습니다. 그 믿음을 기준으로 자신을 생각하면 분수에 맞는 생각을 할 수 있습니다.	
C: 이것이 산 제물을 드리는 것과 어떤 관계가 있습니까? 삶의 현장에서 삶의 예배를 하려면 공동체 안에서 자신을 바르게 평가해야 합니다. 자기에 대한 평가를 바르게 하지 않으면 교만할 수 있습니다. 그러면 공동체가 헌신하는 데 힘을 뺄 수 있습니다. 따라서 성도는 하나님께서 주신 그 믿음을 기준으로 자신의 실존을 생각해야 합니다. 그러면 하나님 앞에서 겸손할 수 있고, 동역자 앞에서 교만하지 않을 수 있습니다. 산 제물로 주님께 드릴 수 있습니다.	교회 공동체성을 강조한다. 특히 본문은 한 개인에 관한 가르침보다는 로마교회 공동체에 관한 가르침을 더 강조한다.
C: 우리는 왜 공동체에서 지혜롭게 생각해야 합니까? 우리 한 몸에는 많은 지체가 있습니다(4). 그리고 그 지체들은 모두 같은 일을 하지 않습니다. 이 원리를 교회 공동체에도 그대로 적용할 수 있습니다. 우리 많은 사람이 그리스도 안에서 한 몸이 되어 서로 지체가 되었습니다(5). 서로 다른 지체가 모여서 한 몸을 이루듯이, 서로 다른 성도가 모여 교회를 이룹니다. 교회에는 다양한 동역자가 있습니다. 이것을 '유기적 관계(organic relationship)'라고 말합니다. 이런 유기적 관계를 알 때 자기 자신을 지혜롭게 생각할 수 있습니다. 이것을 모르면 자기중심적으로 살면서 교만하게 됩니다.	교회 공동체성을 강조하는데, 구체적으로 동역자끼리의 삶을 강조한다. 교회는 죄인이 구원받은 모임이다. 따라서 성도끼리의 삶이

219

	중요하다.
하나님께서 각 사람에게 주신 은사가 어떠합니까? 우리가 받은 은총의 선물은 각각 다릅니다(6). 하나님은 각 사람에게 맞는 다양한 은사를 주셨습니다. 말씀을 가르치는 예언의 은사를 받았으면 믿음의 분수대로 사용해야 합니다. 예언의 목적은 교회의 덕을 세우는 것이니 말씀을 통해 교회를 세우는 일에 힘써야 합니다.	
A: 섬기는 일이면 섬기는 일에 힘써야 하고, 가르치는 사람이면 가르치는 일에 힘써야 합니다. 위로하는 사람은 위로하는 일로, 구제하는 사람은 성실함으로, 다스리는 사람은 부지런함으로, 긍휼을 베푸는 사람은 즐거움으로 해야 합니다(7-8). 우리는 모두 상호의존적인 존재입니다. 믿음의 공동체에서 필요 없는 사람은 아무도 없습니다. 공동체의 생명은 은사의 조화로운 상호작용에 달려 있습니다. 모든 사람이 하나 같이 은사를 사용할 때 그 공동체는 건강한 공동체로 자랍니다.	보통의 설교자는 하나님과의 수직적 관계만을 강조한다. 그러면 산 제물로 드리는 삶은 추상적 개념으로 흐를 수 있다.
T: 그러면 거룩한 산 제사로 드리는 삶과 교회의 삶 과는 어떤 관계가 있습니까? 산 제물로 드리는 삶은 수직적으로는 하나님께 헌신하는 삶입니다. 수평적으로는 교회 공동체에서 동역자와 은사를 나누는 삶입니다. 삶의 현장에서 하나님의 사람답게 서로 섬기며 동역하며 사는 삶입니다. 그러면 교회 공동체 안에서는 어떻게 살아야 합니까?	본문은 성도의 삶을 아주 구체적으로 말하고 있다. 그것은 교회 안에서의 실제 삶으로 나타나야 한다. 이곳에서도 전환문을 사용한다.

둘째, 서로 한마음을 품어야 합니다(9-16). 　　공동체에서 은사를 사용할 때 그 기초는 사랑이어야 합니다. 그런데 그 사랑을 형식적으로 하기 쉽습니다. 겉과 속을 다르게 할 수 있습니다. 그러나 진실한 사랑을 해야 합니다. 진실한 사랑을 하려면 악을 미워하고 선한 것을 굳게 잡아야 합니다. 형제자매의 헌신이나 은사를 의심하지 않고 먼저 인정해야 합니다. 동역자의 은사와 재능을 비판하지 말고 칭찬해야 합니다. 동역자를 사랑하면 피곤하거나 지루함을 느낄 수 있습니다.	
J: 이것을 극복하려면 주님을 섬겨야 합니다. 주님을 섬기면 주님께서 열심을 주시고, 동역자를 사랑할 수 있는 사랑도 주십니다. 그러므로 소망 중에 즐거워하며 환난 중에 참으며 기도에 항상 힘써야 합니다. 그뿐만 아니라, 성도의 쓸 것을 공급하며 손님 대접하기를 힘써야 합니다(10-13).	공동체 안에서의 실제 삶의 뿌리는 예수님에 대한 믿음에서 온다. 수직적 관계성에서 수평적 관계성이 나온다. 대체할 수 없는 예수의 정체성을 강조한다.
C: 교회는 어떤 수준까지 이르러야 합니까? 14절을 읽읍시다. "너희를 박해하는 자를 축복하라 축복하고 저주하지 말라." 성도는 자신을 박해하는 사람을 축복해야 합니다. 교회가 원수까지도 사랑하는 것은 세상을 본받지 않고 예수님을 본받는 표지입니다. 교회는 기뻐하는 사람과 함께 기뻐하고, 우는 사람과 함께 울어야 합니다(15). 교회는 가족 공동체이	

기 때문입니다. 우리가 이렇게 살려면 서로 마음을 같이하며 높은 데 마음을 두지 않아야 합니다. 서로 한 마음을 품으려면 높은 생각을 버려야 합니다. 높은 생각을 버리려면 잘난 체하지 않아야 합니다(16). **C:** 그러면 이제 교회 밖에서는 어떻게 살아야 합니까?	전환문을 사용하여 흐름을 이어간다.
셋째, 선으로 악을 이겨야 합니다(17-21). 17절을 봅시다. "아무에게도 악을 악으로 갚지 말고 모든 사람 앞에서 선한 일을 도모하라." 아무에게도 악을 악으로 갚지 말아야 합니다. 모든 사람이 선하다고 생각하는 일을 하려고 애써야 합니다. 할 수 있다면 모든 사람과 더불어 화목해야 합니다(18). 교회는 평화를 추구하는 곳입니다. 우리가 악을 악으로 갚는다면, 불화는 그치지 않습니다.	
C: 교회는 원수를 갚지 말고 하나님께 맡겨야 합니다. 원수 갚는 일을 하나님께 맡길 수 있는 것은 하나님께서 원수를 갚으시기 때문입니다. 하나님은 때가 되면 원수를 갚으십니다.	교회 공동체성을 강조한다. 청중 삶의 예배를 구체적으로 제시한다.
오히려 교회는 원수가 배고파하면 먹을 것을 주고 목말라하면 마실 것을 줘야 합니다. 그렇게 하는 것은 원수의 머리 위에다가 숯불을 쌓는 셈입니다. 원수에게 선을 베풀면 원수의 머리 위에 불타는 숯을 쌓는 것과 같습니다. 원수 사랑은 원수를 부끄럽게 하여 참된 회개에 이르게 할 수 있습니다. 그러므로 우리는 악에 지지 말아야 합니다. 악에 보복하는 것은 악에 지는 것입니다. 같이 악한 자가 되기 때문입니다. 따라서 선으로 악을 이겨야 합니다(21). 즉 원수를 사랑해야 합니다. 하나님은 인간의 반역을 사	

랑으로 정복하셨습니다. 교회는 이 하나님을 본받아야 합니다.	

바울 사도가 공동체 안에서 성도의 삶뿐만 아니라 공동체 밖의 사람까지도 포함하는 이유는 무엇입니까? 성도의 삶을 세상과 분리할 수 없기 때문입니다. 교회의 공동체성은 세상에도 그 영향력을 끼치기 때문입니다. 건강한 공동체로 자라려면 믿음의 동역자는 물론이고 세상도 사랑으로 섬겨야 합니다.
    A: 세상은 메말라가고 개인 중심 사회를 가속화하고 있습니다. 하지만 그럴 때일수록 사람은 따뜻한 사랑을 그리워합니다. 그리고 사랑이 영혼을 살립니다. '하이테크(High Tech)'와 대조하는 말로 '하이터치(High Touch)'라는 말이 있습니다. 기술이 발전할수록 인간적인 따뜻한 감성, 즉 '하이터치'가 필요합니다. 특히 전통적인 신앙생활에서 벗어나서 자유로운 신앙생활을 추구하는 사람에게도 '하이터치'가 필요합니다. 청년 대학인은 '우리'라는 공동체보다는 이른바 '소속 없는 개인'으로 남고자 합니다. 그러나 그런 그들이야말로 따뜻한 사랑의 손길을 간절히 바랍니다.
    C: 이런 사랑을 실천할 수 있는 곳이 어디에 있습니까? 바로 교회 공동체에 있습니다. 교회 공동체의 존재와 사명은 사랑으로 서로를 돌보는 일입니다. 로마교회가 사랑에 힘썼을 때 로마 사회 변혁의 주체로 우뚝 섰습니다.
	청중의 삶에 대한 적용을 교회 공동체성의 적용으로 이어간다. 청중은 곧 교회이기 때문이다.

C: '산 제물로 드리라'라는 말과 '교회의 삶'의 관계가 어떠합니까? '산 제물을 드리는 삶', 즉 영적 예배는 형식이 아닙니다. 이론이나 의식이 아닙니다. 구체적인 삶입니다. A: 수직적으로는 하나님께 헌신하는 삶이고, 수평적으로는 교회 공동체에서 동역자와의 관계, 교회	본문은 개인보다는 교회 공동체에 주는 메시지이다. 따라서

밖에서의 세상 사람과의 관계, 그것이 곧 우리 몸을 산 제물로 드리는 것이며 영적 예배입니다. 그러므로 우리는 교회 공동체 안에서 서로 한 마음을 품고, 교회 밖에서는 선으로 악을 이겨서 우리 교회가 대안 공동체로 자라기를 바랍니다.	공동체의 삶으로 끝을 맺는다.

(4) 설교 평가

　　지금까지 상호협력적 설교에 기초한 설교 실제 세 편을 제시했다. 그 핵심은 '본문을 살리고', '청중을 살리고', 그리고 '예수의 정체성과 교회 공동체성을 살리는' 데 있다. 따라서 설교 실제에서도 이 내용을 살리고자 했다. 이를 위해서 간략하지만, 중요한 단어와 역사적 배경을 중심으로 석의 과정을 살폈다. 석의는 본문의 동사를 중심으로 질문하고 그 답을 찾는 형식으로 진행했다. 그리고 그 석의를 통해서 찾은 중심사상을 토대로 설교를 착상했다. 본문의 가르침이 무엇이며, 그 가르침을 오늘의 청중에게 어떻게 적실하게 적용할지를 연구했다.

　　서론은 기본적으로 청중이 관심을 품도록 간략한 예화를 가지고 귀납법적으로 시작했다. 본론은 '2대지'나 '3대지' 설교형식을 취하였다. 하지만 성경 본문의 형식을 기초하여 본문의 중심사상을 살리려고 했다. 대지 설교형식을 취했으나 전통적인 연역적이고 논증적인 설교형태는 지양했다. 설교가 한편의 흐름과 움직임이 나타나도록 질문 형식과 전환문을 적극적으로 사용했다. 문제를 제기하고, 청중이 그 문제에 대한 답을 찾도록 설교문을 서술했다. 이런 과정을 통해서 본문에서 하나님의 대안적 음성을 듣고자 했고, 그 음성을 전달하려고 했다.

　　이 설교의 대상은 제4차 산업혁명 시대를 사는 청중이다. 그들은 '데이터 교'라는 현실 앞에서 인간 정체성의 혼란을 겪고 있다. 그들 중 어떤 이는 교회 공동체에 정착하지 못하고 '붕 떠 있다.' 그들은 한편으로는 개인 중심, 우울증과 절망감에 시달리고 있다. 이런 그들을

마음에 품고 그들의 삶을 변혁하기 위해 대체할 수 없는 예수의 정체
성과 교회 공동체를 세우는 데 설교의 초점을 맞추었다. 그것은 필자
가 제안하는 상호협력적 설교이다.

필자는 6에서 전통적 설교, 새로운 설교, 그리고 탈 자유주의 설
교의 장점을 살리는 상호협력적 설교를 제4차 산업혁명 시대의 청중에
게 적실한 설교 대안으로 제시했다. 세 종류의 설교는 시대마다 영혼
을 구원하고, 교회를 세우는 일에 귀하게 쓰임 받았다. 하지만 그런 기
여에도 불구하고 새로운 청중은 새로운 설교 패러다임을 요구했다. 그
리고 새로운 설교 패러다임이 등장하여 그 시대 청중을 구원하고, 그
시대 교회를 세우는 일에 쓰임 받았다. 필자는 시대마다 귀하게 쓰임
받았던 설교의 장점을 살리면서 조심스럽게 균형을 이루는 상호협력적
설교를 제4차 산업혁명 시대의 청중에게 적실한 설교로 자리매김하도
록 시도했다.

그리고 이 원리에 기초하여 세 편의 설교 실제를 제시했다. 세 편
의 설교는 물론이고 성경의 어떤 본문에서도 본문과 청중을 살리고,
예수의 정체성과 교회 공동체성을 동시에 살리는 일은 쉽지 않다. 성
경 본문이 도식적으로 이 내용을 나타내고 있지 않기 때문이다. 그런
데도 설교자는 이 네 가지 원리를 마음에 품고 성경 본문을 연구하고
설교하는 일에 힘써야 한다. 그리고 성령님을 절대 의존해야 한다. 그
러면 성령께서 설교자를 도와서 네 가지 원리를 살리는 설교를 할 수
있을 것이다. 설교자가 이런 철학과 자세로 설교한다면, 본문도 살리
고, 청중도 살리는 설교, 예수의 정체성도 살리고 교회 공동체성도 살
리는 상호협력적 설교를 실현할 수 있을 것이다.

7. 나오면서

본서의 동기는 "제4차 산업혁명 시대의 청중은 설교 홍수 시대에서 사는 데도 '맑은 물', 즉 '참 말씀'에 목말라하고 있어서 그들에게 생명수와 같은 적실한 설교가 필요하다."라는 데 있었다. 본서의 목적은 제4차 산업혁명 시대의 청중에게 적실한 설교 대안을 제시하는 데 있었다. 필자는 그 설교 대안으로 상호협력적 설교를 제시했다.

본서는 "제4차 산업혁명 시대의 청중에게 적실한 상호협력적 설교"에 대한 논지와 함께 결론에 이르렀다. 설교자가 상호협력적 설교를 실제 사역에 적용한다면 풍성하면서도 영양가 있는 설교를 할 수 있을 것이다. 특히 설교 홍수 시대에서 사는 데도 '맑은 물', 즉 '참 말씀'에 목말라하는 제4차 산업혁명 시대의 청중에게 생명수를 제공할 수 있을 것이다.

이제 본서를 요약하면서 필자가 깊게 다루지 못한 점을 기초로 더 깊이 연구해야 할 과제를 제언(提言)하려고 한다.

요약

많은 사람이 제4차 산업혁명 시대의 혜택을 누리면서도 그것이 무엇인지, 그리고 얼마나 큰 영향을 끼치고 있는지도 모른다. 제4차 산업혁명 시대는 인류의 삶에 엄청난 영향을 주고 있으면서 교회에 심각하게 도전하고 있다. 특히 오늘 우리의 청중은 이런 시대 속에서 홍수 속에서 생수를 찾듯이 생명의 말씀을 갈망하고 있다. 우리가 이런 심

7. 나오면서. 요약

각함을 깨닫지 않으면, 우리는 더 심각한 문제를 맞을 수 있다.[576]

그러면 교회는 이 도전 앞에서 어떻게 응전해야 하는가? 세상의 변화는 우리를 당황하게 할 수 있지만, 동시에 교회가 새롭게 그 도전에 응전할 기회이다. 아무리 '초지능 사회'일지라도 그것을 조정하는 일은 우리 사람이 한다. 그래서 우리는 사람에게 집중하고, 교회 본질에 집중해야 한다. 사람은 아무리 시대가 변할지라도 영혼을 소유한 존재이면서 죄인이라는 본질은 절대로 변하지 않는다. 교회도 세상에서 여러 모습으로 바뀔 수 있지만, 그 본질은 절대로 변하지 않는다. 그 본질의 핵심은 하나님의 말씀을 선포하는 설교이다. 교회는 설교와 함께 스러지기도 했지만, 설교와 함께 일어서기도 했다.

설교는 지난 2천 년 이상 동안 기독교 역사와 예배에서 변함없는 특징으로 자리 잡고 있다. 설교는 교회의 시작과 마지막 점이다. 설교가 교회의 성격을 결정하고 교회 활동을 한정한다. 설교 역사를 보면 "전략적인 국면(strategic moments)으로서 설교는 변화된 문화적인 상황에 반응해 오고 있다. 새로운 설교 전략은 설교사역에 활력을 불어넣으며 이전의 형식을 대체해 왔다."[577] 이런 역사의 소용돌이 속에서 설교는 여전히 영혼을 구원하고 교회를 세우며, 성도를 양육하기 위해 하나님께서 정하신 은혜의 방편이다.[578] 설교는 지금까지 살폈듯이 조국교회의 성장은 물론이고, 세계선교에도 쓰임 받았다. 그런데 오늘 조국교회는 위기를 맞았고, 그 위기는 설교의 위기로부터 시작했다.

본서는 이러한 조국교회의 위기를 전제했다. 그리고 본서의 목적은 "제4차 산업혁명 시대의 청중에게 적실한 상호협력적 설교"를 대안으로 제시하는 데 있다.

이를 위해서 1에서는 본서의 동기와 목적, 그리고 선행 연구와 연구 방법 등을 제시했다. 선행 연구의 대부분은 각 설교의 기여와 한계를 밝히는 데 그쳤다. 또는 특정한 설교학을 상호비교하면서 대안을

576 Luciano Floridi, *The 4th Revolution*, 219.
577 James W. Thompson, 『바울처럼 설교하라』, 5.
578 안오순, "헬무트 틸리케의 설교연구: 메마른 설교강단에 새싹을 돋게 한 사랑의 목자," 118.

227

제시했다. 하지만 필자는 세 종류의 설교학을 비교하면서 그 기여와 한계를 제시했고, 더 나아가 그 장점을 통합하여 실제 사역에 적용하는 상호협력적 설교를 대안으로 제시했다. 이 점은 기존 연구와 차별성이며, 이 대안을 실제 사역에 적용한다면 풍성하면서도 영양가 있는 설교를 할 수 있을 것이다.

2에서는 제4차 산업혁명 시대의 도전과 그 도전 앞에서 사는 청중의 이해를 보았다. 우리의 청중은 제4차 산업혁명의 거대한 바다 한 가운데서 살고 있다. 우리의 청중은 인간 정체성의 혼란을 겪고 있다. 하지만 그런 중에도 탈종교화보다는 종교로의 회귀가 나타나고 있다. 이런 변화의 물결은 우리의 교회와 설교 사역에 하나의 도전이면서 기회이기도 하다.

3에서는 한국교회의 현실과 한국교회 설교의 현실을 냉정하게 진단했다. 오늘의 설교 현실은 교회 현실의 결과물인데, 홍수 속에서 물이 넘쳐도 정작 마실 물이 없는 것처럼 '설교의 홍수' 속에서 '설교의 기근'을 겪고 있다. 그 원인으로 개인의 충족 차원에 머무는 설교와 성공주의를 부추기는 설교, 그리고 본문에서 벗어난 설교와 청중의 삶에서 멀어진 설교를 꼽았다. 설교자가 본문을 연구하지 않으니, 본문에서 벗어난 설교를 할 수밖에 없다. 본문에서 벗어난 설교를 하니 청중의 삶에서도 멀어진 설교를 할 수밖에 없다. 그리고 설교자는 그런 현실 앞에서 낙심할 수밖에 없다. 청중은 삶의 변화를 체험하지 못하여 영적 무기력에 빠져 있다. 조국교회는 세상을 향해서 대안 공동체의 역할을 하지 못하여 참담함을 겪고 있다.

4에서는 설교 현실에 대한 진단에서 찾은 원인을 해결할 기초적인 처방을 제시했다. 그 시작은 설교에 대한 이해이다. 즉 설교와 설교자, 그리고 설교 목적을 바르게 정립하는 데 있다. 설교와 설교자, 그리고 설교 목적에 대한 바른 이해에서 설교 현실에 대한 바른 진단과 처방이 나오기 때문이다.

이에 기초하여 설교의 세 기둥과 성령님께 절대 의존에 대해 살폈다. 설교의 세 기둥은 석의와 적용, 그리고 전달이다. 설교는 설교자가 설교 본문인 성경을 석의하는 데서부터 시작한다. 그리고 석의를 통해 찾은 '그 메시지'를 오늘의 청중에게 적실하게 적용하는 곳으로 나가야 한다. 동시에 그 내용을 전달하는 일도 빼놓을 수 없다. 설교자는 석의 와 적용, 그리고 전달에도 온 힘을 쏟아야 한다. 그래야 설교 위기를 극복할 수 있는 시발점을 찾을 수 있기 때문이다. 하지만 여기서 그쳐 서는 안 된다. 성령님을 절대적으로 의존해야 한다. 성령님은 설교자에 게 말씀을 깨닫게 하시고, 설교자와 처음부터 끝까지 함께하며 인도하 시기 때문이다. 한편의 설교는 인간 열심의 작품이 아니라, 성령님께서 설교자에게 주시는 선물이다.

5에서는 우리의 교회를 잉태하고 자라게 한 세 종류의 설교 변화 를 살폈다. 그것은 전통적 설교와 새로운 설교, 그리고 탈 자유주의 설 교이다. 각각의 설교는 시대마다 교회를 잉태하고 자라도록 하는 일에 크게 이바지했다. 하지만 그런 중에도 시대마다 그 태생적 한계도 드 러냈다. 세 종류의 설교 변화를 연구한 목적은 제4차 산업혁명 시대의 청중에게 적실한 설교 대안을 찾는 데 있었다. 그 대안은 각 설교의 장점을 통합하는 상호협력적 설교이다.

따라서 6에서는 제4차 산업혁명 시대의 청중에게 가장 적실한 설 교로 상호협력적 설교를 제안했다. 구체적으로 상호협력적 설교의 정 의, 필요성, 내용, 그리고 설교형식을 살폈다. 상호협력적 설교의 원리 는 한쪽으로 치우치는 '이것이냐, 저것이냐?'가 아닌, 각각의 장점을 통 합하고 균형을 유지하는 데 있다. 필자는 전통적 설교의 장점으로 '본 문을 살리는 설교'를 꼽았다. 새로운 설교의 장점으로는 '청중을 살리 는 설교'를 꼽았다. 마지막으로 탈 자유주의 설교의 장점으로는 두 가 지를 뽑았는데, '예수의 정체성'과 '교회 공동체성'을 살리는 설교이다. 따라서 상호협력적 설교란 본문을 살리는 설교이면서 청중을 살리는 설교이다. 그리고 예수의 정체성과 교회 공동체성을 살리는 설교이다.

설교자가 모든 설교 본문에서 앞에서 말한 네 가지를 살리는 일은 쉽지 않다. 왜냐하면 모든 성경 본문이 도식적으로 이 네 가지 내용을 가르치지 않기 때문이다. 그런데도 설교자는 설교 현장에서 네 가지 원리를 설교 철학으로 마음에 품고 본문을 대해야 한다. 필자는 이 내용을 마음에 품고 본문을 석의하고, 오늘의 청중에게 적용하기 위한 설교 착상을 시도했다. 그리고 설교 전문에서 이 내용을 살리려고 애썼다. 필자는 상호협력적 설교에 기초하여 설교문 세 편을 제시했다. 구약성경에서 한 편 "운명인가, 섭리인가"(창세기 45:1-15)와 신약성경에서 두 편 "새 성전"(요한복음 2:12-22)과 "삶이 곧 예배"(로마서 12:1-21)이다.

　　마지막 7에서는 제4차 산업혁명 시대라는 커다란 사회 변혁 앞에서 설교자로서의 사명에 열심을 내야 함을 결론으로 맺었다. 왜냐하면 어떤 시대에서도, 어떤 도전 앞에서도 설교사역은 중단할 수 없기 때문이다. 예수님은 세상에서 많은 도전 앞에서도 "아버지께서 일하시니 나도 일한다."(요 5:17)라고 하면서 말씀 선포를 중단하지 않으셨다. 이 예수님의 열심을 오늘 우리의 설교자가 배워야 한다. 물론 그 열심을 기초로 성령님을 절대 의존해야 함을 잊지 않아야 한다.

　　설교자가 제4차 산업혁명이라는 거대한 도전 앞에서 상호협력적 설교로 응전한다면, 변화의 소용돌이 속에서 버거워하는 청중의 삶을 변화시킬 수 있다. 교회는 대체할 수 없는 예수의 정체성과 교회 공동체성을 토대로 하는 대안 공동체로 자랄 것이다. 그 대안 공동체가 한국 사회는 물론이고 땅끝까지 퍼져나가기를 기대한다.

　　그런데도 필자에게는 몇 가지 아쉬움이 남는다. 그 아쉬움에 기초하여 후속 연구를 제언하고자 한다.

제언

　　본서는 제4차 산업혁명 시대의 청중에게 적실한 상호협력적 설교에 관한 연구를 통해 오늘 한국교회의 설교 위기를 극복할 대안을 제시하고자 했다. 각각의 설교는 시대마다 영혼을 살리고 교회를 세우고 세상의 소금과 빛으로 쓰임을 받았다. 그런데도 일부에서는 이전 설교의 한계는 물론 기여까지 부정하면서 새 시대 새 설교만을 주장한다.

하지만 그런 자세는 오늘의 설교 위기를 극복하는 일에 바른 처방일 수 없다. 설교자는 우리 시대의 풍조인 '이것이냐, 저것이냐?'의 극단주의에 빠지지 않아야 한다. 설교자는 하나님께서 맡기신 양 떼에게 영양분이 풍성한 꼴을 먹어야 한다. 따라서 필자는 시대마다 적실하게 쓰임 받은 설교의 장점을 극대화하는 상호협력적 설교를 강조했다. 그런데도 필자는 본 연구가 가진 한계가 있음을 인정하면서 후속 연구 몇 가지를 제언하고자 한다.

첫째로, 다양한 설교 이해를 실제 설교 사역에서 담을 수 있는 다양한 설교형식에 관한 연구이다. 설교형식에 관한 연구가 필요한 이유는 설교의 중심 주제를 청중에게 분명하고 확실하게 전달할 수 있기 때문이다. 전통적 설교에서 설교형식은 연역법적 형태였다. 그리고 그 핵심은 3대지 설교였다. 반면 새로운 설교에서 설교형식은 귀납법적 형태였다. 그 후 이야기식 설교형식으로 발전했다. 그 핵심은 청중의 삶에서 시작하여 삶으로 끝나는 삶의 풍성함이 있었다. 한편 탈 자유주의 설교에서는 내러티브 설교형식이 발전했다.

그런데 실제 설교사역에서 이 설교형식을 모두 통합하여 구현하는 일은 쉽지 않다. 하지만 설교자가 설교 본문을 대할 때마다 설교형식의 다양화를 꾀하는 일은 대단히 중요하다. 하지만 본 연구는 이 점에서 미진했다. 이 부분에 관한 깊은 연구가 필요함을 깨닫고 후속 연구의 필요성을 제언한다.

둘째로, '하이브리드 교회', '메타버스 교회'에 대한 대안적 설교에 관한 연구이다. 필자는 제4차 산업혁명 시대의 변화하는 일반적 현실에 초점을 맞추었다. 하지만 우리 교회의 새로운 생태계로 이미 등장한 '하이브리드 교회', '메타버스 교회'에 관한 맞춤형 대안적 설교 연구는 제한적이었다. 더 나아가, 인공지능 시대의 설교, '챗지피티(ChapGpt)'와 더불어 사는 세대를 위한 맞춤형 설교 대안도 필요하다. 설교자는 청중의 변화에 민감해야 한다. 물론 청중의 변화에만 민감하여 청중 중심의 설교에 빠지면 성경 중심사상을 잃을 수 있다. 필자는 본문 중심성에 기초한 청중의 변화에 민감해야 함을 강조한다. 동시에 오늘 우리 앞에 다가온 '하이브리드 교회'와 '메타버스 교회'에 대한 맞춤형 설교 연구의 필요성을 제언한다.

셋째로, 고령사회에 대한 대안적 설교 연구가 필요하다. 필자는 이미 말했듯이, 제4차 산업혁명 시대의 청중을 '알파 세대', 'MZ세대', 그리고 청년 대학생을 대상으로 했다. 하지만 우리 사회는 이미 고령사회로 들어섰다. 그런데 그들이 겪는 사회적 현상은 물론이고 개인적 상황은 청년 대학생과 다르지 않다. 그들도 초연결 사회에서 살면서도 소외감과 우울감 등으로 시달린다. 그런데도 고령사회만의 독특함이 존재한다. 교회는 그들을 위한 대안적 설교가 절실하다. 늘어나는 노인 인구에 대한 적실한 설교 연구가 필요하다.

필자는 본서를 디딤돌로 삼아서 변화하는 새 시대와 그 청중에게 적실한 설교에 대한 더 깊이 있고, 더 많은 연구가 촉발하기를 기대한다.

필자는 지금까지 제4차 산업혁명 시대 청중의 변화에도 설교자는 성경 본문으로부터 설교를 시작해야 함을 강조했다. 동시에 변화하는 청중에게 관심을 품어야 함도 강조했다. 설교자는 세상과 청중이 빠르게 달려갈지라도 성경 본문으로 더 가까이 가야 한다. 동시에 설교자는 빠르게 변화하는 청중을 향해서도 달려가야 한다. 설교자의 한 발은 본문으로 다른 한 발은 청중으로 다가가야 한다. 하지만 설교자는 여기서 그치면 안 된다. 설교자는 대체할 수 없는 예수의 정체성을 가슴에 품고, 교회 공동체성을 세우는 일에 힘써야 한다. 그것이 설교 본문과 청중의 주파수를 맞추는 일이며, 한국교회 강단의 쇠퇴를 막는 일이다. 더 나아가, 한국교회가 세상에서 소금과 빛이요, 대안 공동체로 우뚝 서는 자양분을 제공하는 일이다.

설교자가 제4차 산업혁명이라는 거대한 도전 앞에서 상호협력적 설교로 응전한다면, 변화의 소용돌이 속에서 버거워하는 청중의 삶을 변화시킬 수 있다. 교회는 대체할 수 없는 예수의 정체성과 교회 공동체성을 토대로 하는 대안 공동체로 자랄 것이다. 그 대안 공동체가 한국 사회는 물론이고 땅끝까지 퍼져나가기를 기대한다.

참고문헌

1. 제4차 신업혁명 시대

1) 국내 서적

김난도 외. 『트렌드 코리아 2023: 더 높이 도약을 준비하는 검은 토끼의 해』. 서울: 미래의 창, 2023.

김용섭. 『라이프 트렌드 2023』. 서울: 부키, 2022.

이원규. 『힘내라, 한국교회』. 서울: 동연, 2009.

장근성. 『2022 청년 트렌드 리포트, 우리 시대 청년들은 무엇으로 사는가』. 서울: 학원복음화협의회, 2022.

정재영. 『한국교회 10년의 미래』. 서울: SFC, 2012.

지용근 외. 『한국교회 트렌드 2023: 정확한 조사 데이터에 근거한 포스트 코로나 시대 2023년 한국교회 전망과 전략』. 서울: 규장, 2022.

최윤식. 『2020ㆍ2040 한국교회 미래지도』. 서울: 생명의말씀사, 2015.

2) 번역서

Feuerbach, Ludwig Andreas von. *Das Wesen des Christentums.* 강대석 옮김. 『기독교의 본질』. 파주: 한길사, 2008.

Kung, Hans. *Das Christentum: Wesen und Geschichte.* 이종환 옮김. 『그리스도교: 본질과 역사』. 칠곡: 분도출판사, 2002.

Naisbitt, John. *Megatrends 2000*. 김홍기 옮김. 『메가트렌드 2000』. 서울: 한국경제신문사, 1997.

Schwab, Klaus 외 26. *The Fourth Industrial Revolution*. 김진희, 손용수, 최시영 옮김. 『4차 산업혁명의 충격』. 서울: 흐름출판, 2016.

Schwab, Klaus. *The Fourth Industrial Revolution*. 송경진 옮김. 『클라우스 슈밥의 제4차 산업혁명』. 서울: 새로운 현재, 2016.

오카모토 유이치로(岡本裕一朗). いま世界の哲学者が考えているこ と. *Philosophical Challenges in The 21st Century*. 전경아 옮 김. 『지금 세계는 무엇을 생각하는가: 미래를 결정하는 다섯 가지 질문』. 서울: 한빛비즈, 2018.

3) 영어 서적

Erlandson, Sven. *Spiritual but Not Religious: A Call to Religious Revolution in America*. Bloomington: iUniverse, 2000.

Floridi, Luciano. *The Fourth Revolution: How the Infosphere is Reshaping Human Reality*. Oxford: Oxford University Press, 2014.

Harari, Yuval Noah. *Homo Deus: A Brief History of Tomorrow*. New York: HarperCollins Publishers, 2017.

Netland, Harold. *The Lausanne Movement: A Range of Perspectives*. ed. Lars Dahle, Margunn Serigstad Dahle and Knud Jorgensen. Oxford: Regnum Books International, 2014.

Schwab, Klaus. *The Fourth Industrial Revolution*. Geneva: World Economic Forum, 2016.

Toynbee, Arnold J. *A Study of History: abridgment of volume i-vi by D. C. Somervell*. New York: Dell publishing co., 1974.

Warren, Ronald L. *The Community in America*. Chicago: Rand McNally College Publishing Company, 1972.

참고문헌

4) 국내외 학술지

김성원. "제4차 산업혁명과 교회론의 방향." 『영산신학저널』 Vol. 42 (한세대학교 영산신학연구소, 2017).

김승환. "디지털 종교와 온라인 교회에 관한 연구." 『신학과 실천』 no. 79 (한국실천신학회, 2022).

김영한. "4차 산업혁명 시대의 기독교 신앙." 『개혁주의 이론과 실천』 제14호 (개혁주의이론실천학회, 2018).

김종걸. "4차 산업혁명과 기독교의 방향." 『복음과 실천』 제64집 (한국침례신학대학교 출판부, 2019).

안승오. "4차 산업혁명과 한국교회의 세계선교." 『신앙세계』. http://shinangsegye.org.

안오순. "제4차 산업혁명 시대의 도전과 교회의 응전." 『아에타저널』 제6호 (AETA, 2023, 02).

윤승태. "4차 산업혁명시대의 교회의 역할과 방향." 『신학과 실천』 제58호 (한국실천신학회, 2018).

최원진. "4차 산업혁명 시대 선교의 방향성과 선교사의 역할." 『복음과 실천』 제63집 (한국침례신학대학교 출판부, 2019).

장훈태. "장종현 박사의 신앙과 신학 탐색." 『생명과 말씀』 제12권 (개혁주의생명신학회, 2015).

장호광. "메타버스 교회의 신학적 정위 및 그 적용." 『신학사상』 제196집 (한신대학교 신학사상연구소, 2022년 봄).

한천설. "제4차 산업혁명과 한국교회의 미래." 『신학지남』 Vol. 333 (신학지남사, 2017).

Schwab, Klaus. *The Fourth Industrial Revolution: What it means, how to respond.* World Economic Forum (2020, 08. 28).

5) 국내외 기사

김신의. "엔데믹 시대, 뉴노멀 준비하는 한국교회 교육을 위한 방안." (2022. 10. 17). http://sukim@chtoday.co.kr.

김은빈· 박선혜. "정신병원 찾는 청년이 늘고 있다." (2022. 12. 5).
    https://news.nate.com/view.

김태형. "초인공지능 시대의 디자인 싱킹." (2021. 10. 31).
    www.etnews.com.

목회데이터연구소. 기독교 통계(209호)- "한국 개신교인의 교회 생활."
    (2023. 09). www.mhdata.or.kr/bbs/

손동준. "신학은 AI가 닿을 수 없는 영적 가치 조명해야." (2022. 10.
    17). www.igoodnews.net/news/articleView.

신성주. "4차 산업혁명 시대의 선교적 과제." (2019. 03. 30).
    www.kscoramdeo.com/news/articleView.

아일레. "4차 산업혁명과 선교 쉽게 이해하기."
    www.christiantoday.co.kr/news.

이종현. "똑똑한 과학 용어: 챗GBT." 사이언스조선 (2023. 02. 17.).
    https://biz.chosun.com/science-chosun.

최경식. "다음 세대 키우려면 문화 감성 공유· 공공성 강화가 해답."
    (2022. 10. 5). www.themission.co.kr/news/articleView.

하상우, 조헌국. "초융합, 초연결, 초지능의 개념을 통해 살펴본 4차 산
    업혁명 시대의 물리교육." 『새물리』 Vol. 72 No. 4 (한국물리
    학회, 2022).

한국갤럽. www.gallup.co.kr/gallupdb/reportContent.

"실리콘밸리의 신흥종교: 데이터교."
    https://coolspeed.wordpress.com/2017/08/22/new_religion_of_sil
    icon_valley.

Xu, Min. David, Jeanne M. & Kim, Suk Hi. "The Fourth Industrial
    Revolution: Opportunities and Challenges." *International
    Journal of Financial Research Vol. 9, No. 2* (2018).
    http://ijr.sciedupress.com.

6) 사전

나무위키. "초고령사회." ttps://namu.wiki.

네이버 국어사전. "혁명." https://ko.dict.naver.com.

네이버 사전. "인포스피어." https://ko.dict.naver.com.

위키백과. "가상현실." https://ko.wikipedia.org.

_____. "메타버스." https://ko.wikipedia.org.

_____. "역사의 연구." https://ko.wikipedia.org/wiki.

2. 설교

1) 국내 서적

권성수.『성령설교』. 서울: 국제제자훈련원, 2009.

김덕수.『삶의 변화를 일으키는 귀납적 강해설교』. 서울: 도서출판 대
　　　서, 2010.

김운용.『설교의 새로운 패러다임』. 서울: 장로회신학대학교출판부,
　　　2007.

박 만.『최근신학연구: 해방신학에서 생태계 신학까지』. 서울: 나눔사,
　　　2002.

박용규.『한국기독교회사』. 서울: 생명의말씀사, 2006.

박현신.『미셔널 프리칭』. 서울: 예영커뮤니케이션, 2012.

안오순.『창세기 연구, 창조와 축복』. 안양: 도서출판 사무엘, 2020.

_____.『창세기 설교, 창조와 축복』. 안양: 도서출판 사무엘, 2020.

_____.『요한복음 연구, 믿음과 생명』. 안양: 도서출판 사무엘, 2020.

_____.『요한복음 설교, 믿음과 생명』. 안양: 도서출판 사무엘, 2020.

_____.『로마서 연구, 복음과 삶』. 안양: 도서출판 사무엘, 2021.

_____.『로마서 설교, 복음과 삶』. 안양: 도서출판 사무엘, 2021.

이우제 · 류응렬 · 안광복.『3인 3색 설교학 특강』. 서울: 두란노 아카데
　　　미, 2010.

이우제, 송인덕. 『성경적 변화를 위한 설교 - 이론적 기초와 방법론 -』. 서울: 도서출판 대서, 2019.

장종현. 『백석학원의 설립정신』. 서울: 백석정신아카데미, 2014.

장창영, 이우제. 『성경적 교회를 세우는 설교와 코칭』. 용인: 도서출판 목양, 2022.

정인교. 『(청중의 눈과 귀를 열어주는) 특수설교』. 서울: 두란노아카데미, 2007.

정장복. 『한국교회의 설교학개론』. 서울: 예배와 설교 아카데미, 2008.

정장복. 『설교의 분석과 비평』. 서울: 쿰란출판사, 1997.

_____. 『고정관념을 넘어서는 설교』. 수원: 합동신학대학원 출판부, 2002.

2) 번역서

Adams, Jay E. *Studies in Preaching.* 정양숙 · 정삼지 번역. 『설교연구』. 서울: 기독교문서선교회, 1994.

Achtemeier, Elizabeth. *Preaching from the Old Testament.* 이우제 옮김. 『구약, 어떻게 설교할 것인가』. 서울: 이레서원, 2004.

Albrecht, Christian. Weber, Martin. *Klassiker der protestantischen predigthre : einfuhrungen in homiletische theorieentwurfe von Luter bis Lange.* 임걸 옮김. 『개신교 설교론: 루터에서 랑에까지』. 서울 : 대한기독교서회, 2009.

Barth, Karl. *Homiletik: Wesen und Vorbereitung der Predigt.* 정인교 옮김. 『칼 바르트의) 설교학』. 서울: 한들, 1999.

Beeke, Joel R. *Reformed Preaching: Proclaiming God's Word from the Heart of the Preacher to the Heart of His People.* 송동민 옮김. 『설교에 관하여 : 설교자의 마음에서 회중의 마음으로 이어지는 개혁주의 설교 : 츠빙글리, 칼뱅에서 로이드 존스까지』. 서울: 복있는 사람, 2019.

Bohren, Rudolf. *Predigtlehre.* 박근원 역. 『설교학실천론』. 서울: 대한 기독교출판사, 1980.

_____. *Predigtlehre.* 박근원 역. 『설교학원론』. 서울: 대한기독교출판 사, 2001.

Brooks, Phillips. *On Preaching.* 서문강 옮김. 『설교론 특강』. 서울: 크리스찬다이제스트, 2001.

Han, Byung-Chul. *Die Krise der Narration.* 최지수 옮김. 『서사의 위 기』. 서울: 다산북스, 2023.

Cahill, Dennis M. *The Shape of Preaching: Theory and Practice in Sermon Design.* 이홍길· 김대혁. 『최신 설교 디자인』. 서울: 기독교문서선교회, 2010.

Carson, D. A. *Exegetical Fallacies.* 박대영 옮김. 『성경해석의 오류』. 서울: 성서유니온, 2002.

Carrick, John. *The Imperative of Preaching.* 조호진 옮김. 『레토릭 설 교』. 서울: 솔로몬, 2008.

Cox, James W. *Preaching.* 원광연 옮김. 『설교학』. 서울: 크리스찬다 이제스트, 1999.

Eslinger, Richard. *The Web of Preaching.* 주승중 역. 『설교 그물짜 기』. 서울: 예배와 설교 아카데미, 2008.

Frame, John M. *Doctrine of the Knowledge of God.* 문석호 역. 『기 독교적 神지식과 변증학: 신학을 위한 철학적 지식론의 해명과 변증학 방법론에 관하여』. 서울: 은성 출판사, 1993.

Foster, Richard. "어떻게 기도가 설교에 권위를 부여하는가." *The Art and Craft of Biblical Preaching.* 해돈 로빈슨 엮음. 주승중 외 4명 옮김. 『성경적인 설교준비와 전달』. 서울: 두란노, 2007.

Frost, Michael. *Incarnate.* 최형근 옮김, 『성육신적 교회: 탈육신 시대 에 교회의 역사성과 공공성 회복하기』. 서울: 새물결 플러스, 2016.

Green, Joel B. Pasquarello III, Michael. *Narrative Reading, Narrative Preaching*. 이우제 옮김. 『내러티브 읽기 내러티브 설교』. 서울: 크리스챤 출판사, 2006.

Hauerwas, Stanley · Willimon, William H. *Resident Aliens*. 김기철 옮김. 『하나님의 나그네 된 백성』. 서울: 복 있는 사람, 2008.

Henderson, Daivd W. *Culture Shift*. 임종원 역. 『세상을 따라잡는 복음』. 서울: 예영커뮤니케이션, 1998.

Kaiser Jr., Walter C. *Toward and Exegetical Theology: Biblical Exegesis for Preaching and Teaching*. 김의원 역. 『새로운 주경신학 연구』. 서울: 엠마오, 1997.

Kent and Hughes, Barbara. *Liberating Ministry from the Success Syndrome*. 『성공병으로부터 자유로운 목회』. 신서균 역. 서울: 기독교문서선교회, 1994.

Kistler, Don. *Feed My Sheep: A Passionate Plea for Preaching*. 조계광 옮김. 『(최고의 개혁신학자들이 말하는) 설교 개혁』. 서울: 생명의말씀사, 2003.

Klein, William W. · Blomberg, Craig L. · Hubbard Jr. Robert L. *Introduction Biblical Interpretation*. 류호영 역. 『성경 해석학 총론』. 서울: 생명의말씀사, 2001.

Kuruvilla, Abraham. *Privilege the Text: Theological Hermeneutic for Preaching*. 이승진 옮김. 『설교를 위한 신학적 해석학: 본문의 특권』. 서울: 기독교문서선교회, 2023.

Liffin, Duan. *The Art and Craft of Biblical Preaching*. 해돈 로빈슨 엮음. 주승중 외 4명 옮김. 『성경적인 설교준비와 전달』. 서울: 두란노, 2007.

Lischer, Richard. *Theories of Preaching: Selected Readings in the Homiletical Tradition*. 정장복 역. 『설교신학의 8가지 스펙트럼』. 서울: WPA, 2008.

Lloyd-Jones, David Martyn. *Preaching and Preacher*. 정근두 옮김. 『설교와 설교자』. 서울: 복있는 사람, 2008.

Lohfink, Gerhard. *Wie Hat Jesus Gemeinde Gewollt?: Zur gesellschaftlichen Dimension des christlichen Glaubens*. 『예수는 어떤 공동체를 원했나? (그리스도 신앙의 사회적 차원)』. 정한교 옮김. 서울: 분도출판사, 2000.

Lowry, Eugene. *The Homiletics Plot: The Sermon as Narrative Art Form*. 이연길 역. 『이야기식 설교 구성』. 서울: 한국장로교출판사, 1996.

McGrath, Alister E. *A Passion for Truth: the intellectual coherence of evangelicalism*. 김선일 옮김. 『복음주의와 기독교적 지성』. 서울: IVP, 2001.

Parker, T. H. L. *Calvin's Preaching*. 김남준 옮김. 『칼빈과 설교』. 서울: 솔로몬, 2003.

Parker, T. H. L. *The Oracles of God: An Introduction to the Preaching of John Calvin*. 황영철 옮김. 『하나님의 대언자』. 서울: 익투스, 2006.

Perkins, William. *The Art of Prophesying & The Calling of the Ministry*. 채천석 옮김. 『설교의 기술과 목사의 소명』. 서울: 부흥과 개혁사, 2006.

Pieterse, H. J. C. *Communicative Preaching*. 정창균 옮김. 『설교의 커뮤니케이션』. 수원: 합동신학대학원출판부, 2002.

Piper, John. *The Supremacy of God in Preaching*. 이상화 옮김. 『하나님의 방법대로 설교하십니까』. 서울: 엠마오, 1996.

Postman, Neil. *Amusing Ourselves to Death*. 홍윤선 역. 『죽도록 즐기기』. 서울: 굿인포메이션, 2009.

Powell, Mark Allan. *What Do They Hear?* 김덕수 옮김. 『목사가 보는 성경 교인이 보는 성경』. 서울: 도서출판 대서, 2009.

Richard, Ramesh. *Scripture Sculpture.* 장현 옮김. 『삶을 변화시키는 7단계 강해설교준비』. 서울: 디모데, 2005.

Schnase, Robert. *Ambition In Ministry.* 황성철 역. 『목회와 야망』. 서울: 기독교문서선교회, 1995.

Stowell, Joe. "내 이야기가 아닌, 예수님 이야기를 전하는 설교." *The Art and Craft of Biblical Preaching.* 해돈 로빈슨 엮음, 전의우 외 4명 역. 『성경적인 설교와 설교자』. 서울: 두란노, 2006.

Sunukjan, Donald R. *Invitation to Biblical Preaching: Proclaiming Truth with Clarity and Relevance.* 채경락 역. 『성경적 설교의 초대』. 서울: CLC, 2009.

Thielicke, Helmut. *How Modern Should Theology Be.* 한모길 역. 『오늘을 살아가는 신앙』. 서울: 성광문화사, 1981.

_____. *A Little Exercise for Young Theologians.* 배응준 역. 『친애하는 신학생 여러분』. 서울: 나침반사, 1998.

Thiselton, Anthony C. *The Two Horizons.* 권성수 외 역. 『두 지평』. 서울: 총신대학출판부, 2002.

Thompson, James W. *Preaching Like Paul: Homiletical Wisdom for Today.* 이우제 옮김. 『바울처럼 설교하라』. 서울: 크리스챤, 2008.

Wells, David. *No Place for Truth.* 김재영 역. 『신학실종』. 서울: 부흥과 개혁사, 2006.

Willhite, Keith. *The Big Idea of Biblical Preaching.* 이용주 옮김. 『빅 아이디어 설교』. 서울: 디모데, 2002.

Willimon, William H. *Pastor: The Theology and Practice of Ordained Ministry.* 최종수 옮김. 『21세기형 목회자』. 서울: 한국기독교연구소, 2008.

3) 영어 서적

Adams, Jay E. *Preaching with Purpose: A Comprehensive Textbook on Biblical Preaching.* Phillipsburg: P&R Publishing Co., 1982.

Anderson, Ray Sherman. *The Soul of Ministry: Forming Leader's for God's People.* Louisville: Westminster John Knox Press, 1997.

Balz, Horst · Schneider, Gerhard. *Exegetical Dictionary of The New Testament, Vol. 1.* Grand Rapids: William B. Eerdmans Publishing Company, 1990.

_____. *Exegetical Dictionary of The New Testament, Vol. 2.* Grand Rapids: William B. Eerdmans Publishing Company, 1991.

_____. *Exegetical Dictionary of The New Testament, Vol. 3.* Grand Rapids: William B. Eerdmans Publishing Company, 1992.

Barth, Karl. *The Word of God and the Word of Man.* Tr. Douglas Horton. Chicago: Pilgrim Press, 1928.

Bock, Darrell L. · Fanning, Buist M. *Interpreting The New Testament Text: Introduction to the Art and Science of Exegesis.* Wheaton: Crossway Books, 2006.

Broadus, John A. *On the Preparation and Delivery of Sermons.* San Francisco; Harper & Row, 1979.

Brooks, Phillip. *Lectures on Preaching.* New York: E. P. Dutton, 1902.

Brueggemann, Walter. *Texts under Negotiation: The Bible and Postmodern Imagination.* Minneapolis: Fortress Press, 1993.

Buttrick, David. *Homiletic: Moves and Structures.* Philadelphia: Fotress Press, 1987.

_____. *A Captive Voice: The Liberation of Preaching.* Louisville: John Knox Press, 1994.

Cahill, Dennis M. *The Shape of Preaching: Theory and Practice in Sermon Design*. Grand Rapids: Bakrer Books, 2007.

Campbell, Charles L. *Preaching Jesus: The New Directions for Homiletics in Hans Frei's Postliberal Theology*. Eugene: Wipf & Stock Publishers, 2006.

Chapell, Bryan. *Christ-Centered Preaching: Redeeming the Expository Sermon*. Grand Rapids: Baker Books, 1999.

Craddock, Fred B. *Preaching*. Nashville: Abingdon Press, 1985.

_____. *As One Without Authority: Revised and with New Sermons*. Louis: Chalice Press. 2001.

_____. *Overhearing the Gospel*. St. Louis: Chalice Press, 2002.

Davis, Henry Grady. *Design for Preaching*. Philadelphia: Fortress, 1958.

Doriani, Daniel M. *Putting the Truth to Work: The Theory and Practice of Biblical Application*. New Jersey: P&R Publishing, 2001.

Eslinger, Richard L. *A New Hearing: Living Options in Homiletical Method*. Nashville: Abington, 1987.

Fee, Gordon D. *New Testament Exegesis: A Handbook for Students and Pastors*. Louisville: Westminster John Knox Press, 2002.

Fee, Gorden D. · Straus, Mark L. *How to Choose a Translation for All Its Worth*. Grand Rapids: Zondervan, 2007.

Forsyth, Peter Taylor. *Positive Preaching and the Modern Mind*. London: Paternoster Press, 1998.

Frei, Hans W. *The Eclipse of Biblical Narrative*. New Haven: Yale University Press, 1974.

참고문헌

Gibson, Scott M. *Making a Difference in Preaching: Haddon Robinson on Biblical Preaching.* Grand Rapids: Baker Books, 1999.

Gorman, Michael J. *Elements of Biblical Exegesis: A Basic Guide for Students and Ministers.* Massachusetts: Hendrickson Publishers, 2002.

Greidanus, Sidney. *The Modern Preacher and the Ancient Text: Interpreting and Preaching Biblical Literature.* Grand Rapids: William B. Eerdmans Publishing Company, 1988.

Grenz, Stanley J. *A Primer on Postmodernism.* Grand Rapids: Eedermans Publishing Co., 1996.

Jesen, Phillip. *"Preaching the Word Today." Preach The Word: Essay on Expository Preaching: In Honor of R. Kent Hughes*, Edited by Leland Ryken & Todd Wilson. Wheaton: Crossway Books, 2007.

Hayes, John H. Holladay, Carl R. *Biblical Exegesis: A Beginner's Handbook.* Louisville: Westminster John Knox Press, 2007.

Heisler, Greg. *Spirit-Led Preaching: The Holy Spirit's Role in Sermon Preparation and Delivery.* Nashville: B&H Publishing, 2007.

Hirsch Jr., E. D. *Validity in Interpretation.* New Heaven: Yale Univ. Press, 1978.

Johnston, Graham. *Preaching to a Postmodern World: A Guide to Preaching Twenty-first-Century Listeners.* Grand Rapids: Baker Books, 2001.

Kaiser Jr., Walter C. *Toward and Exegetical Theology: Biblical Exegesis for Preaching and Teaching.* Grand Rapids: Baker Book House, 1981.

Kelsey, David H. *The Uses of Scripture in Recent Theology.* Philadelphia: Fortress Press, 1975.

Kelsey, David H. *Eccentric Existence: A Theological Anthropology vol. one and two.* Louisville: Westminster John Knox Press, 2009.

Lindbeck, George A. *The Nature of Doctrine: Religion and Theology in a Postliberal Age.* Philadelphia: The Westminster Press, 1984.

Lloyd-Jones, David Martyn. *Preaching and Preachers.* Grand Rapids: Zondervan Publishing House, 1972.

Long, Thomas G. *The Witness of Preaching.* Louisville: Westminster John Knox Press, 1989.

Lowry, Eugene L. *The Sermon: Dancing the Edge of Mystery.* Nashvill: Abingdon Press, 1997.

Packer, J. I. *Knowing God.* Downers Grove: IVP, 1993.

Placher, William C. *Unapologetic Theology: A Christian Voice in a Pluralistic Conversation.* Louisville: Westminster/John Knox Press, 1989.

Reid, Clyde. *The Empty Pulpit: A Study in Preaching as Communication.* New York: Harper and Row, 1967.

Robinson, Haddon W. *Biblical Preaching: The Development and Delivery of Expository Message.* Grand Rapids: Baker Academic, 2006.

Spurgeon, Charles Haddon. *Lecture To My Students.* Edinburg: The Banner of Truth Trust, 2008.

Stott, John Robert Walmsley. *Between Two Worlds: The Art of Preaching in the Twentieth Century.* Grand Rapids: Eerdmans Publishing Co., 1982.

Stuart, Douglas. *Old Testament Exegesis: A Handbook for Students and Pastors.* Louisville: Westminster John Knox Press, 2001.

Thielicke, Helmut. *The Trouble With The Church: A Call for Renewal.* Tr. by John W. Doberstein. New York: Happer & Row, Publishers, 1965.

Vanhoozer, Kevin J. *Is There a Meaning in This Text.* Grand Rapids: Zondervan, 1998.

Wallace, Ronald S. *Calvin's Doctrine of the Word and Sacrament.* Broadway: Wipf and Stock Pub, 1997.

Willimon, William H. *Preaching and Leading Worship.* Louisville: The Westminster Press, 1984.

Wilson, Paul Scoot. *The Practice of Preaching.* Nashiville: Abingdon Press, 2007.

_____. *Preaching and Homiletical Theory.* Danver: Chalice Press, 2004.

Wright, John W. *Telling God's Story: Narrative Preaching for Christian Formation.* Downers Grove: IVP, 2007.

4) 국내 학술지

김대혁. "설교자의 올바른 감정 사용에 대한 제언: 본문의 감정을 살리는 설교." 『복음과 실천신학』 제36권 (한국복음주의실천신학회, 2015. 8).

김동건. "한스 프라이 신학의 특징: 서사와 언어(Several features of Hans Frei's Theology: Narrative and Language)." 『신학과 목회』 제28집 (영남신학대학교, 2007. 12).

김연종. "설교의 효율적 커뮤니케이션을 위한 논리프레임 활용." 『신앙과 학문』 제26권 4호 (기독교학문연구회, 2021).

김운용. "청소년 설교; 전달되는 설교를 꿈꾸면서 - 설교의 전달과 커뮤니케이션." 『교육교회』 제352권 (장로회신학대학교 기독교교육연구원, 2006).

_____. "21세기 한국교회의 말씀 선포 사역을 위한 설교신학 재고(再考)." 『국제학술대회』 Vol. 12 (장로회신학대학교, 2011).

김지찬. "미래 교회의 설교 모형." 『우원사상논총』 제7집 (강남대학교, 1999).

김영한. "영광 신학의 설교와 십자가 신학의 설교: 오늘날 번영주의 설교 비판." 『한국개혁신학』 제26권 (한국개혁신학회, 2009).

_____. "한국교회 정체성 회복 방안." 『신학과 교회』 Vol. 6 (혜암신학연구소, 2016).

김의환. "한국교회 성장둔화와 번영신학." 『신학지남』 제256호 (신학지남사, 1998년 가을).

김창훈. "설교는 무엇인가, 설교에 있어서 네 가지 관점." 『신학지남』 제280호 (신학지남사, 2004년 가을).

류응렬. "새 설교학: 최근 설교학의 이해와 분석." 『신학지남』 제280호 (신학지남사, 2004년 가을).

_____. "적용을 향해 나아가는 개혁주의 강해설교." 『신학지남』 제283호 (신학지남사, 2005년 여름).

_____. "인격을 통한 진리의 선포: 박윤선의 설교 신학." 『한국개혁신학』 제25호. (한국개혁신학회, 2009).

문영식. "수사학의 활용방식으로서 설교와 설득의 문제," 『신학과 철학』 vol., no. 18 (서강대학교 신학연구, 2011).

박현신. "설교의 목적으로서 청중의 변화를 위한 성경적 원리 : 고후 3:18을 중심으로." 『복음과 실천신학』 제47권 (한국복음주의실천신학회, 2018. 5).

박태현. "최홍석 교수의 성령론적 설교학." 『신학지남』 Vol. 82 No. 3 (신학지남사, 2015).

참고문헌

배영호. "오늘의 목회적 상황을 위한 설교 커뮤니케이션 이해." 『한국
　　　실천신학회』 제68회 (한국실천신학회 정기학술대회, 2018. 5).

백종국. 『2023 한국교회의 사회적 신뢰도 여론조사 결과 자료집』 (기
　　　독교윤리실천운동, 2023).

석종준. "한스 프라이의 내러티브 이론(An attempt to Overcome
　　　Hermeneutics of Modern Orthodoxy through Hans Frei`s
　　　Narrative Theory)." 『한국개혁신학』 제32권 (한국개혁신학회,
　　　2011).

안오순. "개혁주의 생명신학으로 본 한국교회 청년대학생사역의 문제점
　　　과 그 대안: 제2의 종교개혁을 기대하면서." 『생명과 말씀』 제
　　　18권 (개혁주의생명신학회, 2017).

엄현목. "한국교회 고령화 문제점에 대한 방안과 적용." 『개혁주의 교
　　　회성장』 제10호 (개혁주의교회성장학회, 2017. 11).

오승성. "찰스 L. 켐벨의 탈자유주의적 설교학의 의의와 한계." 『신학
　　　과 실천』 제26호 1권 (한국실천신학회, 2011년 봄).

이명구. "한국교회에 영향을 미친 성장주의에 대한극복 방안 연구."
　　　『기독교 철학』 제9권 (한국기독교철학회, 2009. 12).

이문균. "칼 바르트의 신학과 설교." 『神學思想』 140輯. (한신대학교
　　　신학사상연구소, 2008년 봄).

이성민. "설교 사역의 정의와 목적." 『기독교언어문화논집』 제7집 (국
　　　제기독교언어문화연구원, 2004. 2).

이승진. "청중에 대한 설교학적 이해." 『복음과 실천신학』 제6권 (한국
　　　복음주의실천신학, 2003. 11).

＿＿＿. "개혁신학과 설교를 통한 한국장로교회의 정체성 회복." 『한국
　　　개혁신학』 제35호 (한국개혁신학회, 2012).

＿＿＿. "한국교회 설교의 사사화(私事化)와 공동체 지향적 설교." 『성
　　　경과 신학』 제67호 (한국복음주의신학회, 2013).

이우제. "포스트모더니즘 시대의 말씀 사역이 직면한 도전과 가능성."
　　　『기독신학 저널』 제6권 (백석대학교, 2004. 5).

참고문헌

이우제. "균형 잡힌 성경신학적 설교를 위한 제언." 『신학지남』 제280
　　　호 (신학지남사, 2004년 가을).
_____. "상황화의 이슈를 통해 바라본 본문과 청중과의 관계." 『복음
　　　과 실천신학』 제12권 (한국복음주의실천신학회, 2006년 가을).
_____. "가정과 세상에서의 그리스도인의 삶을 위한 바른 가르침 - 디
　　　도서 2-3장 주해와 설교적 착상 -." 『유관순 연구』 Vol. 9 (백
　　　석대학교 유관순연구소, 2006).
_____. "Sidney Greidanus의 설교 연구: 현대설교의 한계를 극복하는
　　　대안을 중심으로." 『복음과 실천신학』 제27권 (한국복음주의실
　　　천신학회, 2013. 5).
_____. "삶을 변화시키는 요한계시록 설교를 위한 고찰: 목회자, 신학
　　　자, 시인으로의 설교자의 정체성을 중심으로." 『복음과 실천신
　　　학』 제41권 (한국복음주의실천신학회, 2016. 11).
_____. "하나님 나라 관점으로 바라본 '차별화된 복의 선언'으로써의
　　　팔복에 대한 이해." 『더 프리칭』 제2호 (개혁주의설교학회,
　　　2019. 3).
이현웅. "수사학, 커뮤니케이션, 그리고 기독교 설교의 상호적 이해와
　　　적용." 『신학과 사회』 제29권 3호 (21세기기독교사회문화아카
　　　데미, 2015).
조호형. "에베소서의 정황에서 바라본 뉴노멀 시대의 '변화'에 대한 재
　　　고(再考)." 『신학지남』 Vol. 87 No. 3 (신학지남사, 2020).
전창희. "한스 프라이의 초기 내러티브 신학에 대한 연구(A Study on
　　　the Early Theology of Hans Frei's Narrative Approach)." 『한
　　　국조직신학논총』 vol., no. 43 (한국기독교학회, 2015).
정창균. "청중은 그런 설교 들은 것을 후회합니다." 『그말씀』 185호
　　　(두란노 2004. 11).
정승태. "후기자유주의 신학의 해석학적 한계." 『한국기독교 신학논총』
　　　vol., no. 20 (한국기독교학회, 2001).

참고문헌

황성철. "세속지향적 목회의 문제점과 그 대안." 『신학지남』 제264호 (신학지남사, 2000년 가을).

황종석. "효과적이며 의사소통적인 설교를 위한 다양한 설교형식(form) 이해." 『설교한국』 Vol. 12 (한국설교학회, 2020).

홍경화, 오현주. "목회자가 인식하는 한국 목회 현장의 현주소," *Torch Trinity Journal Vol. 23 No. 11* (Torch Trinity Graduate University, 2020).

5) 학위 논문

안오순. "헬무트 틸리케의 설교연구: 메마른 설교강단에 새싹을 돋게 한 사랑의 목자." 미간행 석사학위, 총신대학교 일반대학원, 2008.

_____. "포스트모던 시대의 청중에게 들리는 설교." 미간행 박사학위, 백석대학교 기독교전문대학원, 2010.

6) 기사

뉴스파워. www.newspower.co.kr/54911.

사설. "강도사 고시 응시생 감소가 주는 도전." 기독신문 (2023. 7. 4). www.kidok.com/news/articleView.

"사회변화에 민감한 교회." 아이굿뉴스. www.igoodnews.net.

데일리굿뉴스. www.goodnews1.com.

아이굿뉴스. www.igoodnews.net.

이주일. "탈 자유주의를 통해 신학적 인간론의 새 지평을 연 신학자." 뉴스엔조이(2020.12.03.). https://www.newsnjoy.or.kr/news/articleView.

정원희. "'플로팅' 너머 'OTT 크리스천'을 주목하라." 기독신문 (2023. 09. 27). www.kidok.com/news/articleView.

7) 사전

이병철 편저.『성경원어해석 대사전: 바이블렉스 10.0』. 서울: 브니엘성
　　　경연구소, 2021.
다음사전. "적절성." https://dic.daum.net/word.
위키백과. "사경회." https://ko.wikipedia.org/wiki.
＿＿＿＿. "커뮤니케이션." https://ko.wiki